Düwell/Weyand

Hartz und die Folgen:
Das neue Arbeits- und Sozialrecht

Düwell/Weyand

Hartz und die Folgen: Das neue Arbeits- und Sozialrecht

DEUBNER VERLAG

Bibliographische Informationen Der Deutschen Bibliothek

Die Deutsche Bibliothek verzeichnet diese Publikation in der Deutschen Nationalbibliographie; detaillierte bibliographische Angaben sind im Internet über http://dnb.ddb.de abrufbar.

Hartz und die Folgen: Das neue Arbeits- und Sozialrecht; Düwell/Weyand
Köln: Deubner Verlag GmbH & Co. KG

Fachbuch: 2003
ISBN 3-88606-514-6

Wichtige Hinweise:
Die Daten und Informationen in diesem Fachbuch wurden mit größter Sorgfalt zusammengestellt. Obwohl alles getan wurde, um die in diesem Werk enthaltenen Informationen zum Zeitpunkt der Veröffentlichung aktuell und korrekt zu halten, kann keine Garantie für die Richtigkeit gegeben werden.

Oststraße 11, 50996 Köln
Telefon 0221-937018-0, Telefax 0221-937018-90
http://www.vrp.de

Druck: Druckerei Kessler, Bobingen
Printed in Germany 2003

ISBN 3-88606-514-6

Inhaltsverzeichnis

Abkürzungsverzeichnis

a. a. O. . . . . am angegebenen Ort
a. F. . . . . alte Fassung
AiB . . . . Arbeit im Betrieb
ArbGG . . . . Arbeitsgerichtsgesetz
ArbZG . . . . Arbeitszeitgesetz
Aufl. . . . . Auflage
AuR . . . . Arbeit und Recht
AÜG . . . . Arbeitnehmerüberlassungsgesetz

BA . . . . Bundesanstalt für Arbeit
BAG . . . . Bundesarbeitsgericht
BArbBl. . . . . Bundesarbeitsblatt
BB . . . . Betriebsberater
BDA . . . . Bundesvereinigung der deutschen Arbeitgeberverbände
Bearb. . . . . Bearbeitung
BGB . . . . Bürgerliches Gesetzbuch
BGBl I . . . . Bundesgesetzblatt Teil I
BGBl II . . . . Bundesgesetzblatt Teil II
BGH . . . . Bundesgerichtshof
BSG . . . . Bundessozialgericht
BSGE . . . . Entscheidungen des Bundessozialgerichts
BT-Drucks. . . . . . Bundestagsdrucksache
BUrlG . . . . Bundesurlaubsgesetz
BZA . . . . Bundesverband Zeitarbeit

DB . . . . Der Betrieb
DGB . . . . Deutscher Gewerkschaftsbund

EG . . . . Europäische Gemeinschaft
EU . . . . Europäische Union
EWR . . . . Europäischer Wirtschaftsraum
EZB . . . . Europäische Zentralbank

FA . . . . Finanzarchiv
FTD . . . . Financial Times Deutschland

gem. . . . . gemäß
GG . . . . Grundgesetz

IZA . . . . Interessengemeinschaft Zeitarbeit

HandwerksO . . . Handwerksordnung

KSchG . . . . Kündigungsschutzgesetz

Lfg . . . . Lieferung
lit. . . . . Litera (Buchstabe)
LohnFZG . . . . . . Lohnfortzahlungsgesetz

NachwG . . . . Nachweisgesetz
n. F. . . . . neue Fassung
NJW . . . . Neue Juristische Wochenschrift
NZA . . . . Neue Zeitschrift für Arbeitsrecht

PSA . . . . Personal-Service- Agentur

SGB . . . . Sozialgesetzbuch
sog. . . . . sogenannt
SozSich . . . . Soziale Sicherheit

RdA . . . . Recht der Arbeit

TVG . . . . Tarifvertragsgesetz
TzBfG . . . . Gesetz über Teilzeitarbeit und befristete Arbeitsverträge

u. a. . . . . unter anderem

ZESAR . . . . Zeitschrift für europäisches Sozial- und Arbeitsrecht
ZIP . . . . Zeitschrift für Wirtschaftsrecht

Literaturverzeichnis

ANNUSS/THÜSING	Teilzeit- und Befristungsgesetz, Kommentar, 2002
BAUER/KRETS	Gesetze für moderne Dienstleistungen am Arbeitsmarkt, in: NJW 2003, 537 (542)
BAUER/SCHUSTER	Kassenschlager geringfügige Beschäftigung, in: DB 1999, 689
BOECKEN	Die Neuregelung der geringfügigen Beschäftigungsverhältnisse, in: NZA 1999, 393
BOEMKE	in: AÜG, 2002
DÄUBLER	Das umgesetzte Hartz-Modell: Bittere Pillen im Arbeits- und Sozialrecht, in: AiB 2002, 729
DERS.	in: ZIP 2000, 1961
DERS.	in: ZIP 2001, 217 (224)
DÜWELL	Änderungen im Arbeitsrecht durch das Job-AQTIV-Gesetz, in: BB 2002, 98
ERMANN/BELLING	Bürgerliches Gesetzbuch, Band I, 10. Aufl. 2000
FITTING/KAISER/HEITHER/ ENGELS/SCHMIDT	Betriebsverfassungsgesetz, in: Handkommentar, 21. Aufl. 2002
GAGEL/STEINMEYER	Sozialgesetzbuch III, Loseblatt, 19. Lfg. , 2002
GAUL/OTTO	Gesetze für moderne Dienstleistungen am Arbeitsmarkt, in: DB 2002, 2486, 94 f.
DIES	Gesetze für moderne Dienstleistungen am Arbeitsmarkt – Änderungen durch den Vermittlungsausschuss, in: DB 2003, 94
GRIESE	in: Küttner, Personalbuch 2002
HANAU	Sozialrechtsreform ohne Juristen?, in: ZIP 2003, 187

HANAU/PETERS-LANGE	NZA 1998, 785 (790)
HAUCK/NOFTZ/ GROSSMANN	Sozialgesetzbuch III, Stand 01/2003
HARTZ	Bericht der Kommission moderne Dienstleistungen - Zusammenfassung der 13 Bausteine zur Reform des Arbeitsmarktes, in: SozSich 2002, 254
HARTZ U.A.	Moderne Dienstleistungen am Arbeitsmarkt, S. 169 ff.
HÜMMERICH/HOLT-HAUSEN/WELSLAU	Arbeitsrechtliches im Ersten Gesetz für moderne Dienstleistungen am Arbeitsmarkt, in: NZA 2003, 7 f.
JOBST-HUBERTUS BAUER	Gastkommentar »Ein neues Kapitel trauriger Gesetzgebung«, in: DB 2002, Heft 47
DERS.	Sachgrundlose Altersbefristung nach den Hartz-Gesetzen, in: NZA 2003, 30
KERWER	Finger weg von der befristeten Einstellung älterer Arbeitnehmer?, in: NZA 2002, 1316
KOCH/WIESSNER	Die »Ich-AG« – ein neuer Weg aus der Arbeitslosigkeit, in: BArbBl. 3/2003, 4 ff.
KOHTE	Gastkommentar »Arbeitsmarktpolitik ohne europarechtlichen Weitblick«, in: BB 2002, Heft 48
KRABBENHÖFT	Stolpersteine – Schriftformerfordernisse aufgrund des Nachweis- und Arbeitsgerichtsbeschleunigungsgestzes, in: DB 2000, 1562
KRAUSKOPF/BAIER	Soziale Krankenversicherung, Pflegeversicherung, Stand: 9/2002
KREUTZ	Streitfragen des Ersten Gesetzes für moderne Dienstleistungen am Arbeitsmarkt, in: AuR 2003, 41, 43
KÜTTNER	Personalbuch 2002, Arbeitsrecht – Lohnsteuerrecht – Sozialversicherungsrecht , 9. Aufl. 2002

LEMBKE — Die Neuregelung der 630-DM-Jobs, in: NJW 1999, 1825 ff.

LINDEMANN/SIMON — Neue Regelungen zur Teilzeitarbeit, in: BB 2001, 146

MASCHMANN — in: Annuß/Thüsing, Teilzeit- und Befristungsgesetz, Kommentar, 2002

MEINEL/HEYN/HERMS — Teilzeit- und Befristungsgesetz, Kommentar, 2002

NIELEBOCK — in: AiB 2001, 75 (80)

NIERMANN/PLENKER — Die Neuregelung der geringfügigen Beschäftigungsverhältnisse ab dem 1.4.2003, in: DB 2003, 304 ff.

PREIS/GOTTHARDT — Auswirkungen der Richtlinie über befristete Arbeitsverhältnisse (99/70/EG) auf das Teilzeit- und Befristungsgesetz, in: ZESAR 2001, 13

REINEMANN/LINCK — Bundesurlaubsgesetz, Kommentar, 2. Auflage

REIM — Neue Wege bei der Leiharbeit – Die Änderung des AÜG zum 1.1.2003, in: AiB 2003, 73

RICHARDI/ANNUSS — Gesetzliche Neuregelung von Teilzeitarbeit und Befristung, in: DB oder BB 2000, 2201

RIEBLE/KLEBECK — Lohngleichheit für Leiharbeit, in: NZA 2003, 23 (25)

ROLFS — Teilzeit- und Befristungsgesetz 2002, Kommentar, 2002

DERS. — Scheinselbständigkeit, geringfügige Beschäftigung und »Gleitzone« nach dem zweiten Hartz-Gesetz, in: NZA 2003, 65 (68)

DERS. — Das neue Recht der Teilzeitarbeit, RdA 2001, 129

SCHADE — Arbeitsrechtshandbuch

SCHAUB — Arbeitsrechtshandbuch, 10. Aufl. 2002

SIEVERS — in: TzBfG Kompaktkommentar, 2003

SCHOLZ	in: »Schnellbrief für Personalwirtschaft und Arbeitsrecht«, 2003 Heft 5, 3
STAUDINGERS/PREIS	Kommentar zum Bürgerlichen Gesetzbuch, Buch 2, §§ 620 - 630, 13. Bearb. 1995
THÜSING/LAMBRICH	Umsetzungsdefizite in § 14 TzBfG?, in: BB 2002, 829
ULBER	Personal-Service-Agenturen und Neuregelung der Arbeitnehmerüberlassung, in: AiB 2003, 7 f.
VOLLSTÄDT	Beendigung von Arbeitsverhältnissen durch Vereinbarung einer Altersgrenze, 1997, 296
WANK	Der Richtlinienvorschlag der EG-Kommission zur Leiharbeit und das »erste Gesetz für moderne Dienstleistungen am Arbeitsmarkt«, in: NZA 2003, 14 ff.
DERS.	Das Nachweisgesetz, RdA 1996, 21 f.
WEISS	Deutsches Verwaltungsblatt 1998, 568–575

Teil 1

Kapitel A: Die Hartz-Vorschläge und ihre Umsetzung in Hartz I und II

I. Die Hartz-Kommission

Am 4. Februar 2002 deckte der Bundesrechnungshof auf, dass die Statistik über den Erfolg der Vermittlungsbemühungen der Bundesanstalt für Arbeit (BA) geschönt war. Die Reaktion der Bundesregierung auf diesen Skandal folgte auf dem Fuß. Am 22. Februar 2002 setzte sie die Kommission »Moderne Dienstleistungen am Arbeitsmarkt« (sog. Hartz-Kommission) ein. Zu Mitgliedern der Kommission wurden berufen: 1

- **Dr. Peter Hartz,** Mitglied des Vorstandes der Volkswagen AG
- **Isolde Kunkel-Weber,** Mitglied des ver.di-Bundesvorstandes
- **Norbert Bensel,** Mitglied des Vorstandes der DaimlerChrysler Services AG
- **Dr. Jobst Fiedler,** Roland Berger Strategy Consultants
- **Peter Gasse,** Bezirksleiter der IG Metall Nordrhein-Westfalen
- **Prof. Dr. Werner Jann,** Universität Potsdam
- **Dr. Peter Kraljic,** Direktor der McKinsey & Company Düsseldorf
- **Klaus Luft,** Geschäftsführer der Market Access for Technology Services GmbH
- **Harald Schartau,** Minister für Arbeit und Soziales, Qualifikation und Technologie des Landes Nordrhein-Westfalen
- **Wilhelm Schickler,** Präsident des Landesarbeitsamtes Hessen
- **Hanns-Eberhard Schleyer,** Generalsekretär des Zentralverbandes des Deutschen Handwerks
- **Prof. Dr. Günther Schmid,** Wissenschaftszentrum für Sozialforschung
- **Wolfgang Tiefensee,** Oberbürgermeister der Stadt Leipzig
- **Eggert Voscherau,** Mitglied des Vorstandes der BASF AG
- **Heinz Fischer,** Abteilungsleiter Personal Deutsche Bank AG

Auffällig ist, dass kein Arbeitsrechtler dabei war. **Anscheinend galten Fachjuristen als unerwünschte Bedenkenträger, die der Kreativität der Kommission im Wege stünden.** Denn Auftrag der Kommission war nicht nur, die Effizienz der Vermittlungsbemühungen der BA zu verbessern, wozu sie das Motto prägten: **»schnelle Vermittlung – erstklassiger Service«**. Vor allem war es Aufgabe der Kommission, **Vorschläge auszuarbeiten**, die es ermöglichen sollen, **durch Veränderungen auf dem Arbeitsmarkt bis Ende 2005 eine Halbierung der Arbeitslosigkeit auf etwa zwei Millionen zu erreichen.** Der Ausschluss der Fachjuristen war ein Fehler. Denn das Produkt jeder Reform kommt spätestens als anzuwendendes Gesetz in die Hände der Juristen. Dann zeigen sich zu spät alle Unklarheiten und 2

Schwachstellen, die bei frühzeitiger Einschaltung fachkundigen juristischen Sachverstands hätten vermieden werden können.[1)]

3 Die in der Öffentlichkeit nach ihrem Vorsitzenden, dem Personalvorstand der Volkswagen AG Peter Hartz benannte Kommission nahm diese Aufgabe ernst. Sie beschloss nach Vorlage durch den Vorsitzenden »13 Module zum Abbau der Arbeitslosigkeit und zur Reform der Bundesanstalt für Arbeit«.

- Aufbau von PersonalService-Agenturen
- Erhöhung der Effizienz von Personal, Organisation und Steuerung der BA
- Aufbau von Kompetenz-Center bei den Landesarbeitsämtern
- Familienfreundliche Quick-Vermittlung
- Kunden-JobCenter
- Neue Zumutbarkeitsregeln
- Förderung jugendlicher Arbeitsloser
- Förderung älterer Arbeitnehmer
- Zusammenführen von Arbeitslosen- und Sozialhilfe
- Kein Nachschub für Nürnberg durch Prämierung von Maßnahmen zur Vermeidung von Personalabbau
- »Ich-AG«, »Familien-AG«
- Kapital für das Kleingewerbe durch Job Floater
- Die Profis der Nation schaffen mehr Beschäftigung: Masterplan Projektkoalition

Hartz sah die Massenarbeitslosigkeit als gesellschaftliches Problem. Deshalb setzte er nicht nur auf neue Gesetze, sondern auch auf einen neuen gesellschaftlichen Konsens. So rief er alle Entscheidungsträger zu einem »Beitrag der Profis der Nation« auf.[2)] Jeder solle in seinem jeweiligen Bereich den Abbau von Personal stoppen und neue zusätzliche Beschäftigungsmöglichkeiten schaffen.

II. Die Eckpunkte der Bundesregierung zur Umsetzung

4 Am 16. August 2002 wurde von dem Vorsitzenden der Kommission dem Bundeskanzler der Bericht der Kommission[3)] übergebenen. Bereits am 21. August 2002 beschloss das Bundeskabinett **15 Eckpunkte für eine neue Ordnung auf dem Arbeitsmarkt** unter der Überschrift »**Neue Beschäftigung – schnelle Vermittlung – erstklassiger Service**«:

1. Wir richten PersonalServiceAgenturen in jedem Arbeitsamtsbezirk ein.

1) Hanau, Sozialrechtsreform ohne Juristen?, ZIP 2003, 187.
2) Harzt, Bericht der Kommission moderne Dienstleistungen – Zusammenfassung der 13 Bausteine zur Reform des Arbeitsmarktes, SozSich 2002, 254-261.
3) BArbBl. 2002, 21 ff.

2. Wir fördern Beschäftigung in privaten Haushalten.
3. Wir führen die Ich-AG bzw. Familien-AG als neue Form der Erwerbstätigkeit ein.
4. Wir nutzen und entwickeln regionale Potentiale in Ostdeutschland.
5. Wir führen den Job-Floater als innovatives Instrument ein.
6. Wir führen Beschäftigungsbilanzen ein und prämieren Beschäftigungssteigerungen.
7. Wir führen JobCenter flächendeckend ein.
8. Wir vereinfachen das Leistungsrecht, setzen Beratungsteams ein und führen die Meldepflicht bei Kündigung ein.
9. Wir bauen das Angebot der Kinderbetreuung aus.
10. Wir kehren die Beweislast für Arbeitslose um und schaffen flexible Sanktionsmöglichkeiten.
11. Wir fördern die Ausbildung und Beschäftigung für junge Menschen.
12. Wir bauen ein Bridgesystem in Beschäftigung für ältere Menschen auf.
13. Wir vereinfachen die Instrumente der Arbeitsförderung und stärken den Wettbewerb.
14. Wir führen Arbeitslosenhilfe und Sozialhilfe zusammen.
15. Wir gestalten die Aufgabenerledigung und das Controlling bei der Bundesanstalt für Arbeit effektiver.

Was galt davon der Sicherung von Beschäftigung und dem Aufbau neuer Beschäftigungsmöglichkeiten?

Eckpunkt 1: 5
»Wir richten PersonalServiceAgenturen in jedem Arbeitsamtsbezirk ein« sollte auf den Klebeeffekt zielen, wer vorübergehend ausgeliehen ist, kann gut ankommen und beim Entleiher »kleben« bleiben. Damit verbunden war automatisch eine verleiherfreundlichere Einstellung. Die soziale Funktion auch der gewerbsmäßigen Arbeitnehmerüberlassung wurde jetzt anerkannt.

Eckpunkt 2: 6
»Wir fördern Beschäftigung in privaten Haushalten«. Dieser Eckpunkt zielte nicht so sehr auf Schaffung zusätzlicher Mini-Beschäftigungsmöglichkeiten in diesem Dienstleistungsbereich, dessen Schutzniveau sehr niedrig ist, sondern mehr auf Legalisierung von Schwarzgeld-Jobs. Denn den zurzeit etwa 40.000 sozialversicherungspflichtigen Beschäftigten in privaten Haushalten stehen schätzungsweise 3,3 Millionen Haushalte gegenüber, die »schwarz« Haushaltshilfen in Anspruch nehmen.

Eckpunkt 3: 7
»Wir führen die Ich-AG bzw. Familien-AG als neue Form der Erwerbstätigkeit ein«. Dieser Eckpunkt leitete die endgültige Abkehr vom Korrekturgesetz ein, mit

dem Rot-Grün nach der Regierungsübernahme im Oktober 1998 die Flucht aus der Sozialversicherung stoppen und den Kampf gegen die Scheinselbständigkeit eröffnen wollte. Kurz: eine Rolle rückwärts!

8 **Eckpunkt 12:**
»Wir bauen ein Brückensystem in Beschäftigung für ältere Menschen auf«. Mit diesem Eckpunkt sollte ein Anreiz für Arbeitgeber zur Beschäftigung älterer Arbeitslose durch Befreiung vom Arbeitgeberanteil der Arbeitslosenversicherung geschaffen werden. Beabsichtigt war auch den älteren Arbeitnehmern eine Brücke in den Vorruhestand zu bauen, damit jüngere eingestellt werden können. Das **Brückengeld** sollte den halben Leistungssatz des Arbeitslosengeldes für längstens 60 Monate ausmachen (§ 421l SGB III). Dieser Eckpunkt enthielt auch noch die Anregung, die schon nach § 14 Abs. 3 TzBfG bestehende Möglichkeit der sachgrundlosen Befristung der Beschäftigung Älterer auszuweiten. Die Altersgrenze sollte dafür auf **50 Jahre** herabgesetzt werden.

III. Die Bedeutung des Hartz-Konzepts für das Arbeitsrecht

9 Auch ohne dass im Hartz-Konzept das Wort Arbeitsrecht verwendet wird, ist jedem Fachkundigen klar: **das Arbeitsrecht kann bei der Erreichung der angestrebten Ziele und der Umsetzung der Eckpunkte nicht unberührt bleiben.** Allerdings wurden die Wege zu Beschäftigungssicherung und zum Aufbau von zusätzlicher Beschäftigung nach diesem Konzept nicht im Abbau des allgemeinen arbeitsrechtlichen Schutzniveaus, sondern in der Veränderung von Randbereichen gesehen. Kein Zurück zu dem Blümschen Arbeitsrechtlichen Beschäftigungsförderungsgesetz von 1996, das die Heraufsetzung des Schwellenwertes für den Kündigungsschutz, die Anrechnung von Urlaub auf Kuren und die Herabsenkung der Entgeltfortzahlungshöhe auf 80 % des Entgelts eingeführt hatte, und 1998 durch das Korrekturgesetz der neuen rot-grünen Regierung »korrigiert« worden war.

10 Das Hartz-Konzept stellt sich aus historisch vergleichender Sicht **als ein geschickter Rückzug dar, der unter dem Etikett »moderne Dienstleistungen« verborgen wird.** So ist der Kampf zur Eindämmung von Scheinselbständigkeit und geringfügiger Beschäftigung, mit dem die 1998 neu gewählte rot-grüne Bundestagsmehrheit ursprünglich die Erosion der Kassen der Sozialversicherungen und die Flucht aus dem Arbeitsrecht stoppen wollte, jetzt endgültig – nachdem zunächst ein Nachbesserungsversuch unternommen war – aufgegeben. Auch die für die Aufgabenstellung der PSA unverzichtbare Arbeitnehmerüberlassung erforderte ein Umdenken. Seit der Zulassung der gewerbsmäßigen Arbeitnehmerüberlassung 1972 in Deutschland bestand das Konzept einer bürokratisch stark reglementierten staatlichen Überwachung, die der BA als Erlaubnisbehörde übertragen war. Für den flächendeckenden Aufbau von PersonalServiceAgentu-

ren hat man von diesem Überwachungsmodell Abschied genommen. Damit ist ein Endpunkt auf dem langen Weg der gesetzlichen »Lockerungen« erreicht. Das belegt anschaulich die Entwicklung der gesetzlichen Überlassungshöchstdauer. Ursprünglich waren es drei, dann sechs, dann neun, dann zwölf und zuletzt nach der Änderung des AÜG durch am 1. Januar 2002 in Kraft getretene Job-AQTIV-Gesetz 24 Monate.[4)] Hatte der Bundestag in der 14. Wahlperiode noch die im Entwurf eines Ersten Gesetzes zur Änderung des Arbeitnehmerüberlassungsgesetzes der CDU/CSU Fraktion[5)] enthaltene Ausweitung von zwölf auf 36 Monate abgelehnt, ist jetzt das Tor zur zeitlich unbegrenzten Überlassungsdauer geöffnet.

IV. Die Entwürfe der beiden Gesetze für moderne Dienstleistungen am Arbeitsmarkt

Zur Umsetzung der Eckpunkte brachten die Fraktionen von SPD und Bündnis 11
90/Die Grünen am 5. November 2002 zwei Gesetzentwürfe ein: **das Erste**[6)] **und das Zweite Gesetz für moderne Dienstleistungen am Arbeitsmarkt.**[7)] Diese Aufspaltung in **zwei Gesetzesinitiativen war taktisch motiviert.** Es lagen keine Gründe der Rechtssystematik zu Grunde. Die Änderungen im Arbeits- und Arbeitsförderungsrecht sind getrennt vom Sozial- und Steuerrecht im Ersten Gesetz untergebracht worden. Da die Länder für die Ausführung dieser Gesetzesmaterien nicht zuständig sind, konnte eine Zustimmungspflicht des Bundesrats nach Art. 84 Abs. 1 GG vermieden werden. Das zustimmungsfreie Erste Gesetz konnte damit nicht vom Bundesrat blockiert werden. Offenbar sollte die den Bundesrat beherrschende Mehrheit in Zugzwang gebracht werden. Wenn sie nicht als reformunwillig vorgeführt werden wollte, sollte sie bewegt werden, dem Zweiten, wegen der Ausführung durch Landesbehörden nach Art. 84 Abs. 1 GG zustimmungspflichtigen Gesetz zuzustimmen, wenn sie schon das Erste Gesetz nicht verhindern könnte.

Der Entwurf des Ersten Gesetzes setzte die Eckpunkte der Bundesregierung zum 12
Hartz-Konzept um. Dabei kam es zu einer **Abweichung vom Hartz-Konzept.** Die Bundesregierung kam den Gewerkschaften entgegen und baute den bereits mit dem Job-AQTIV-Gesetz zum 1. Januar 2002 in das AÜG eingeführten Grundsatz des »equal pay« weiter aus. Während danach der Verleiher erst nach Ablauf des zwölften Monats dem Leiharbeitnehmer die im Betrieb des Entleihers für vergleichbare Arbeitnehmer des Entleihers geltenden Arbeitsbedingungen einschließlich des Arbeitsentgelts zu gewähren hatte, sollte jetzt die einjährige Wartefrist fallen. Eine Unterschreitung der im Entleiherbetrieb geltenden Arbeitsbedingungen sollte nur zulässig sein, soweit ein für die beiderseits tarifgebundenen Verlei-

4) Düwell, Änderungen im Arbeitsrecht durch das Job-AQTIV-Gesetz, BB 2002, 98.
5) Gesetzentwurf vom 22.06.1999, BT-Drucks. 14/1211.
6) BT-Drucks. 15/25.
7) BT-Drucks. 15/26.

her und Leiharbeitnehmer geltender Tarifvertrag das zulässt. Dieser Punkt führte zu großen heftigen öffentlichen Auseinandersetzungen, insbesondere zur Forderung des BDA-Präsidenten Hundt, zur Wahrung der negativen Koalitionsautonomie einzelvertragliche Bezugnahmen auf Tarifverträge zuzulassen.[8] Er bewirkte auch die distanzierende Äußerung von Peter Hartz, er sehe sein Konzept nicht 1 : 1 umgesetzt.

Ferner wurden arbeitsrechtliche Flankierungen der sozialrechtlichen Pflicht zur frühzeitigen Arbeitssuche, Erhöhung der Vermittlungsfähigkeit und beruflichen Weiterbildung aufgenommen. Diese Ergänzungen sollten der Beschleunigung und Effizienzsteigerung der Vermittlung dienen.

1. Änderung des BGB

13 Nach Art. 9 des Entwurfs sollte in das BGB aufgenommen werden:

> *»§ 629a Freistellung des Arbeitnehmers bei Beendigung des Arbeitsverhältnisses*
>
> *(1) Nach der Kündigung oder der Vereinbarung der Beendigung des Arbeitsverhältnisses hat der Arbeitgeber den Arbeitnehmer auf Verlangen für eine angemessene Zeit zur Stellensuche, Vermittlungsaktivitäten und zur Teilnahme an einer Maßnahme der Eignungsfeststellung, Trainingsmaßnahme oder einer beruflichen Weiterbildungsmaßnahme der Bundesanstalt für Arbeit von der Pflicht zur Arbeitsleistung zu befreien (Freistellung). In einem befristeten Arbeitsverhältnis entsteht die Verpflichtung nach Satz 1 spätestens drei Monate vor dem vereinbarten Ende, im Falle eines zweckbefristeten oder auflösend bedingten Arbeitsvertrages spätestens mit der Unterrichtung des Arbeitnehmers über den Zeitpunkt der Zweckerreichung oder den Eintritt der Bedingung.*
>
> *(2) Der Arbeitnehmer hat im Falle der Freistellung Anspruch auf Entgeltfortzahlung durch den Arbeitgeber, wenn das Arbeitsverhältnis in dem Betrieb oder Unternehmen*
>
> 1. *bis zu zwei Jahren bestanden hat, höchstens bis zur Dauer von vier Arbeitstagen,*
> 2. *zwei Jahre bestanden hat, höchstens bis zur Dauer von sieben Arbeitstagen,*
> 3. *fünf oder mehr Jahre bestanden hat, höchstens bis zur Dauer von zehn Arbeitstagen.*

8) Pressemitteilung BDA 13.12.2002.

Verteilt sich die regelmäßige Arbeitszeit auf mehr oder weniger als fünf Tage in der Kalenderwoche, erhöht oder vermindert sich der Anspruch auf Freistellung nach Satz 1 entsprechend. Bruchteile von Arbeitstagen, die mindestens einen halben Tag ergeben, sind auf volle Arbeitstage aufzurunden.

(3) Für die Dauer der bezahlten Freistellung ist dem Arbeitnehmer das ihm bei der für ihn maßgebenden regelmäßigen Arbeitszeit zustehende Arbeitsentgelt fortzuzahlen. § 4 Abs. 1a und 3 des Entgeltfortzahlungsgesetzes findet entsprechende Anwendung. Durch Tarifvertrag kann eine von den Sätzen 1 und 2 abweichende Bemessungsgrundlage des fortzuzahlenden Arbeitsentgelts festgelegt werden.

Im Geltungsbereich eines solchen Tarifvertrages kann zwischen nichttarifgebundenen Arbeitgebern und Arbeitnehmern die Anwendung der tarifvertraglichen Regelung über die Fortzahlung des Arbeitsentgelts bei Freistellung vereinbart werden.«

2. Änderung des BUrlG
In Art. 10 sollte § 7 Abs. 1 Satz 2 BUrlG neugefasst werden:

»Der Urlaub ist zu gewähren, wenn der Arbeitnehmer dies für die Stellensuche und zur Teilnahme an Vermittlungsaktivitäten und an einer Maßnahme der Eignungsfeststellung, Trainingsmaßnahme oder einer beruflichen Weiterbildungsmaßnahme der Bundesanstalt für Arbeit oder im Anschluss an eine Maßnahme der medizinischen Vorsorge oder Rehabilitation verlangt.«

V. Die zwei nach der Vermittlung beschlossenen Gesetze

Am 15. November 2002 beschloss der Bundestag beide Gesetze. Der Bundesrat 14
rief am 29. November 2002 den Vermittlungsausschuss an. Dieser empfahl zu beiden Gesetzen für moderne Dienstleistungen am Arbeitsmarkt am 17. Dezember 2002 Änderungsempfehlung, die für die arbeitsrechtliche Praxis von besonderer Bedeutung sind:

- Wegfall des Brückengelds für ältere Arbeitnehmer als zu teures Frühverrentungsmodell,
- Anhebung der Verdienstgrenze für pauschale Übernahme von Beiträgen für Mini-Jobs im Haushalt auf 400 € monatlich,
- Wegfall der als belastend empfundenen arbeitsrechtlichen Freistellungsverpflichtungen des Arbeitgebers, wie sie in Art. 9 und 10 des Ersten Gesetzes beschlossen waren,

- Aufnahme der vom BDA-Chef Hundt geforderten Möglichkeit einer einzelvertraglichen Bezugnahme auf einen abweichenden Tarifvertrag, um damit dem Gebot der Lohngleichheit im Entleiherbetrieb zu entgehen.

Den Empfehlungen des Vermittlungsausschusses wurde entsprochen. **Der Bundesrat stimmte darauf am 18. Dezember 2002 dem Zweiten Gesetz für moderne Dienstleistungen am Arbeitsmarkt zu.** Es blieb beim Einspruch gegen das Erste Gesetz. Der Bundestag übernahm darauf in der Nacht vom 19./20. Dezember 2002 sämtliche Änderungen des Vermittlungsausschusses. Dabei musste mit Kanzlermehrheit der Einspruch gegen das Erste Gesetz zurückgewiesen werden. Das zeigt das Ausmaß der Konfrontation zwischen Regierungsparteien und Opposition. Während die Regierungsparteien auf die seit 1998 um 1,8 Mio. gestiegene Zahl der Erwerbstätigen hinweist, kritisiert die Opposition, dass seit 1998 die dynamischen Entwicklungspotentiale der geringfügigen Beschäftigung abgewürgt worden seien.

VI. Einmalige Modernisierung oder permanente Reformbaustelle?

15 Das Erste und Zweite Gesetz (Hartz I und II) sind am 23. Dezember ausgefertigt und noch am 30. Dezember 2002 im Bundesgesetzblatt verkündet worden.[9] Der wesentliche Teil der neuen Bestimmungen konnte so schon am 1. Januar 2003 in Kraft treten. Die Dritten und Vierten Gesetze für moderne Dienstleistungen am Arbeitsmarkt (Hartz III und IV) werden schon vorbereitet. Mit ihnen soll der Umbau der BA zu einem modernen Dienstleister abgeschlossen werden.

Damit ist noch kein Abschluss der Bemühungen um eine Neuordnung der Arbeitsmarktpolitik verbunden. Bundeswirtschafts- und Arbeitsminister Wolfgang Clement sieht den Kündigungsschutz als Einstellungshindernis.[10] Er will den Kündigungsschutz für Mitarbeiter für Kleinunternehmer lockern, der nach § 23 Abs. 2 Satz 1 KSchG den Arbeitgeber zu einer sozialen Rechtfertigung einer Kündigung verpflichtet, wenn in seinem Unternehmen mehr als fünf Arbeitnehmer beschäftigt werden. Der Schwellenwert, bei dem Überschreiten der Kündigungsschutz gilt, war unter der Regierung Kohl mit einem »Beschäftigungsförderungsgesetz« auf zehn Arbeitnehmer heraufgesetzt und erst 1998 mit dem Korrekturgesetz unter Clements Vorgänger Walter Riester wieder von zehn auf fünf Arbeitnehmer herabgesetzt worden. Das bedauert Clement in einem Interview: »Der verminderte Kündigungsschutz in Betrieben bis zu fünf Mitarbeitern führt dazu, dass diese Kleinstunternehmen nicht mehr Leute einstellen als fünf. Also muss ich doch darüber nachdenken, ob und wenn ja wie ich diese harte Grenze

9) BGBl I, 4607 ff. und 4621 ff.
10) Financial Times Deutschland (FTD) 17.01.2003.

abschleife.« Die entsprechenden arbeitsrechtlichen Überprüfungen sind Teil des »Masterplans Bürokratieabbau«, den das BMWA ausgearbeitet und das Bundeskabinett im Grundsatz am 15. Januar 2003 bereits gebilligt hat. **Das Arbeits- und Sozialrecht wird daher auch in der nächsten Zeit einer Baustelle gleichen.**

VII. Überblick über Stand der Umsetzung in Hartz I und II

16

Hartz-Vorschlag	Umgesetzte Rechtsvorschrift
Errichtung von JobCentern	Regelung erst für 3. Gesetz geplant, wenn Arbeitslosen- und Sozialhilfe zusammengeführt werden.
Verwirklicht bisher nur: • Datenaustausch zwischen Arbeits- und Sozialämtern	§ 402 SGB III (2. Gesetz)
Quick Vermittlung • Frühzeitige Arbeitssuchendmeldung • Bonussystem für Vermittler	§§ 2, 37 b, 140 SGB III (1. Gesetz) § 400a SGB III (1. Gesetz)
Neue Zumutbarkeit • Ein Umzug ist Arbeitslosen ohne familiäre Bindungen ab 4. Monat der Arbeitslosigkeit zumutbar • Flexibilisierung Sperrzeiten • Beweislastaufteilung	§ 121 SGB III (1. Gesetz) § 144 SGB III (1. Gesetz) § 144 SGB III (1. Gesetz)
Jugendliche Arbeitslose • Einführung von Qualifizierungsbausteinen in der Berufsvorbereitung • Gemeinnützige, regionale Stiftungen zur Erschließung zusätzlicher betrieblicher Ausbildungsplätze	Art. 9 (Berufsbildungsgesetz) (2. Gesetz) Keine Regelung durch Gesetz
Ältere Arbeitnehmer • Entgeltsicherung für mind. 50-Jährige • Wegfall AG-Beitrag zur Arbeitslosenversicherung bei Neueinstellung von mind. 55-Jährigen • Absenkung Altersgrenze für erweiterte Befristungsregelung von 58 auf 52 Jahre	§ 421j SGB III (1. Gesetz) § 421k SGB III (1. Gesetz) Art. 7 (Teilzeit- und Befristungsgesetz) (1. Gesetz)
Kein Nachschub für Nürnberg • Moratorium in den Unternehmen beim Personalabbau	Kein gesetzliche Regelung Prämierter Unternehmeswettbewerb (best practise) wird geplant.

Hartz-Vorschlag	**Umgesetzte Rechtsvorschrift**
PersonalServiceAgentur • Gründung von mind. 1 PSA pro Arbeitsamt • Deregulierungen im AÜG	 § 37c SGB III (1. Gesetz) Art. 6 (AÜG) (1. Gesetz)
Stärkung des Wettbewerbs bei beruflicher Weiterbildung • Einführung von Bildungsgutscheinen • Zertifizierungsverfahren für Bildungsträger **»Ich-AG«, »Familien-AG«** • Rentenversicherung für Bezieher von Existenzgründungszuschuss • Gewährung von Existenzgründungszuschuss **Mini-Jobs in Privathaushalten** • 10 % Sozialversicherungspauschale bis max. 500 € • vereinfachtes Melde- und Beitragseinzugsverfahren • Steuerliche Abzugsfähigkeit für Privathaushalte	 § 77 SGB III (1. Gesetz) § 85 SGB III (1. Gesetz) Art. 2 (§ 7 Abs. 5 SGB IV) i.V.m. Art. 4 (§ 2 Nr. 10 SGB VI) (2. Gesetz) § 421 I SGB III (2. Gesetz) Art. 2 (§ 8a SGB IV) (2. Gesetz) § 28 SGB IV (2. Gesetz) Art. 8 (§ 35a EStG) (2. Gesetz)
Personal, Organisation und Steuerung der BA	Regelungen sind erst für 3. Gesetz geplant
Umbau der Landesarbeitsämter zu KompetenzCentren	Regelungen sind erst für 3. Gesetz geplant

Kapitel B: Geringfügige Beschäftigung

I. Allgemeines

1. Begriff und Erscheinungsformen

Unter einer geringfügigen Beschäftigung – ein Begriff, der dem Sozialversicherungsrecht entstammt – wird entweder ein **Arbeitsverhältnis bis zu einer bestimmten Entgeltgrenze** (von gegenwärtig 400 € monatlich) oder ein **kurzfristiges Arbeitsverhältnis** (von im Regelfall zwei Monaten oder 50 Arbeitstagen im Kalenderjahr) verstanden, das als versicherungsfreie Beschäftigung ausgestaltet ist. 17

In der Praxis ist die geringfügige Beschäftigung in den unterschiedlichsten **Erscheinungsformen** anzutreffen. In der Regel liegt hier eine **Dauerbeschäftigung** vor, der – allein im Hinblick auf die Entgeltgrenze kaum anders vorstellbar – regelmäßig ein Teilzeitarbeitsvertrag[11] zu Grunde liegt. Diese kann sich auf **eine** geringfügige Beschäftigung beschränken oder aber – wie dies zunehmend häufiger anzutreffen ist – zwei oder eine darüber hinausreichende Zahl an Tätigkeiten umfassen (**Doppel- oder Mehrfachbeschäftigung**). Zuweilen wird sie auch als **Nebentätigkeit** neben einem (in Vollzeit ausgeübten) Hauptberuf ausgeübt. Kurzfristbeschäftigungen (§ 8 Abs. 1 Nr. 2 SGB IV) sind in der Regel als (befristete) **Aushilfsarbeitsverhältnisse** ausgestaltet. 18

Die **Zahl der geringfügigen Beschäftigungsverhältnisse**, lange Zeit eher eine Ausnahmeerscheinung am Arbeitsmarkt,[12] ist in den vergangenen Jahren kontinuierlich angestiegen. Wurden Anfang der 80er Jahre des letzten Jahrhunderts noch nicht mehr als 250.000 Beschäftigte gezählt, weist die Statistik für das Jahr 2001 bereits annähernd drei Millionen aus. Die Steigerung bewegt sich parallel zur Entwicklung der Zahl der Teilzeitbeschäftigten, die gegenwärtig mit 6,7 Mio. Menschen bereits **ca. 22 %** aller sozialversicherungspflichtigen Beschäftigungsverhältnisse ausmachen,[13] und die ein steigendes Freizeitbedürfnis sowie den vermehrten Wunsch nach flexiblen Beschäftigungsverhältnissen zum Ausdruck bringen. In der steigenden Zahl ist aber der Wunsch von Arbeitnehmern wie Arbeitgebern zu erkennen, die seit Beginn des letzten Jahrzehnts stark gestiegenen Sozialversicherungsabgaben zu vermeiden . . . Nicht zuletzt kommt darin ein gewachsener Anteil berufstätiger Frauen an der Erwerbsbevölkerung zum Ausdruck; geringfügige Beschäftigungsverhältnisse werden überdurchschnittlich häufig **von Frauen** ausgeübt.[14] 19

11) Zum Teilzeitarbeitsvertrag siehe auch unten I.3 und II.2.
12) Vgl. Statistisches Jahrbuch 1980, S. 16.
13) Statistisches Jahrbuch 2000, S. 7; zur Entwicklung der geringfügigen Beschäftigung siehe auch MünchArbR. – Schüren, § 161 Rdnr. 11 ff.
14) Statistisches Jahrbuch 2000, S. 8, Sozialpolitische Umschau 285/2000.

2. Entwicklung der gesetzlichen Rahmenbedingungen

20 Das »Zweite Gesetz über moderne Dienstleistungen am Arbeitsmarkt« **hat die Voraussetzungen einer geringfügigen Beschäftigung mit Wirkung zum 1. April 2003 grundlegend neu gestaltet.** Es knüpft damit an eine äußerst wechselvolle, zuweilen sprunghaft verlaufende Entwicklung der gesetzlichen Rahmenbedingungen an: Bis zum 1. Quartal des Jahres 1999 war eine geringfügige Beschäftigung in ihrer am häufigsten anzutreffenden Variante, der Entgeltgeringfügigkeit, davon abhängig war, dass die Arbeitsvergütung regelmäßig einen bestimmten Betrag (1/7 der monatlichen Bezugsgröße nach § 18 SGB IV, dies bedeutete in den alten Bundesländern zuletzt eine Entgeltgrenze von 630 DM und in den neuen Bundesländern von 530 DM monatlich) und die Arbeitszeit 15 Stunden in der Woche nicht überschritt, von der Sozialversicherungspflicht ausgenommen. Der Arbeitgeber hatte stattdessen eine (Lohn-)Steuerpauschale in Höhe von 20 % des Arbeitsentgelts abzuführen.[15)]

21 Als die Zahl der geringfügigen Beschäftigungsverhältnisse zu Beginn des letzten Jahrzehnts deutlich anstieg und sich zudem im Zuge der steigenden Abgabenbelastung der sozialversicherungspflichtigen Arbeitsverhältnisse eine »Flucht aus der Sozialversicherung« bemerkbar machte, bei der sozialversicherungspflichtige Arbeitsverhältnisse in mehrere geringfügige Beschäftigungsverhältnisse aufgeteilt wurden, versuchte das »**Gesetz zur Neuregelung der geringfügigen Beschäftigungsverhältnisse**« vom 21. März 1999[16)] durch verschiedene Maßnahmen (Festschreibung der Geringfügigkeitsgrenze auf 630 DM bundeseinheitlich, Pauschalbeitragspflicht in der Kranken- und Rentenversicherung, Zusammenrechnung geringfügiger und nicht geringfügiger Beschäftigungen) die geringfügige Beschäftigung zu begrenzen.[17)]

22 Die Auseinandersetzungen über die Funktion und Ausgestaltung der geringfügigen Beschäftigungsverhältnisse sind auch danach nicht zur Ruhe gekommen. Die Hartz-Kommission anerkannte zwar ein arbeitsmarktpolitisches Bedürfnis für die Ausweitung eines Niedriglohnsektors, beschränkte ihre Vorschläge aber darauf, die Geringfügigkeitsgrenze für **Beschäftigungen in privaten Haushalten** anzuheben, den Beitragseinzug zu vereinfachen und die steuerliche Förderung von Dienstleistungen in privaten Haushalten auszuweiten.[18)] Im Falle einer Bewährung dieser Regelungen, insbesondere einer positiven Entwicklung auf dem Arbeitsmarkt, sollte ihre Ausweitung auf andere Tätigkeiten in Betracht gezogen werden.[19)]

15) Zu weiteren Einzelheiten vgl. Bauer/Schuster, Kassenschlager geringfügige Beschäftigung, DB 1999, 689; Boecken, Die Neuregelung der geringfügigen Beschäftigungsverhältnisse, NZA 1999, 393 (396 f.) und Lembke, Die Neuregelung der 630-DM-Jobs, NJW 1999 (1825, 1826 f.).

16) BGBl I, 388.

17) Lembke, Die Neuregelung der 630-DM-Jobs, NJW 1999, 1825 (1827).

18) Hartz u. a., Moderne Dienstleistungen am Arbeitsmarkt, S. 169.

19) Hartz u. a., Moderne Dienstleistungen am Arbeitsmarkt, S. 170.

Der **Gesetzentwurf** der Fraktionen von SPD und Bündnis 90/Die Grünen[20] griff diese Anregungen auf; der Bundestag verabschiedete sie am 15.11.2002.[21] Im Vermittlungsverfahren setzte sich aber die Überzeugung durch, dass eine Stärkung abgabenarmer Nebenjobs zur Belebung der anhaltend schwachen Binnenkonjunktur entscheidend beitragen können, da das daraus erzielte Arbeitsentgelt im Regelfall für Konsumzwecke Verwendung findet.[22] Der Gesetzgeber entschloss sich deshalb, die **Entgeltgrenzen** für alle geringfügigen Beschäftigungen deutlich **anzuheben**, die neben einer Hauptbeschäftigung ausgeübte geringfügige Beschäftigung von der **Zusammenrechnung** im Sozialversicherungsbereich **frei zu stellen** und **Dienstleistungen in privaten Haushalten** für Beschäftigte und Arbeitgeber mit besonderen steuerlichen und sozialversicherungsrechtlichen Privilegien zu versehen.[23] 23

3. Gesetzliche Grundlagen

Die arbeitsrechtlichen Grundlagen eines geringfügigen Beschäftigungsverhältnisses, das im Regelfall als Teilzeitarbeitsverhältnis ausgestaltet ist, finden sich im **Gesetz über Teilzeitarbeit und befristete Arbeitsverträge (TzBfG)** vom 20. Dezember 2000,[24] das die **Grundkonstellationen** der Teilzeitarbeit sowie des Wechsels von einer Vollzeitarbeit in eine Teilzeitarbeit und umgekehrt (§§ 4 Abs. 1, 6–11) regelt.[25] Das geringfügige Beschäftigungsverhältnis findet ausdrücklich Erwähnung in § 2 Abs. 2 TzBfG. Soweit ein zeitgeringfügiges Beschäftigungsverhältnis bzw. eine Kurzzeitbeschäftigung vorliegt, sind zudem die §§ 14 und 15 TzBfG einschlägig, die die formalen Rahmenbedingungen für befristete Arbeitsverhältnisse abstecken. 24

In **sozialversicherungsrechtlicher Hinsicht** wird der Rahmen für geringfügige Beschäftigungsverhältnisse in den §§ **8 und 8a SBG IV** festgelegt. Dabei sind nach der jüngsten Reform im Hinblick auf die Beitragspflicht des **Arbeitgebers** (und die lohnsteuerrechtlichen Auswirkungen) nunmehr **drei Arten von geringfügiger Beschäftigung zu unterscheiden**: 25

- **Entgeltgeringfügigkeit (§ 8 Abs. 1 Nr. 1 SGB IV):** dauerhafte Beschäftigung in Unternehmen; ihre Geringfügigkeit ergibt sich aus der Vergütungshöhe von regelmäßig 400 € monatlich.

20) BT-Drucks. 15/26.
21) In der Fassung der Beschlussempfehlung des Ausschusses für Wirtschaft und Arbeit vom 13.11.2002 (BT-Drucks. 15/77).
22) Zur Entwicklung des Gesetzgebungsverfahrens vgl. auch Rolfs, Scheinselbständigkeit, geringfügige Beschäftigung und »Gleitzone« nach dem zweiten Hartz-Gesetz, NZA 2003, 65 f.
23) Beschlussempfehlung des Vermittlungsausschusses, BT-Drucks. 15/202.
24) BGBl I, 1966.
25) Zudem enthält das Gesetz Bestimmungen über die Teilzeitbeschäftigung in den Sonderformen der Arbeit auf Abruf (§ 12) und der Arbeitsplatzteilung (§ 13).

- **Zeitgeringfügigkeit, Kurzfristbeschäftigung** (§ 8 Abs. 1 Nr. 2 SGB IV)**:** kurzfristige, auf längstens zwei Monate oder insgesamt 50 Arbeitstage im Kalenderjahr beschränkte Beschäftigung.
- **Geringfügige Beschäftigung in Privathaushalten** (§ 8a SGB IV)**:** entgelt- oder zeitgeringfügige Beschäftigung von einfachen Dienstleistungen in Privathaushalten.

II. Geringfügige Beschäftigung im Arbeitsrecht

1. Anbahnung und Abschluss des Arbeitsvertrages

a) Vertragliche Anbahnung

26 Die Anbahnung eines geringfügigen Beschäftigungsverhältnisses vollzieht sich nach den für **alle Arbeitsverhältnisse geltenden Grundsätzen**. Seit Inkrafttreten des Teilzeit- und Befristungsgesetzes (TzBfG) hat der Arbeitgeber im Falle einer Ausschreibung eines Arbeitsplatzes lediglich zu berücksichtigen, dass dieser auch als Teilzeitarbeitsplatz auszuschreiben ist, wenn sich der Arbeitsplatz für eine derartige Tätigkeit »eignet« (§ 7 Abs. 1 TzBfG). Eine Eignung wird regelmäßig dann angenommen, wenn es dem Arbeitgeber an »betrieblichen Gründen« für die Schaffung eines Teilzeitarbeitsplatzes nach § 8 Abs. 4 TzBfG mangelt.[26)] Ein Anspruch auf Ausschreibung eines Teilzeitarbeitsplatzes ergibt sich daraus jedoch nicht. Auch wird durch § 7 Abs. 1 TzBfG kein Anspruch auf Einrichtung eines Teilzeitarbeitsplatzes begründet.[27)]

27 Soll ein Arbeitsplatz mit einem geringfügig Beschäftigten besetzt werden, ist im Hinblick auf die **Zusammenrechnung** von geringfügigen Beschäftigungen **in der Sozialversicherung** [28)] zu berücksichtigen, dass der Arbeitgeber die **Sozialversicherungsbeiträge** für die nur scheinbar geringfügig beschäftigten Arbeitnehmer **nachentrichten** und – wegen § 28g Satz 3 SGB IV – häufig auch den Arbeitnehmeranteil tragen muss; die Beitragspflicht entsteht nämlich auch dann, wenn der Arbeitgeber von der anderen Beschäftigung und damit vom Überschreiten der Geringfügigkeit keine Kenntnis hatte.[29)] Das **Fragerecht** des Arbeitgebers erstreckt sich daher auch darauf, ob der Arbeitssuchende **einer weiteren (geringfügigen) Beschäftigung** nachgeht.[30)] Verneint dieser die Frage, liegt darin im Regelfall eine zum Schadensersatz gegenüber dem Arbeitgeber führende **arglistige Täuschung.**[31)]

---

26) Vgl. Lindemann/Simon, Neue Regelungen zur Teilzeitarbeit, BB 2001, 146.

27) Und selbst bei der Ausschreibung einer Stelle als Teilzeitstelle verbleibt dem Arbeitgeber das Recht, diese mit einem Vollzeitarbeitnehmer zu besetzen, vgl. Richardi/Annuß, Gesetzliche Neuregelung von Teilzeitarbeit und Befristung, BB 2000, 2201.

28) Siehe dazu unten III. 4 (Rdnr. 90 ff.).

29) BSG v. 10.09.1987, NZA 1988, 629.

30) BSG v. 23.02.1988, SozR 2100 § 8 Nr. 5.

31) BSG v. 23.02.1988, SozR 2100 § 8 Nr. 5.

> ***Praxis-Tipp:***
> *Vertreten Sie einen Arbeitgeber, sollte dieser daher vor Abschluss des Arbeitsvertrages ausnahmslos nach anderweitigen (geringfügigen) Tätigkeiten fragen und notfalls eine verbindliche Entscheidung der Einzugsstelle einholen. Es empfiehlt sich zudem, eine entsprechende Informationsverpflichtung in den Arbeitsvertrag aufzunehmen.*

Bei der **Einstellung** von geringfügig Beschäftigten ist ausnahmslos der Betriebsrat nach § 99 Abs. 1 BetrVG zu beteiligen.[32] Wird ein **Vollzeitarbeitsverhältnis in ein geringfügiges Beschäftigungsverhältnis umgewandelt**, liegt hingegen keine mitbestimmungspflichtige Einstellung vor.[33] 28

Eine Zustimmungsverweigerung nach § 99 Abs. 2 BetrVG kann sich für den Betriebsrat ergeben, wenn bei der Einstellung gegen gesetzliche (§§ 2 Abs. 2, 4 Abs. 1 TzBfG !) oder kollektivrechtliche, insbesondere tarifvertragliche Normen verstoßen wird, die Schutzbestimmungen zugunsten geringfügig Beschäftigter enthalten.[34] Die Zustimmungsverweigerung kann sich hingegen nicht darauf stützen, dass der Betriebsrat die Einstellung von geringfügig Beschäftigten **schlechthin** ablehnt oder **einzelne Arbeitsbedingungen** von ihm **abgelehnt werden**; § 99 Abs. 2 BetrVG verschafft dem Betriebsrat kein Mittel zur Inhaltskontrolle einzelner Arbeitsvertragsbestimmungen.[35] 29

Dem Betriebsrat steht allerdings ein Initiativrecht über den Abschluss einer **Betriebsvereinbarung über Rahmenbedingungen** für geringfügig Beschäftigte zu, in der u. a. die tägliche Mindestarbeitszeit, die Anzahl der Arbeitstage in der Woche und der zeitliche Rahmen geregelt sind, in dem geringfügig Beschäftigte an einzelnen Tagen zu beschäftigen sind.[36] Existiert eine derartige Betriebsvereinbarung, kann bei einer mit deren Bedingungen nicht übereinstimmenden Einstellung die Zustimmung nach § 99 Abs. 2 Nr. 1 BetrVG verweigert werden.

b) Vertragsschluss

Ein geringfügiges Beschäftigungsverhältnis in Form der Entgeltgeringfügigkeit kann zum einen dadurch **begründet** werden, dass die Arbeitsvertragsparteien ein Arbeitsverhältnis eingehen, bei dem Entgeltgrenzen des § 8 Abs. 1 Nr. 1 SGB IV nicht überschritten werden. Diesem Teilzeitarbeitsverhältnis liegt ein **herkömmlicher Arbeitsvertrag** zugrunde: Die Vertragsparteien können frei darüber verhandeln, ob, für welchen Zeitraum und in welcher Stundenhöhe sie das Vertragsver- 30

32) Vgl. Fitting/Kaiser/Heither/Engels/Schmidt, Betriebsverfassungsgesetz, Handkommentar 2002, § 99 Rdnr. 36.
33) Fitting/Kaiser/Heither/Engels/Schmidt, § 99 Rdnr. 38.
34) BAG v. 18.06.1991, AP Nr. 92 zu § 99 BetrVG 1972.
35) BAG v. 28.06.1994, AP Nr. 4 zu § 99 BetrVG 1972 Einstellung.
36) BAG v. 13.10.1987, NZA 1988, 251.

hältnis eingehen. Auch die Höhe des Entgelts obliegt grundsätzlich ihrer freien Entscheidung, wobei sie – soll die Versicherungsfreiheit in Anspruch genommen werden – die Entgeltobergrenze des § 8 Abs. 1 Nr. 1 SGB IV zu beachten haben. Im Übrigen sind die beim Abschluss eines Arbeitsvertrages maßgeblichen Bestimmungen zu beachten. Eine Form ist nicht vorgeschrieben.

31 Zu berücksichtigen ist jedoch das **Nachweisgesetz (NachwG)**, das den Arbeitgeber verpflichtet, die **wesentlichen Vertragsbedingungen schriftlich niederzulegen, die Niederschrift zu unterzeichnen und dem Arbeitnehmer – spätestens einen Monat nach dem Beginn des Arbeitsverhältnisses – auszuhändigen.** Das Nachweisgesetz gilt grundsätzlich für alle Arbeitnehmer. Ausgeschlossen vom Geltungsbereich sind lediglich Arbeitnehmer, die zur **vorübergehenden Aushilfe** von höchstens einem Monat eingestellt werden (§ 1 Nr. 1 NachwG).[37] Geringfügig Beschäftigten ist deshalb im Regelfall ausnahmslos eine Niederschrift der Vertragsbedingungen auszuhändigen; sie ist nur bei den auf einen Monat befristeten Aushilfsarbeitsverhältnissen entbehrlich.

Praxis-Tipp:
Schon aus Nachweisgründen und der Vermeidung von Konfliktsituationen ist Ihrem Mandanten darüber hinaus ein ***schriftlicher Arbeitsvertrag*** *mit dem geringfügig Beschäftigung zu empfehlen, dessen Inhalt sich auf die Bedingungen des § 2 Abs. 1 Satz 2 NachwG zu erstrecken hat.*

32 Wird eine **Kurzfristbeschäftigung** i. S. des § 8 Abs. 1 Nr. 2 SGB IV[38] eingegangen, ist § 14 Abs. 4 TzBfG zu berücksichtigen, der für befristete Arbeitsverträge zwingend die **Schriftform** vorschreibt; Arbeitsverträge, die diese Form missachten, gelten als unbefristet abgeschlossen.[39] Und da die Kurzfristbeschäftigung wiederum voraussetzt, dass die Beschäftigung nach ihrer Eigenart zu begrenzt zu sein pflegt oder im Voraus vertraglich begrenzt ist, können Beschäftigungsverhältnisse, die nicht schriftlich vereinbart worden sind, auch nicht geringfügig i. S. von § 8 Abs. 1 Nr. 2 SGB IV sein.[40]

33 Darüber hinaus kann ein geringfügiges Beschäftigungsverhältnis durch die **Verkürzung der Arbeitszeit eines bereits bestehenden Arbeitsverhältnisses gem. § 8 TzBfG begründet werden.** Hinsichtlich der Voraussetzungen und der Rechtswirkungen dieses Anspruchs ist auf die §§ 8 TzBfG zu verweisen.

37) Zu den Einzelheiten siehe Wank, Das Nachweisgesetz, RdA 1996, 21 f.; Krabbenhöft, Stolpersteine – Schriftformerfordernisse aufgrund des Nachweis- uind Arbeitsgerichtsbeschleunigungsgesetzes, DB 2000, 1562 (1563 f.).
38) Zu dieser siehe näher unten III.5.
39) Vgl. dazu Maschmann, in: Annuß/Thüsing, Teilzeit- und Befristungsgesetz, 2002, § 14 Rdnr. 89.
40) Rolfs, NZA 2003, 65 (68).

2. Status des geringfügig Beschäftigten: Diskriminierungsverbot

Entgegen einer weit verbreiteten Auffassung durften geringfügig Beschäftigte seit jeher arbeitsrechtlich nicht anders behandelt werden als sonstige Teil- oder Vollzeitbeschäftigte. Die letzte gesetzliche Ungleichbehandlung, die in § 1 Abs. 3 LohnFZG geringfügig Beschäftigte von der Entgeltfortzahlung im Krankheitsfall ausschloss, ist auf die Beanstandung durch den EuGH im Jahre 1989[41] mit In-Iraft-Teten des Entgeltfortzahlungsgesetzes am 1. Juni 1994 entfallen. 34

Unterstrichen wird diese Rechtslage durch das TzBfG, das in § 4 Abs. 1 Satz 1 ein striktes Diskriminierungsverbot verordnet. Danach darf der Arbeitgeber einen teilzeitbeschäftigten Arbeitnehmer wegen der verringerten Arbeitszeit **nicht schlechter behandeln als einen vergleichbaren Vollzeit beschäftigten Arbeitnehmer**. Dies gilt ausdrücklich auch für **geringfügige Beschäftigungsverhältnisse**, die regelmäßig als Teilzeitarbeitsverhältnis ausgeübt werden (§§ 2 Abs. 2, 4 Abs. 1 Satz 2 TzBfG). Eine Ausnahme besteht nur dann, wenn sachliche Gründe eine unterschiedliche Behandlung rechtfertigen. Der Umfang der Arbeitszeit scheidet damit als Differenzierungsmerkmal aus. Das Verbot bezieht sich auf alle Maßnahmen und Vereinbarungen mit diskriminierendem Charakter, also auf Weisungen, Verträge und sonstige Maßnahmen des Arbeitgebers. Auch Tarifverträge haben dieses Verbot zu berücksichtigen (§ 22 TzBfG). 35

Darüber hinaus schreibt § 4 Abs. 1 Satz 2 TzBfG ausdrücklich vor, dass dem Teilzeit beschäftigten Arbeitnehmer **Arbeitsentgelt** oder eine **andere teilbare geldwerte Leistung** in dem Umfang zu gewähren ist, der dem Anteil seiner Arbeitszeit an der eines vergleichbaren Vollzeit beschäftigten Arbeitnehmers entspricht (»**pro-rata-temporis-Grundsatz**«). Allerdings ist trotz des Wortlautes eine **unterschiedliche Entgeltbemessung** dann zulässig, wenn sie durch **sachliche Gründe** gerechtfertigt ist; in Satz 2 wird lediglich das allgemeine Diskriminierungsverbot nach Satz 1 konkretisiert.[42] Für befristete Arbeitsverhältnisse und damit für Kurzfristtätigkeiten i. S. des § 8 Abs. 1 Nr. 2 SGB IV findet sich ein entsprechendes Diskriminierungsverbot in § 4 Abs. 2 TzBfG. 36

Eine unterschiedliche Behandlung ist dann gerechtfertigt, wenn hierfür sachliche Gründe gegeben sind. **Sachliche Gründe** liegen vor, wenn sie nicht wegen der Teilzeitarbeit differenzieren, **sondern wegen der Arbeitsleistung, Qualifikation, Berufserfahrung, sozialen Lage oder etwa unterschiedlichen Arbeitsplatzanforderungen**. Sachlich gerechtfertigt ist es deshalb, wenn der Arbeitgeber das Arbeitsentgelt im Verhältnis der Vollzeit- zur Teilzeitarbeit kürzt. Kein sachlicher 37

41) EuGH v. 13.07.1989, AP Nr. 16 zu Art. 119 EWG-Vertrag.
42) Rolfs, Das neue Recht der Teilzeitarbeit, RdA 2001, 129.

Grund ist gegeben, wenn an die Sozialversicherungsfreiheit oder an die Besteuerung angeknüpft wird.[43)]

38 Verstößt eine Regelung oder Maßnahme gegen das Diskriminierungsverbot, so ist sie rechtsunwirksam. Die entstehende Regelungslücke ist nach den Grundsätzen der ergänzenden Vertragsauslegung zu schließen. Dies führt in der Regel zur **Anpassung der Rechtsstellung** des geringfügig Beschäftigten an die bessere Stellung des Vollzeitarbeitnehmers. Im Vergütungsbereich steht dem geringfügig Beschäftigten gem. § 612 BGB die übliche Vergütung zu. Das ist die der Dauer seiner individuellen Arbeitszeit entsprechende Vergütung des Vollzeitarbeitnehmers.[44)] Auf ein Verschulden des Arbeitgebers kommt es dabei nicht an, da der Arbeitnehmer nicht Schadensersatz, sondern Erfüllung seines Anspruchs auf Gleichbehandlung geltend macht.[45)] Verstößt der Arbeitgeber im Rahmen seines Direktionsrechts gegen das Verbot, so steht dem geringfügig und dem kurzfristig Beschäftigten ein **Leistungsverweigerungsrecht** zu.

39 Auch **betriebsverfassungsrechtlich** werden **geringfügig Beschäftigte wie Vollzeitbeschäftigte behandelt.** Sie werden mit gerechnet bei der Betriebsgröße (Errichtung von Betriebsräten, § 1 BetrVG, Zahl der Betriebsratsmitglieder, § 9 BetrVG etc.) und sind zum Betriebsrat aktiv und passiv wahlberechtigt. Die gegenüber Vollzeitbeschäftigten geringere Arbeitszeit begründet keine Sonderbehandlung.[46)] Allein wenn Zuschläge für Betriebsratsarbeit außerhalb der Arbeitszeit gezahlt werden, steht dem teilzeitbeschäftigten Betriebsrat ein Anspruch erst zu, wenn die Arbeit eines Vollzeitarbeitnehmers überschritten wird.[47)]

40 Streiten die Parteien über die Missachtung des Diskriminierungsverbots trifft den geringfügig Beschäftigten die **Darlegungs- und Beweislast** hinsichtlich der **unterschiedlichen Behandlung;** den Arbeitgeber trifft die Darlegungs- und Beweislast dafür, dass er **sachliche Gründe** für die unterschiedliche Behandlung hat.

3. Arbeitszeit

a) Rahmen- und Höchstarbeitszeiten

41 Das geringfügige Beschäftigungsverhältnis hat sich – wie in der Vergangenheit – hinsichtlich des arbeitszeitrechtlichen Rahmens in den für jedes Arbeitsverhältnis maßgeblichen Grenzen zu bewegen, die durch die zwingenden Vorschriften des **Arbeitszeitgesetzes (ArbZG)** gezogen werden. Die werktägliche Arbeitszeit ist danach auf acht Arbeitsstunden begrenzt. Sie kann auf bis zu 10 Stunden verlän-

43) BAG v. 12.06.1996, AP Nr. 4 zu § 611 BGB Werkstudent = NZA 1997, 191; BAG v. 28.03.1996, AP Nr. 49 zu § 2 BeschFG 1985 = NZA 1996, 1280.
44) BAG v. 26.05.1993, DB 1993, 2288.
45) BAG v. 28.07.1992, DB 1993, 169.
46) BAG v. 29.01.1992, AP Nr. 1 zu § 7 BetrVG 1972.
47) BAG v. 07.02.1985, AP Nr. 48 zu § 37 BetrVG 1972.

gert werden, wenn in den folgenden sechs Monaten bzw. 24 Wochen ein Zeitausgleich gewährleistet wird (§ 3 ArbZG); sofern ein Zeitausgleich in Einzelfällen erforderlich ist, kann auf arbeitsfreie Werktage zurückgegriffen werden. Auch der übrigen Schutzvorschriften des ArbZG, insbesondere die über Pausenzeiten (§ 4 ArbZG), Ruhenszeiten (§ 5 Abs. 1 ArbZG) und Nachtarbeit, d. h. die Arbeit zwischen 23.00 und 6.00 Uhr (vgl. § 6 ArbZG) sowie das grundsätzliche Verbot der Beschäftigung an Sonn- und Feiertagen (§ 11 ArbZG) finden uneingeschränkt auf das Beschäftigungsverhältnis Anwendung.

b) Geringfügige Beschäftigung im Rahmen einer Nebentätigkeit

Mit der Freistellung der geringfügigen Beschäftigung von der Sozialversiche- 42
rungspflicht, wenn diese als Nebentätigkeit neben einer versicherungspflichtigen Hauptbeschäftigung ausgeführt wird,[48] stellt sich verstärkt die Frage, inwieweit dem Arbeitnehmer Grenzen aus der Hauptbeschäftigung gesetzt werden.

aa) Grundsatz und Grenzen

Der Arbeitnehmer ist zwar grundsätzlich nicht verpflichtet, dem Arbeitgeber 43
seine gesamte Arbeitskraft zur Verfügung zu stellen; **er schuldet diesem lediglich eine bestimmte Arbeitsleistung während eines bestimmten Zeitabschnittes.** Daraus folgt, **dass** die Ausübung bzw. **Aufnahme einer anderweitigen Tätigkeit außerhalb der Arbeitszeit grundsätzlich zulässig ist.** Soweit die Nebentätigkeit beruflicher Natur ist, kann sich der Arbeitnehmer auf Art. 12 Abs. 1 GG (**Berufswahlfreiheit**) berufen, bei sonstigen (unentgeltlichen) Nebenbeschäftigungen (Ehrenämter, Freizeitaktivitäten) auf Art. 2 Abs. 1 GG (**allgemeine Handlungsfreiheit**).[49] Die Ausübung einer geringfügigen Beschäftigung ist von daher sowohl neben einem bereits bestehenden Teilzeitarbeitsverhältnis – insoweit legitimiert die (sozialrechtliche) Regelung des § 8 Abs. 2 SGB IV (Zusammenrechnung mehrerer geringfügiger Beschäftigungen) die Beschäftigung in mehreren Arbeitsverhältnissen ausdrücklich[50] – als auch als Nebenbeschäftigung neben einem Hauptarbeitsverhältnis möglich.[51]

Jedoch sind insoweit zunächst die Arbeitszeitgrenzen nach dem ArbZG zu 44
berücksichtigen: Ein zweites oder etwaige in der Zahl darüber hinausgehende Arbeitsverhältnisse finden ihre Grenzen in den Vorschriften über die Höchstarbeitszeit nach dem ArbZG; die Arbeitszeiten der nebeneinander bestehenden Beschäftigungsverhältnisse sind zu addieren.[52] Nimmt also ein Arbeitnehmer eine Nebentätigkeit auf, **darf die Summe der wöchentlichen Arbeitszeit die gesetzliche Höchstgrenze nicht überschreiten.** Eine **erhebliche Überschreitung der Höchstar-**

48) Vgl. dazu näher unten III. 4, (Rdnr. 91).
49) Vgl. BAG v. 06.09.1990, AP Nr. 47 zu § 615 BGB.
50) Vgl. BAG v. 06.09.1990, AP Nr. 47 zu § 615 BGB.
51) BAG v. 18.01.1996, AP Nr. 25 zu § 242 BGB Auskunftspflicht.
52) BAG AP Nr. 2 zu § 2 AZO; AP Nr. 1 zu § 611 BGB Doppelarbeitsverhältnis.

beitszeit hat nach Auffassung des BAG zur Konsequenz, dass das Nebenarbeitsverhältnis nichtig ist.[53] Das gilt selbst dann, wenn der Arbeitgeber bei Vertragsschluss das Bestehen des ersten Arbeitsverhältnisses gekannt hat oder hätte kennen müssen.

bb) Vertragliche Schranken

45 Eine Nebentätigkeitsbeschränkung ergibt sich zudem aus den Nebenpflichten des Arbeitsvertrages. Danach darf der Arbeitnehmer auch dann **keine Konkurrenzgeschäfte** ohne Einwilligung des Arbeitgebers betreiben, wenn er dies als Nebenbeschäftigung tut.[54] Schließlich sind die Schranken des **§ 8 BUrlG** zu beachten, wonach der Arbeitnehmer während des Urlaubs keine dem **Urlaubszweck** widersprechende Erwerbstätigkeit leisten darf. Da diese Vorschriften sich in einer entsprechenden vertraglichen Pflicht gegenüber dem (Haupt-)Arbeitgeber erschöpft, bleibt ein entgegen § 8 BUrlG vereinbarter Vertrag wirksam; § 134 BGB findet insoweit keine Anwendung.[55]

46 Eine darüber hinausreichende Einschränkung ist angesichts der grundrechtlich gewährleisteten Berufsfreiheit des Arbeitnehmers nur gerechtfertigt, wenn und soweit die Arbeitsleistung des Arbeitnehmers im Hauptarbeitsverhältnis durch die Nebentätigkeit beeinträchtigt wird.[56] Ein generelles **Nebentätigkeitsverbot** im Arbeitsvertrag, das die Aufnahme einer Nebentätigkeit schlechthin ausschließt, ist deshalb unwirksam.[57]

47 Auch ein **Genehmigungsvorbehalt**, der eine Nebentätigkeit von der Zustimmung des Arbeitgebers abhängig macht, **ist deshalb nur insoweit beachtlich, wie berechtigte Interessen des Arbeitgebers an der Aufnahme einer Nebentätigkeit entgegen stehen**. Entsprechendes gilt für die vertraglich vorgeschriebene Pflicht des Arbeitnehmers, die Nebentätigkeit **anzuzeigen**.

48 Führt die anderweitige Tätigkeit jedoch zu einer Versicherungspflicht, die für den Arbeitgeber mitunter mit einer Nachentrichtung von Beiträgen verbunden ist, so ist der Arbeitnehmer, auch wenn dies arbeitsvertraglich nicht besonders vereinbart ist, verpflichtet, dem Arbeitgeber diese **Arbeitsaufnahme mitzuteilen**.[58] Verletzt er diese Pflicht, ist der Arbeitnehmer zu Schadenersatz verpflichtet.

53) BAG v. 19.06.1959, AP Nr. 1 zu § 611 BGB Doppelarbeitsverhältnis.
54) Schade, Arbeitsrechtshandbuch, § 43 Rdnr. 16.
55) BAG v. 25.02.1988, AP Nr. 3 zu § 8 BUrlG.
56) BAG v. 18.11.1988, AP Nr. 3 zu § 611 BGB Doppelarbeitsverhältnis.
57) BAG v. 06.09.1990, AP Nr. 47 zu § 615 BGB; BAG v. 18.01.1996, AP Nr. 25 zu § 242 BGB Auskunftspflicht.
58) BAG v. 18.11.1988, AP Nr. 3 zu § 611 BGB Doppelarbeitsverhältnis.

Praxis-Tipp:
Die Verpflichtung des Beschäftigten, bei Aufnahme einer anderweitigen Tätigkeit den Arbeitgeber unverzüglich in Kenntnis zu setzen, sollte in jeden Arbeitsvertrag – unter Hinweis auf die Folgen in der Sozialversicherung – aufgenommen und deutlich hervorgehoben werden.

Schließlich ergibt sich ohne vertragliche Vereinbarung eine (vertragsimmanente) 49
Einschränkung von Nebentätigkeiten, wenn eine **erhebliche Beeinträchtigung der Arbeitskraft mit der Nebenbeschäftigung einher geht**: Der Arbeitnehmer hat alles zu unterlassen, was seine Fähigkeit zur Erbringung der geschuldeten Arbeitsleistung mindert oder stört. Dazu zählen insbesondere Fälle geistiger und körperlicher Überbeanspruchung bei Ausübung der Nebentätigkeit. So liegt regelmäßig ein Verstoß gegen die Interessenwahrnehmungspflicht des Arbeitnehmers vor, wenn dieser während einer **krankheitsbedingten Arbeitsunfähigkeit** einer Nebentätigkeit nachgeht.[59] Im Übrigen kommt es auf die Umstände des Einzelfalles an, die sich an Art und Umfang der zu leistenden Arbeit, den Anforderungen der Nebenbeschäftigung und der individuellen Leistungsfähigkeit des Arbeitnehmers zu orientieren haben.

4. Arbeitsentgelt

Im Mittelpunkt der arbeitsvertraglichen Ansprüche des geringfügig Beschäftigten 50
steht der Anspruch auf das Arbeitsentgelt. Dabei ist einerseits vom Grundsatz der Vertragsfreiheit, andererseits von dem in § 4 Abs. 1 TzBfG ausdrücklich formulierten Grundsatz der Gleichbehandlung auszugehen. § 4 Abs. 1 Satz 2 TzBfG schreibt deshalb auch ausdrücklich vor, dass Teilzeitarbeitnehmer grundsätzlich Anspruch auf das anteilige Zeit- oder Leistungsentgelt haben, das der Vollzeitarbeitnehmer bei gleicher oder gleichwertiger Tätigkeit erhält.

Die Beachtung dieses Grundsatzes gegenüber geringfügig Beschäftigten hat die 51
Rechtsprechung sehr häufig beschäftigt. Besondere Beachtung verdienen insoweit vor allem folgende **Entscheidungen:**

- Geringfügig Beschäftigte haben Anspruch auf **Zahlung des Tariflohnes**[60] sowie auf **Sonntags-** und **Feiertagszuschläge**, auf **vermögenswirksame Leistungen.** Auch bei der Zahlung einer **Schichtzulage** sind sie Vollzeitbeschäftigten bzw. sonstigen Teilzeitarbeitnehmern gleichzustellen.[61] Des Weiteren haben sie Anspruch auf anteilige Gratifikationsleistungen wie Weihnachts- oder Jubiläumsgeld.[62]

---

59) BAG v. 13.11.1979, AP Nr. 5 zu § 1 KSchG 1969 Krankheit.
60) BAG v. 18.06.1991, AP Nr. 15 zu § 99 BetrVG 1972 Eingruppierung.
61) BAG v. 28.03.1996, AP Nr. 49 zu § 2 BeschFG.
62) LAG Hessen v. 14.03.1995, LAGE BGB Gratifikation Nr. 24.

- Ein geringfügig Beschäftigter darf nicht deshalb schlechter vergütet werden, weil er aufgrund seiner früheren hauptberuflichen Tätigkeit **Altersruhegeld** bezieht. Das Gleiche gilt, wenn ein Teilzeitarbeitnehmer noch einer **hauptberuflichen Tätigkeit** nachgeht, die für sich allein einen ausreichenden, seine Existenzgrundlage absichernden Verdienst gewährleistet.[63]
- Auch im Falle einer **Stundenlohnerhöhung** ist die Gleichbehandlung der Teilzeitarbeitnehmer geboten. So haben im Falle der Erhöhung des Stundenlohns Vollzeit beschäftigte Arbeitnehmer zum Ausgleich einer tariflichen Arbeitszeitverkürzung die Teilzeitarbeitnehmer bei **unveränderter Arbeitszeit** Anspruch auf eine entsprechende Stundenlohnerhöhung.[64] Vergütet der Arbeitgeber Vollzeitbeschäftigte freiwillig nach **tariflichen Vorschriften**, muss er dies auch anteilig bei Teilzeitbeschäftigten mit derselben Tätigkeit tun.[65] Sonderzahlungen und Gratifikationsleistungen sind zeitanteilig zu erbringen.[66]
- **Spätarbeits- und Nachtarbeitszuschläge**, die Vollzeitarbeitnehmern gezahlt werden, stehen auch Teilzeitarbeitnehmern und damit geringfügig Beschäftigten zu; eine entgegen stehende Tarifregelung ist nichtig.[67] Andererseits haben Teilzeitbeschäftigte bei der Leistung von Überstunden so lange keinen Anspruch auf Überstundenzuschläge, wie sie nicht über die **normale tarifliche Arbeitszeit** hinaus arbeiten. Denn nach Auffassung des BAG sollen die Zuschläge ein Ausgleich für die Belastung sein, die entsteht, wenn über die Vollarbeitszeit hinaus gearbeitet wird.[68] Die Grundvergütung muss wiederum gleich hoch sein.[69]

5. Sonstige Arbeitsbedingungen

a) Urlaub und Urlaubsgeld

52 Für den Anspruch des geringfügig Beschäftigten auf Erholungsurlaub gelten grundsätzlich die für Vollzeitbeschäftigte maßgeblichen Bestimmungen. Die Urlaubsdauer ergibt sich danach entweder aus § 3 Abs. 1 BUrlG (24 Werktage), einem Tarifvertrag oder dem Arbeitsvertrag. Im Falle einer arbeitsvertraglichen Vereinbarung ist der Grundsatz der Gleichbehandlung zu beachten.[70] Auch bei der Dauer des Erholungsurlaubs und bei **Arbeitsbefreiung** sind sie Vollzeitbeschäftigten bzw. sonstigen Teilzeitarbeitnehmern gleichzustellen.[71] Ebenso verhält es sich bei der **Abgeltung von Tarifurlaub.**[72]

---

63) BAG v. 01.11.1995, AP Nr. 2 zu § 2 BeschFG 1985 = NZA 1996, 813; v. 01.11.1995, AP Nr. 2 zu § 2 BeschFG 1985 = NZA 1996, 816.
64) BAG v. 29.01.1992, BB 1992, 856.
65) BAG v. 15.11.1994, NZA 1995, 936.
66) BAG v. 24.05.2000, NZA 2001, 216.
67) BAG v. 15.12.1998, NZA 1999, 882.
68) BAG v. 20.06.1995, DB 1996, 1277.
69) BAG v. 21.04.1999, NZA 1999, 939.
70) LAG Köln v. 13.12.1995, LAGE § 2 BeschFG 1985 Nr. 28.
71) BAG v. 28.03.1996, AP Nr. 49 zu § 2 BeschFG.
72) BAG v. 19.06.1991 – 5 AZR 310/90 n. V.

Erstreckt sich die Beschäftigung auf **alle Arbeitstage der Woche, entspricht die Ermittlung der Urlaubsdauer der einer Vollzeitkraft:** Der Urlaubsanspruch umfasst ebenso viele Tage wie bei den Vollzeitkräften des Unternehmens. Ist der geringfügig Beschäftigte nicht an allen Arbeitstagen der Woche oder des Monats tätig, wird der Urlaubsanspruch im gleichen Maße gekürzt, wie die Zahl der Arbeitstage gegenüber der einer Vollzeitkraft vermindert ist. Der Urlaubsanspruch wird dann so errechnet, dass die Gesamtdauer des Urlaubs (z. B. 30 Arbeitstage = sechs Wochen) durch die betriebliche Zahl der Arbeitstage pro Kalenderwoche (z. B. fünf Arbeitstage) geteilt wird. Anschließend wird die Zahl mit der Zahl der Wochenarbeitstage des geringfügig Beschäftigten multipliziert.[73] 53

Beispiel
Arbeitnehmer mit einem Urlaubsanspruch von 30 Arbeitstagen, arbeitet an zwei Tagen in der Woche: 30 : 5 = 6 x 2 = 12 Urlaubstage.

Auf diese Weise entspricht das Verhältnis von Arbeitszeit und Erholungsurlaub (= bezahlter Freizeit) den Bedingungen des Vollzeitbeschäftigten (im Beispielsfall erhalten beide sechs arbeitsfreie Wochen).

b) Betriebliche Altersversorgung

Eine Ausnahmestellung unter den Arbeitsbedingungen nimmt die betrieblichen Altersversorgung ein. Insoweit ist im Hinblick auf die spezifische Situation der geringfügig Beschäftigten in der gesetzlichen Sozialversicherung auch eine besondere Behandlung hinsichtlich von etwaigen (freiwilligen) Leistungen des Arbeitgebers erlaubt. 54

Zunächst bestehen, auch unter Berücksichtigung der Vorgaben des EG-Vertrages keine Bedenken, geringfügig Beschäftigte von der **gesetzlichen Sozialversicherungspflicht auszunehmen**. Die gegenwärtig maßgebliche Rechtslage ist von daher nicht zu beanstanden.[74] An diese Differenzierung dürfen auch die Regelungen zur betrieblichen Altersversorgung anknüpfen: Hat eine betriebliche Altersversorgung ihren Leistungszweck an das gesetzliche Sozialversicherungsrecht gekoppelt, dürfen geringfügig Beschäftigte von den Leistungen **ausgenommen werden**. Der Arbeitgeber ist nicht verpflichtet, eine fehlende sozialversicherungsrechtliche Absicherung durch eine betriebliche Altersversorgung zu ersetzen.[75] 55

73) BAG v. 14.02.1991, AP Nr. 1 zu § 3 BUrlG; Leinemann/Linck, BUrlG, 2. Aufl., § 3 Rdnr. 31.
74) EuGH v. 14.12.1995 »Inge Nolte« EAS RL 79/7/EWG Art. 4 Nr. 18 = AP Nr. 1 zu EWG-Richtlinie 79/7.
75) BAG v. 27.02.1996, AP Nr. 28 zu § 1 BetrVG Gleichbehandlung.

6. Beendigung des geringfügigen Beschäftigungsverhältnisses

56 Bei der Beendigung eines geringfügigen Beschäftigungsverhältnisses gelten keine Besonderheiten für Arbeitnehmer und Arbeitgeber. Dies gilt auch im Falle einer **Kündigung** durch den Arbeitgeber. Die Dauer der Kündigungsfrist richtet sich nach § 622 BGB, ggf. sind aufgrund der Beschäftigungsdauer in Teilzeit längere Kündigungsfristen zu berücksichtigen.

57 Als Teilzeitarbeitnehmer **unterliegen entgeltgeringfügig Beschäftigte unabhängig vom Umfang der Arbeitszeit dem allgemeinen Kündigungsschutz.** Die Voraussetzungen hierfür werden, wie bei einem Vollzeitarbeitsverhältnis, nach einer Beschäftigungsdauer von sechs Monaten und zwar ohne Rücksicht auf der Dauer der wöchentlichen Arbeitszeit erworben. Der Anspruch auf Gleichbehandlung ist schließlich auch bei einer **betriebsbedingten Kündigung** und der damit verbundenen Sozialauswahl (§ 1 Abs. 3 KSchG) zu berücksichtigen. **Teilzeitbeschäftigte dürfen hierbei nicht von vornherein als weniger sozial schutzbedürftig eingestuft werden.**[76)]

58 Eine Kündigung, die wegen der geringfügigen Beschäftigung erfolgt, verstößt gegen das Diskriminierungsverbot (§ 4 Abs. 1 Satz 2 TzBfG); sie ist daher unwirksam (§ 134 BGB). Dieses Diskriminierungsverbot wird in § 10 TzBfG noch einmal dahin gehend konkretisiert, dass auch die Kündigung eines Arbeitsverhältnisses wegen der Weigerung eines Arbeitnehmers von einem Voll- in ein Teilzeitarbeitsverhältnis oder umgekehrt zu **wechseln**, unwirksam ist. Das Recht zur Kündigung aus anderen Gründen bleibt unberührt. Damit lehnt sich die Vorschrift an den Kündigungsschutz der Arbeitnehmer bei einem Betriebsübergang nach § 613a BGB an.

III. Geringfügige Beschäftigung im Sozialversicherungs- und im Steuerrecht

1. Überblick

59 Charakteristisch für die geringfügigen Beschäftigungsverhältnisse ist, dass sie – seit jeher – **in allen Zweigen der Sozialversicherung** (mit Ausnahme der Unfallversicherung, vgl. § 2 SGB VII) **als versicherungsfreie Beschäftigung ausgestaltet sind.** Versicherungsfreiheit bestand und besteht danach in der **Krankenversicherung** (§ 7 SGB V), der **Rentenversicherung** (§ 5 Abs. 2 Nr. 1 SGB IV), der **Arbeitslosenversicherung** (§ 27 Abs. 2 SGB III) und der **Pflegeversicherung** (§§ 1 Abs. 2 Satz 1, 20 Abs. 1 SGB IX). Die Versicherungsfreiheit war entweder – wie im Fall der Entgeltgeringfügigkeit – davon abhängig, dass Entgeltgrenzen (zuletzt 325 €) **und** Arbeitszeitgrenzen (15 Stunden in der Woche) oder – wie im Fall der Zeitgeringfügigkeit – eine bestimmte Dauer der Beschäftigung nicht überschritten wur-

76) LAG Köln v. 20.08.1993, DB 1996, 147.

den. Das Gesetz zur Neuregelung der geringfügigen Beschäftigungsverhältnisse vom 24. März 1999[77] hielt noch an diesem diesen Grundsätzen fest, verpflichtete aber den Arbeitgeber zur Abführung von **Pauschalbeiträgen** zur Kranken- und zur Rentenversicherung. Im Einkommensteuerrecht wurden sie zuletzt für den Regelfall steuerfrei gestellt (§ 39a EStG).[78]

Das Zweite Gesetz über moderne Dienstleistungen am Arbeitsmarkt hat **neue Wege** beschritten: Es hat die **Entgeltgeringfügigkeit** auf **neue Grundlagen** gestellt, die **Abgabenbelastung** geringfügig (von 22 % auf 25 %) **angehoben** und die **Steuerfreiheit beseitigt.** Es hat zudem die geringfügige Beschäftigung für »haushaltsnahe Dienstleistungen« eingeführt und mit Privilegien (geringere Abgabenbelastung und steuerliche Vorteile für den Arbeitgeber) versehen. Und schließlich wurde mit der sog. **Gleitzone** eine spezifische Abgabenbelastung für den Arbeitnehmer im Einkommensbereich zwischen 400,01 und 800 € eingeführt. 60

2. Geringfügige Beschäftigung in Unternehmen (Entgeltgeringfügigkeit, § 8 Abs. 1 Nr. 1 SGB IV)

a) Voraussetzungen

Für die »Grundform« des geringfügigen Beschäftigungsverhältnisses, die Entgeltgeringfügigkeit, für die bislang zwei Voraussetzungen – regelmäßig weniger als fünfzehn Stunden in der Woche und ein Arbeitsentgelt, das regelmäßig im Monat 325 € nicht überstieg – galten, wurde mit Wirkung vom 1. April 2003 die zeitliche Begrenzung auf weniger als 15 Wochenstunden ersatzlos auf- und zugleich die Entgeltgrenze auf 400 € angehoben. Damit ist nur noch das **Arbeitsentgelt** als Kriterium für die sozialversicherungsrechtliche Beurteilung maßgebend; die wegen der Kombination von Arbeitszeit- und Entgeltgrenze zuweilen schwierige Abgrenzung der sozialversicherungsfreien von der sozialversicherungspflichtigen Beschäftigung dürfte damit der Vergangenheit angehören. Zugleich wird mit dieser Regelung ab dem 1. April 2003 auch in der Sozialversicherung dem Arbeitgeber die Möglichkeit eingeräumt, für Aushilfskräfte **Arbeitszeitkonten** zu bilden, womit der Arbeitgeber nunmehr auch Arbeitsspitzen zeitversetzt entlohnen kann, ohne die Geringfügigkeit zu gefährden.[79] 61

Zum **regelmäßigen Arbeitsentgelt** – gelegentliche Überschreitungen der Entgeltgrenze sind unschädlich[80] – zählen alle **laufenden und einmaligen Einnahmen,** gleichgültig ob ein Rechtsanspruch auf sie besteht, unter welcher Bezeichnung oder in welcher Form sie geleistet werden. Unerheblich ist auch, ob sie unmittelbar aus der Beschäftigung oder lediglich im Zusammenhang mit ihr erzielt wer- 62

77) BGBl. I, 388.
78) Siehe im Übrigen die Erläuterungen bei Schaub, Arbeitsrechtshandbuch, 2002, § 43 Rdnr. 33 ff.
79) Niermann/Plenker, Die Neuregelung der geringfügigen Beschäftigungsverhältnisse ab dem 01.04.2003, DB 2003, 304.
80) Lembke, NJW 1999, 1825 f.

den (§ 8 Abs. 1 SGB IV). Deshalb sind auch Einmalzahlungen wie Weihnachts- und Urlaubsgeld auf den gesamten Zeitraum, für den sie gewährt werden, umzulegen, soweit sie bei vorausschauender Betrachtung innerhalb eines Beschäftigungszeitraums von einem Jahr mit hinreichender Sicherheit zu erwarten sind.[81]

63 Hinsichtlich der Höhe des laufenden Arbeitsentgelts wird – im Unterschied zum Steuerrecht – nach der Rechtsprechung des BSG nicht allein auf dessen tatsächlichen Zufluss abgestellt .[82] Vielmehr werden auch solche Entgelte berücksichtigt, die der Beschäftigte zwar hätte **beanspruchen können**, die ihm aber tatsächlich nicht zugeflossen sind. Sieht etwa ein (gegebenenfalls auch nur kraft Allgemeinverbindlichkeit) einschlägiger Tarifvertrag vor, dass der Arbeitnehmer bestimmte Zuschläge zu beanspruchen hat, werden diese der Ermittlung des Arbeitsentgelts auch dann zu Grunde gelegt, wenn sie tatsächlich nicht zur Auszahlung gelangen.

64 Für **Einmalzahlungen** (§ 23a SGB IV) wie Weihnachts- oder Urlaubsgeld rückt das Zweite Gesetz über moderne Dienstleistungen am Arbeitsmarkt allerdings mit Wirkung zum 1. Januar 2003 von dieser Rechtsprechung ab und lässt den tatsächlichen Zufluss maßgeblich sein. So sind nach der Ergänzung des § 22 Abs. 1 SGB IV Einmalzahlungen nur noch dann berücksichtigen, wenn die Leistungen tatsächlich an den Arbeitnehmer ausgezahlt wurden (§ 22 Abs. 1 Halbs. 2 SGB IV). Dadurch soll insbesondere ausgeschlossen werden, dass geringfügig beschäftigte Arbeitnehmer, die solche Leistungen – unter Verstoß gegen § 4 Abs. 1 i. V. mit § 2 Abs. 2 TzBfG – vorenthalten worden sind,[83] ihre Versicherungsfreiheit verlieren und der Arbeitgeber die vollen Beiträge zur Sozialversicherung nachentrichten muss.

65 Schließlich kann Entgeltgeringfügigkeit – wie schon in der Vergangenheit – nur hinsichtlich derjenigen Personen in Betracht kommen, die einer **berufsmäßigen** und damit regelmäßigen Tätigkeit nachgehen.[84] Regelmäßigkeit in diesem Sinne setzt allerdings nicht zwingend ein Dauerarbeitsverhältnis voraus. Ausreichend ist vielmehr eine Beschäftigung, die von vornherein auf ständige Wiederholung gerichtet ist und über mehrere Jahre hinweg ausgeübt werden soll.[85] Dies ist etwa der Fall, wenn ein über ein Jahr hinausgehender Rahmenvertrag geschlossen wird

81) BSG v. 28.02.1984, NZA 1984, 301 (302) = SozR 2100 § 8 Nr. 4.

82) BSG v. 28.06.1995, NZS 1996, 182 (184 f.) = BSGE 76, 162 (164 ff.).

83) Vgl. BAG v. 24.10.1989, NZA 1990, 486 (487 f.) = AP Nr. 29 zu § 11 BUrlG; BAG v. 06.12.1990, NZA 1991, 350 (351) = AP Nr. 12 zu § 2 BeschFG 1985; Meinel/Heyn/Herms, Teilzeit- und Befristungsgesetz, 2002, § 4 Rdnr. 37 ff.; Rolfs, Teilzeit- und Befristungsgesetz, 2002, § 4 Rdnr. 3 f.

84) BSG v. 11.05.1993, NZS 1993, 550 (550 f.) = SozR 3-2400 § 8 Nr. 3; BSG v. 23.05.1995, NZS 1995, 516 (517) = SozR 3-2400 § 8 Nr. 4.

85) BSG v. 11.05.1993, NZS 1993, 550 (550 f.) = SozR 3-2400 § 8 Nr. 3.

und zwar selbst dann, wenn dieser Vertrag maximal nur Arbeitseinsätze an 50 Arbeitstagen innerhalb eines Jahres vorsieht.[86)]

b) Pauschalabgaben

Nach der – seit 1. April 1999 maßgeblichen Rechtslage – hatte der Arbeitgeber eines i. S. des § 8 Abs. 1 Nr. 1 geringfügig Beschäftigten einen **Pauschalbeitrag** zur Krankenversicherung in Höhe von **10 %** des Bruttoarbeitsentgelts zu zahlen[87)]. Diese Pflicht entfiel nur, wenn der Arbeitnehmer ausnahmsweise nicht gesetzlich krankenversichert war, wie dies bei Selbstständigen, Beamten oder oberhalb der Jahresarbeitsentgeltgrenze entlohnten Arbeitnehmern der Fall ist. Der Arbeitgeber hatte zudem einen Pauschalbeitrag in Höhe von **12 %** des Arbeitsentgelts an die Rentenversicherung abzuführen (§ 172 Abs. 3 Satz 1 VI SGB). Voraussetzung war insoweit, dass der geringfügig Beschäftigte der Rentenversicherungspflicht nicht unterlag, auf Antrag von ihr befreit oder wegen Überschreitens der Altersgrenze versicherungsfrei gestellt war. 66

Das Zweite Gesetz über moderne Dienstleistungen am Arbeitsmarkt knüpft an diese Regelungen an; es **erhöht** lediglich den **Pauschalbeitrag zur gesetzlichen Krankenversicherung auf 11%** (§ 249b Satz 1 SGB VI). Der 12%-Pauschalbeitrag zur gesetzlichen Rentenversicherung bleibt unangetastet (§ 172 Abs. 3 SGB VI). Aus dem letztgenannten Pauschalbeitrag erwächst dem Arbeitnehmer eine **Rentenanwartschaft**, die sich in Zuschlägen an Entgeltpunkten und einer »proportionalen« Berücksichtigung bei der Wartezeiterfüllung ausdrückt. 67

Die Pauschalbeiträge werden – zusammen mit der Pauschsteuer[88)] – einheitlich von der **Bundesknappschaft/Außenstelle Cottbus** eingezogen, die sie auf die verschiedenen Krankenkassen und Rentenversicherungsträger verteilt. 68

Bei diesen Vorschriften handelt es sich um **zwingendes Recht**; abweichende Vereinbarungen sind gem. § 32 Abs. 1 SGB I. Insbesondere eine Abwälzung der Sozialversicherungsbeiträge auf den Arbeitnehmer ist mit § 32 Abs. 1 SGB I nicht vereinbar.[89)]

c) Aufstockungsoption

Nach wie vor wird dem geringfügig Beschäftigten die **Option** eingeräumt, seinen Beitrag zur gesetzlichen Rentenversicherung (um 7,5 %) auf den gewöhnlichen Beitragssatz von gegenwärtig 19,5 % aufzustocken. Auf diese Weise erlangt er 69

86) Vgl. BSG v. 28.04.1982, SozR 2200 § 168 Nr. 6: Einsatz an jeweils zwei Tagen in der Mitte und am Ende eines Monats = 48 Tage im Jahr; BSG v. 23.05.1995, NZS 1995, 516 (517) = SozR 3-2400 § 8 Nr. 4: Raumpflege an einem Tag in der zweiten Woche = 26 Tage im Jahr.

87) Lembke, NJW 1999, 1825 (1826 f.).

88) Siehe dazu unten II. 1d (Rdnr. 75 f.).

89) Griese, in: Küttner, Personalbuch 2002, Geringfügige Beschäftigung, Rdnr. 12.

Anspruch auf das **volle Leistungsspektrum der Rentenversicherung** (u. a. Anspruch auf Rehabilitation, Erwerbsunfähigkeitsrente, vorgezogene Altersrente). Die Erklärung kann nur mit Wirkung für die Zukunft abgegeben werden; sie ist für die Dauer der Beschäftigungen bindend (§ 163 Abs. 10 Sätze 6, 7 SGB VI). Bei einem Arbeitsentgelt von 400 € hat der geringfügig Beschäftigte einen zusätzlichen Beitrag von 30 € (7,5 % von 400 €) zu zahlen (§ 5 Abs. 2 SGB VII).

70 Der Gesetzgeber geht insoweit von einer besonderen Fürsorgepflicht des Arbeitgeber gegenüber dem Beschäftigten aus. Der Arbeitgeber hat deshalb den Arbeitnehmer in **schriftlicher Form** darauf hinzuweisen, dass er durch die Ausübung seines Optionsrechts die Stellung eines versicherungspflichtigen Arbeitnehmers erwerben kann. Durch eine im Jahre 2000 wirksam gewordene Änderung des § 2 NachwG ist der Arbeitgeber gehalten, die Behandlung in den Arbeitsvertrag aufzunehmen. In bestehenden Verträgen ist dies nachzuholen.[90]

Praxis-Tipp:
Die Belehrung des Arbeitgebers, die dem Arbeitsvertrag beizufügen ist, könnte wie folgt aussehen:

Herr/Frau ... (Anschrift), übt bei der Firma ...
eine Beschäftigung aus, die im Sinne von § 8 Abs. 1 Nr. 1 SGB IV geringfügig ist.

Herr/Frau ... wurde darauf hingewiesen, dass er/sie durch schriftliche Erklärung gegenüber uns (Arbeitgeber) auf die Versicherungsfreiheit in der gesetzlichen Rentenversicherung verzichten kann.
(Ort/Datum) ... (Unterschrift des ArbGeb)

Niederschrift über diese Belehrung erhalten am ...
(Datum) ... (Unterschrift des Arbeitnehmers)

Wird der Arbeitsvertrag neu abgeschlossen, ist eine entsprechende Klausel in den Vertragtext aufzunehmen.

71 Die Ausübung dieses Rechts selbst erfolgt rechtstechnisch in der Weise, dass der Arbeitnehmer durch **schriftliche Erklärung** gegenüber dem Arbeitgeber auf die ursprüngliche Rentenversicherungsfreiheit verzichtet (§ 5 Abs. 2 Satz 2 1. Hs. SGB VI).

90) Vgl. auch Krabbenhöft, DB 2000, 1562 (1563 f.).

Praxis-Tipp:
Die Erklärung zum Verzicht auf die Rentenversicherungsfreiheit könnte wie folgt aussehen:

Herr/Frau ..... (Anschrift),

An Arbeitgeber
.....

Ich übe bei der Firma .... eine geringfügige Beschäftigung im Sinne von § 8 Abs. 1 Nr. 1 SGB IV aus. Hiermit verzichte ich auf die Versicherungsfreiheit für dieses Beschäftigungsverhältnis für die Dauer der Beschäftigung.
.... (Ort/Datum) .... (Unterschrift des ArbN)

d) Steuerrechtliche Behandlung

Die Steuerfreiheit, die für das geringfügige Beschäftigungsverhältnis im Zusammenhang mit dem Gesetz zur Neuregelung der geringfügigen Beschäftigungsverhältnisse 1999 eingeführt worden war (§ 3 Nr. 39 EStG), **ist nunmehr aufgehoben**; § 3 Nr. 39 EStG wurde ersatzlos gestrichen. An die Stelle der Steuerfreiheit tritt ein **Pauschalsteuersatz** von 2 %, in dem Solidaritätszuschlag und Kirchensteuer enthalten sind (§ 40a Abs. 2 EStG neu). Die Erhebung des Pauschsteuersatzes setzt aber voraus, dass der Arbeitgeber für den geringfügig Beschäftigten den Pauschalbeitrag zur Rentenversicherung zu entrichten hat; der Steuersatz erhöht sich auf 20 %, wenn diese Pauschalbeiträge ausnahmsweise entfallen, § 40a Abs. 2 EStG. 72

Der **Arbeitgeber** ist in Bezug auf die Erhebung der Pauschsteuer in der Entscheidung frei, ob er den Arbeitslohn pauschalieren oder nach den Merkmalen der vom Arbeitnehmer vorgelegten Lohnsteuerkarte erheben will. Legt der Beschäftigte dem Arbeitgeber für den Lohnsteuerabzug eine Lohnsteuerkarte vor, kann der Arbeitgeber die gezahlte Vergütung durchaus individuell besteuern. Er ist auch nicht gehindert, die pauschale Lohnsteuer in wirtschaftlicher Hinsicht auf den Arbeitnehmer abzuwälzen. 73

e) Übersicht

Der Arbeitnehmer bleibt danach im Regelfall von Abgaben und Steuern befreit; die Abgabenlast des Arbeitgebers beläuft sich auf insgesamt 25 % des Arbeitsentgelts. Die Eckpunkte der »Grundform« einer geringfügigen Beschäftigung lassen sich danach wie folgt festhalten: 74

Arbeitsentgelt	Arbeitnehmer	Arbeitgeber
bis zu 400 € pro Monat	• keine Steuern • keine Sozialversicherungsbeiträge • Aufstockungsoption in der Rentenversicherung	25 %-ige Sozialversicherungspauschale, davon 12 % KV 11 % RV 2 % Lohnsteuer

3. Geringfügige Beschäftigungen in Privathaushalten

a) Allgemeines

75 Mit der Einführung einer spezifisch geringfügigen Beschäftigung in Privathaushalten will der Gesetzgeber – einem Vorschlag der Hartz-Kommission[91] folgend – die wachsende Zahl von an der Sozialversicherung vorbei ausgeübten Beschäftigungsverhältnissen in Privathaushalten in reguläre, dem Schutz der Sozialversicherung unterstehende Beschäftigungsverhältnisse überführen.[92] Dazu werden die Vorschriften über die geringfügige Beschäftigung im Grundsatz auf **Beschäftigungen in Privathaushalten ausgedehnt,** zugleich aber die Abgabenbelastung dieser Arbeitsverhältnisse gegenüber den sonstigen geringfügigen Beschäftigungsverhältnissen geringer angesetzt und auf insgesamt 12 % reduziert.[93] Des Weiteren wird dem Arbeitgeber eines mit einer haushaltsnahen Dienstleistung geringfügig Beschäftigen die Möglichkeit eingeräumt, einen gewissen Teil seiner Aufwendungen (konkreter gesagt: 10 % der Aufwendungen, maximal jedoch 510 € im Jahr) von der Steuerschuld (nicht: den zu versteuernden Einkommen!) abzuziehen.[94]

b) Voraussetzungen einer »Beschäftigung im Privathaushalt«

76 Voraussetzung für eine privilegierte Beschäftigung im Privathaushalt ist zum einen, dass die Beschäftigung durch einen privaten Haushalt begründet und zum Zweiten, dass ausschließlich Beschäftigungen ausgeübt werden, die gewöhnlich durch Mitglieder des privaten Haushalts erledigt werden (§ 8a Satz 2 SGB IV).

77 Die erste Voraussetzung, die Begründung des Arbeitsverhältnisses durch einen privaten Haushalt, hat ihrerseits zur Voraussetzung, dass ein **Mitglied des privaten Haushalts,** in dem die Arbeitsleistung zu erbringen ist, **Arbeitgeber** des geringfügig Beschäftigen ist.[95] Auf diese Weise werden Beschäftigungen in privaten Haushalten, die durch Dienstleistungsagenturen oder andere Personen bzw. Unternehmen begründet werden, von der Privilegierung ausgenommen. Für die Beschäftigten, die in einem Arbeitsverhältnis mit solchen Unternehmen stehen,

91) Hartz u. a., a. a. O., S. 169 ff.
92) BT-Drucks. 15/26, S. 23 f.
93) Zu weiteren Einzelheiten siehe unten III. 2c, Rdnrn. 84 ff.
94) Zu den Einzelheiten siehe unten III. 2d, Rdnr. 86 f.
95) Bauer/Krets, Gesetze für moderne Dienstleistungen am Arbeitsmarkt, NJW 2003, 537; Rolfs, NZA 2003, 65 (70).

sind nach den allgemeinen Regeln Sozialabgaben zu tragen und abzuführen;[96] ist der Beschäftigte nur geringfügig i.S. von § 8 Abs. 1 Nr. 1 SGB IV tätig, fallen die allgemeinen Pauschalbeiträge und Pauschalsteuern an.[97]

Bei den Tätigkeiten, die ansonsten gewöhnlich von den Mitgliedern des Privathaushalts erledigt werden – der zweiten Voraussetzung also – handelt es sich um Dienstleistungen, die **keine besonderen Fachkenntnisse** erfordern, wie Reinigungsarbeiten oder Hilfen im Haushalt, Kinderbetreuung und Gartenpflege. Abzustellen ist dabei auf eine **abstrakte Betrachtungsweise**, ob die Mitglieder des privaten Haushalts diese Dienstleistungen in der Vergangenheit selbst erbracht haben, ist hingegen unerheblich. 78

Nicht erfasst werden dagegen Tätigkeiten, die eine spezifische Qualifikation voraussetzen oder die nicht mit der privaten Lebens- und Haushaltsführung in unmittelbarem Zusammenhang stehen.[98] So etwa die Beschäftigung eines Hauslehrers oder eines Chauffeurs. Ausgenommen sind zudem alle Dienstleistungen, die Reparaturen an Haus oder Wohnung, Haushalts- und Einrichtungsgegenständen zum Inhalt haben; Leistungen dieser Art liegt ein Werkvertrag zugrunde, so dass es an dem die Privilegierung voraussetzenden Beschäftigungsverhältnis mangelt.[99] 79

Wird ein geringfügig Beschäftigter aufgrund eines **einheitlichen Arbeitsverhältnisses** sowohl im Privathaushalt des Arbeitgebers als auch im Unternehmen eingesetzt, sind die Vorschriften über das geringfügige Beschäftigungsverhältnis im Unternehmen heranzuziehen; eine geringfügige Beschäftigung im Privathaushalt ist nach dem insoweit eindeutigen Gesetzeswortlaut nur vorstellbar, wenn sie ausschließlich im Privathaushalt ausgeübt wird.[100] Keine Bedenken dürften hingegen bestehen, wenn zwei Arbeitsverträge, und zwar zum einen mit dem Unternehmensträger, also einer juristischen Person, und zum Zweiten dem Inhaber des Unternehmens als Privatperson geschlossen werden. 80

Praxis-Tipp:
Soll beim Einsatz eines geringfügig Beschäftigten zwischen dem Unternehmen und dem Privathaushalt des Unternehmers unterschieden werden, empfiehlt sich der Abschluss von zwei Arbeitsverträgen. Dabei ist aber auch zu berücksichtigen, dass mehrere geringfügige Beschäftigungsverhältnisse zusammenzurechnen (siehe dazu unten II 4) sind.

96) BT-Drucks. 15/26, S. 24.
97) Siehe dazu oben III. 2a und b.
98) Rolfs, NZA 2003, 65 (69).
99) Zur Abgrenzung des Beschäftigungsverhältnisses vom Werkvertrag vgl. ErfK/Rolfs, 3. Aufl. 2003, § 7 SGB IV Rdnr. 10.
100) Niermann/Plenker, DB 2003, 304 ff.

c) Pauschalabgaben

81 Für die geringfügige Beschäftigung im Privathaushalt hat der Arbeitgeber grundsätzlich **Pauschalabgaben in Höhe von 10 %** zu entrichten. Davon entfallen 5 % auf die Rentenversicherung und 5 % auf die Krankenversicherung (§§ 249b Satz 2 SGB V, 172 Abs. 3a SGB VII). Hinsichtlich der Voraussetzungen sind die Grundsätze für die geringfügige Beschäftigung in Unternehmen heranzuziehen. Im Unterschied zur Grundform der geringfügigen Beschäftigung (siehe dazu II 1 a) ist der **Krankenversicherungsbeitrag** auch für die Personen zu entrichten, die gegen das Krankheitsrisiko privat oder gar nicht versichert sind.[101] Damit wird für einen Personenkreis eine (5%-ige) Beitragspflicht statuiert, für den kein entsprechender Versicherungsschutz vorgesehen ist.[102]

82 In der Rentenversicherung steht dem geringfügig Beschäftigten – wie bei einer Beschäftigung in einem Unternehmen – die **Aufstockungsoption** zu. Im Hinblick auf den geringen, weil nur 5%-igen Pauschalbeitrag des Arbeitgebers beläuft sich der Eigenanteil des Beschäftigten in diesem Fall aber auf **14,5%.** Auch hinsichtlich des Verfahrens sind die Regeln bei der Aufstockung der Anwartschaft in Unternehmen zu beachten. Dies gilt insbesondere für die Verpflichtungen des Arbeitgebers (siehe dazu oben II 1 c).

d) Steuerliche Behandlung

83 In steuerlicher Hinsicht hat der Arbeitgeber wie bei der grundform der geringfügigen Beschäftigung die Wahlmöglichkeit, einen **Pauschalsteuersatz in Höhe** von 2 % abzuführen (§ 40a Abs. 2 EStG neu) oder den Arbeitnehmer individuell zu besteuern. Auch insoweit ist die Erhebung des Pauschsteuersatzes aber davon abhängig, dass der Arbeitgeber für den geringfügig Beschäftigten den Pauschalbeitrag zur Rentenversicherung zu entrichten hat; andernfalls erhöht sich der **Steuersatz auf 20 %.**

84 Um einen Anreiz für Beschäftigungsverhältnisse im Privathaushalt zu schaffen, hat der Gesetzgeber zudem eine **steuerliche Förderung in Form einer Steuerermäßigung eingeführt** (§ 35a EStG). Danach kann der Arbeitgeber 10 % seiner Aufwendungen, maximal jedoch 510 € im Jahr, von der Steuerschuld abziehen.[103]

---

101) Bauer/Krets, NJW 2003, 537 (545); Rolfs, NZA 2003, 65 (70); a. A. Niermann/Plenker, DB 2003, 304 (306), die das Problem offenbar übersehen.

102) Insoweit werden verfassungsrechtliche Bedenken erhoben, vgl. Rolfs, NZA 2003, 65 (70).

103) Im Falle von haushaltsnahen Beschäftigungsverhältnissen, für die Pflichtbeiträge zur gesetzlichen Sozialversicherung entrichtet werden und die keine geringfügige Beschäftigung darstellen, können 12 % der Aufwendungen, höchstens 2.400 €, von der Steuerschuld abgezogen werden (§ 35a Abs. 1 Satz 3 EStG). In der Sache handelt es sich hierbei um die Wiedereinführung des früheren »Dienstmädchenprivilegs« (vgl. § 10 Abs. 1 Nr. 8 EstG a. F.).

Die Steuerermäßigung wird auf **Antrag** gewährt. Sie kommt nur zur Anwendung, 85
wenn die Aufwendungen nicht zu den Betriebsausgaben oder Werbungskosten gehören und soweit sie nicht als außergewöhnliche Belastungen berücksichtigt werden. Für jeden Kalendermonat, in dem die Voraussetzungen der Steuerermäßigung nicht vorgelegen haben, ermäßigt sich der Höchstbetrag um 1/12 (§ 35a Abs. 1 EStG).

e) Übersicht

Die gesetzlichen Eckwerte für **geringfügige Beschäftigungsverhältnisse in Privathaushalten** lassen sich danach wie folgt zusammenfassen: 86

Arbeitsentgelt	Arbeitnehmer	Arbeitgeber
bis zu 400 € pro Monat	• keine Steuern • keine Sozialversicherungsbeiträge • Aufstockungsoption in der Rentenversicherung	• 12 %-ige Sozialversicherungspauschale, davon 5 % KV 5 % RV 2 % Lohnsteuer • Steuerermäßigung (Abzug von der Steuerschuld, max. 510 €)

4. Mehrerer Beschäftigungsverhältnisse und Zusammenrechnung (§ 8 Abs. 2 SGB IV)

a) Allgemeines

Die Frage, ob und inwieweit mehrere Beschäftigungen im Sozialversicherungs- 87
recht zusammenzurechnen sind, hat den Gesetzgeber immer wieder beschäftigt. Bis 1999 wurden mehrere geringfügige Beschäftigungsverhältnisse (in der Kranken- und Rentenversicherung) zusammengerechnet, neben einer versicherungspflichtigen Hauptbeschäftigung konnte aber eine geringfügige Beschäftigung versicherungsfrei ausgeübt werden.[104)] Mit dem Gesetz zur Neuregelung der geringfügigen Beschäftigungsverhältnisse vom 24. März 1999[105)] wurde an den Grundsätzen der Zusammenrechnung festgehalten, zugleich aber auch das Privileg der geringfügigen Beschäftigung in Rahmen einer Nebentätigkeit aufgehoben; eine geringfügige Beschäftigung neben einer versicherungspflichtigen Hauptbeschäftigung war danach im Regelfall der Sozialversicherungspflicht unterworfen,[106)] was zu lebhafter Kritik in Wissenschaft und Praxis führte.[107)]

104) Lembke, NJW 1999, 1825 (1826).

105) Näher dazu Lembke, NJW 1999, 1825 (1826 f.); ausgenommen davon blieben lediglich Mehrfachbeschäftigungen bei demselben Arbeitgeber, vgl. BSG v. 16.02.1983, BSGE 55,1 = NZA 1984, 206 (207).

106) Einzelheiten bei ErfK/Rolfs, § 8 SGB IV Rdnr. 18 ff.

107) Siehe etwa Hanau/Peters-Lange, NZA 1998, 785 (790).

88 Das Zweite Gesetz für Moderne Dienstleistungen am Arbeitsmarkt hat in den **Regeln über die Zusammenrechnung festgehalten**, hinsichtlich der geringfügigen Nebenbeschäftigung die Rechtslage von vor dem 1. April 1999 aber weitgehend wieder hergestellt: Ab dem 1. April 2003 darf der Arbeitnehmer neben seinem Hauptberuf **einer** geringfügigen Nebentätigkeit nachgehen, ohne dass die Einkünfte aus dieser – mit der Folge der vollen Sozialabgabenpflicht – hinzu addiert werden. Der Gesetzgeber geht davon aus, dass das aus derartigen Nebenbeschäftigungen erzielte Arbeitsentgelt vorrangig für den Konsum Verwendung findet und damit Impulse für die schwache Binnenkonjunktur gesetzt werden können.

b) Regeln des Zusammenrechnens

89 Bei der **Zusammenrechnung mehrerer Beschäftigungsverhältnisse sind verschiedene Konstellationen denkbar.** So ist zunächst an das Zusammentreffen artgleicher geringfügiger Beschäftigungen, also mehrerer jeweils entgeltgeringfügiger Beschäftigungen nach § 8 Abs. 1 Nr. 1 SGB IV sowie mehrerer jeweils zeitgeringfügiger Beschäftigungen nach § 8 Abs. 1 Nr. 2 SGB IV zu denken. Des Weiteren können eine oder mehrere entgeltgeringfügige Beschäftigungen mit einer nicht geringfügigen Beschäftigung zusammentreffen. Schließlich können verschiedene Arten der geringfügigen Beschäftigung und eine zeitgeringfügige Beschäftigung mit einer nicht geringfügigen (Haupt-)Beschäftigung aufeinander treffen.

90 Ab dem 1. April 2003 ist nach folgenden Regeln zu verfahren:

- Mehrere jeweils entgeltgeringfügige Beschäftigungen (§ 8 Abs. 1 Nr. 1 SGB IV) sowie mehrere jeweils zeitgeringfügige Beschäftigungen (§ 8 Abs. 2 Nr. 2 SGB IV) sind grundsätzlich zusammenzurechnen (Zusammenrechnung artgleicher Geringfügigkeit)
- Keine Zusammenrechnung findet statt
  - zwischen **einer nicht geringfügigen (Haupt-)Beschäftigung** und **einer entgeltgeringfügigen Beschäftigung,**
  - zwischen **verschiedenen Arten der geringfügigen Beschäftigung** (keine Zusammenrechnung von »Nr. 1 und Nr. 2«),
  - zwischen **einer nicht geringfügigen (Haupt-)Beschäftigung und einer zeitgeringfügigen Beschäftigung.**

91 Darüber hinaus sind Ausnahmen von der Zusammenrechnungsregel des § 8 Abs. 2 SGB IV in der **Arbeitslosenversicherung** und in der **Krankenversicherung** zu finden. In der **Arbeitslosenversicherung** ist eine Addition geringfügiger und nicht geringfügiger Beschäftigungen ausnahmslos **ausgeschlossen,** § 27 Abs. 2 SGB III. Ansprüche auf Leistungen aus dieser Versicherung sollen auf diese Weise verhindert werden.[108] In der Krankenversicherung findet § 8 Abs. 2 SGB IV nur

108) Kritisch Boecken, NZA 1999, 393 (400); Rolfs, NZA 2003, 65 (68).

Anwendung, wenn die geringfügige Beschäftigung ihrerseits die Versicherungspflicht begründet. Auf diese Weise wird verhindert, dass ein Erwerbstätiger, der wegen Überschreitung der Jahresarbeitsentgeltgrenze krankenversicherungsfrei und privat versichert ist, durch die Aufnahme einer geringfügigen Beschäftigung wieder in den Genuss der Leistungen aus der gesetzlichen Krankenversicherung kommt.

c) Rechtsfolgen der Zusammenrechnung

Sind die Voraussetzungen für eine Zusammenrechnung gegeben, werden die 92 **Arbeitsentgelte zusammengerechnet** mit der Folge, dass der – bei isolierter Betrachtung erfüllte – Tatbestand der Versicherungsfreiheit für die geringfügige Beschäftigung ausgeschlossen ist. Die geringfügigen Beschäftigungen unterfallen damit der Versicherungs- und Beitragspflicht wie dies bei sonstigen »regulären« Beschäftigungsverhältnissen der Fall ist. Lediglich die **Nebentätigkeit** neben einer sozialversicherungspflichtigen Hauptbeschäftgung wird privilegiert (§ 8 Abs. 2 SGB IV). Werden aber neben der sozialversicherungspflichtigen Hauptbeschäftigung mehrere geringfügige Nebentätigkeiten ausgeübt, entfällt (auch) die Versicherungsfreiheit der ersten Nebentätigkeit.[109] Dies gilt schließlich auch für den Fall, dass neben der Hauptbeschäftigung **mehrere geringfügige Nebentätigkeiten** ausgeübt werden, die insgesamt die monatliche Geringfügigkeitesgrenze von 400 € **nicht** übersteigen.[110]

Eine insoweit bedeutsame **verfahrensrechtliche Änderung** bewirkt der neue § 8 93 Abs. 2 Satz 3 SGB IV: Wird bei der Zusammenrechnung mehrerer geringfügiger Beschäftigungsverhältnisse festgestellt, dass die Voraussetzungen einer geringfügigen Beschäftigung nicht mehr gegeben sind, tritt ab dem 1. April 2003 die Sozialversicherungspflicht erst mit dem **Tag der Bekanntgabe der Feststellung** durch die Einzugsstelle oder einen Träger der Rentenversicherung ein (§ 8 Abs. 2 Satz 3 SGB IV).; die bislang rückwirkende Wirkung der Feststellung, die bei den Arbeitgebern – meist nach Außenprüfungen der Rentenversicherungsträger – zu einer Nachentrichtung der Arbeitgeber- und – wegen der Beschränkung auf den Beitragsabzug (§ 28g SGB IV) – in der Regel der Arbeitnehmeranteile führte, ist damit aufgehoben.

5. Beschäftigungsverhältnisse in der sogenannten Gleitzone

a) Allgemeines

Die Geringfügigkeitsgrenze in der Sozialversicherung führte bislang dazu, dass vor 94 allem von den Beschäftigten eine Überschreitung der Verdienst- (und Zeit-) grenzen möglichst vermieden wurde. Denn unmittelbar oberhalb der Grenze wartete die »**Abgabenfalle**«: Sozialversicherungsbeiträge (und Lohnsteuer) wurden bei Über-

109) Bauer/Krets, NJW 2003, 537 (545); Rolfs, NZA 2003, 65 (70).

110) **A. A.** Niermann/Plenker, DB 2003, 304 (306): Ein geringfügiges Beschäftigungsverhältnis wird von der Zusammenrechnung ausgeschlossen.

schreiten der Grenzen in voller Höhe fällig, so dass nur 1 € Bruttoentgelt oberhalb der Grenze zu einem deutlichen Minus beim Nettoentgelt führte. Die Kompensation dieser Abgabenbelastung war nur durch ein deutlich oberhalb der Geringfügigkeitsgrenze angesiedelten Verdienst möglich, was wiederum regelmäßig mit einem erheblich höheren Arbeitseinsatz für den Arbeitnehmer verbunden war.

95 Um diese Abgabenschwelle zu entschärfen, hat der Gesetzgeber auf Vorschlag der Hartz-Kommission[111)] die **sog. »Gleitzone«** in dem Bereich geschaffen, in dem das regelmäßige monatliche Arbeitsentgelt des Arbeitnehmers mehr als 400 €, aber nicht mehr als 800 € beträgt (§ 20 Abs. 2 SGB IV). Diese Gleitzone ist dadurch gekennzeichnet, dass der Arbeitnehmer in allen Zweigen der Sozialversicherung (Kranken-, Renten-, Arbeitslosen-, Pflege- und Unfallversicherung) sozialversicherungspflichtig ist, der Arbeitnehmeranteil aber nur **gleitend von 4,15 %** (bei einem Arbeitsentgelt von 400,01 €) **auf den regulären Satz von 20,85 %** (bei einem Arbeitsentgelt von 800 €) **ansteigt.** Ausgenommen von diesen Regelungen sind **Berufsausbildungsverhältnisse** und Personen, deren Arbeitsentgelt zwar zwischen 400,01 € und 800 € liegt, die aber nur **kurzfristig beschäftigt** i.S. von § 8 Abs. 1 Nr. 2 SGB IV und deshalb versicherungsfrei tätig sind.

b) Beitragshöhe

96 Dazu wurde beitragstechnisch eine Neuerung eingeführt, die von dem jeweils hälftigen Beitragsanteil an dem Gesamtsozialversicherungsbeitrag Abstand nimmt: Die **Beitragssätze** für Arbeitgeber wie für Arbeitnehmer bleiben **unverändert**; sie betragen also 19,5 % in der Renten-, durchschnittlich 14,4 % in der Kranken- und 6,5 % in der Arbeitslosenversicherung. Der Beitragsanteil des Arbeitgebers wird auch nach wie vor auf der Grundlage des zwischen den Parteien vereinbarten Bruttoarbeitsentgelts (Beitragsbemessung) erhoben. Für den **Arbeitnehmer** wird hingegen mit einer kompliziert anmutenden Formel das Bruttoarbeitsentgelt **beitragstechnisch vermindert.**

Die Formel lautet:

$$F \times 400 + (2-F) \times (AE - 400)$$

97 Mit dem Kürzel F ist der Faktor gemeint, der sich ergibt, wenn der Wert 25 % durch den durchschnittlichen Gesamtsozialversicherungsbeitragsatz des Kalenderjahres, in dem der Anspruch auf das Arbeitsentgelt entstanden ist, geteilt wird. AE steht für Arbeitsentgelt. Der durchschnittliche Gesamtsozialversicherungsbeitragsatz 2003 beträgt 41,7 % (Rentenversicherung 19,5 %, Arbeitslosenversicherung 6,5 %, Pflegeversicherung 1,7 %, Krankenversicherung durchschnittlich 14 %). Der Faktor für 2003 beträgt folglich 0,5995.

111) Hartz u.a., a. a. O., S. 10.

Die Beitragsbelastung für den **Arbeitnehmer** beginnt damit auf **moderate Weise**, 98
die des **Arbeitgebers** bewegt sich in der Gleitzone noch etwas unter derjenigen bei geringfügigen Beschäftigungsverhältnissen. Im Einzelnen verhält sich die Beitragsverpflichtung der Arbeitsvertragsparteien – erläutert anhand von Eckwerten des Arbeitsentgelts – wie folgt:

Bruttoarbeitsentgelt	Arbeitgeberanteil am Gesamtsozialversicherungsbeitrag	beitragspflichtige Einnahme	Arbeitnehmeranteil am Gesamtsozialversicherungsbeitrag	Arbeitnehmeranteil in v. H. des Arbeitsentgelts	Ersparnis für den Arbeitnehmer
400,01	83,40	239,81	16,60	4,15	66,80
500,00	104,25	379,85	54,15	10,83	50,10
600,00	125,10	519,90	91,70	15,28	33,40
700,00	145,95	659,95	129,25	18,46	16,70
800,00	166,80	800,00	166,80	20,85	0,00

Übt der Arbeitnehmer mehrere Beschäftigungen aus, ist das insgesamt erzielte 99
Arbeitsentgelt maßgebend (§ 20 Abs. 2 2. Hs. SGB IV). Mehrere geringfügige Beschäftigungen unterhalb der Gleitzone werden also in gleicher Weise zusammengerechnet wie solche innerhalb und oberhalb dieser. Werden – eine oder mehrere – geringfügige Beschäftigungen mit einem Arbeitsentgelt zwischen 400,01 € und 800 € **neben einer versicherungspflichtigen Hauptbeschäftigung** ausgeübt, aus der ein Arbeitsentgelt von mehr als 800 € hervorgeht, finden also die Regelungen über die Gleitzone **keine Anwendung**. Insoweit werden die individuellen Arbeitgeber- und Arbeitnehmerbeiträge auf das zusammengerechnete Entgelt erhoben.

In der gesetzlichen Rentenversicherung – aber auch nur in ihr – wird dem Arbeit- 100
nehmer die Möglichkeit gegeben, durch schriftliche Erklärung gegenüber dem Arbeitgeber das **volle Arbeitsentgelt der Beitragsbemessung** zu Grunde legen zu lassen. Er erwirbt damit mehr Entgeltpunkte (§ 70 SGB VI) und erhöht seine Rentenanwartschaft. Damit übernimmt das Gesetz auch für diesen Bereich die **Aufstockungsoption** der geringfügig Beschäftigten (§§ 5 Abs. 2 Satz 2, 168 Abs. 1 Nr. 1b SGB VI). Die Erklärung kann bei mehreren Beschäftigungen innerhalb der Gleitzone nur **einheitlich** abgegeben werden; auch sie entfaltet nur Wirkung für die Zukunft und ist für die Dauer der Beschäftigungen bindend (§ 163 Abs. 10 Sätze 6, 7 SGB VI).

c) Steuerliche Behandlung

Für Beschäftigungsverhältnisse in der Gleitzone finden auch die Regelungen über 101
die **Pauschalversteuerung** des Arbeitsentgelts, mit denen die geringfügig Beschäf-

tigten entlastet werden, keine Anwendung. Vielmehr ist insoweit eine individuelle Besteuerung vorzunehmen. Der Arbeitnehmer hat daher eine Lohnsteuerkarte vorzulegen. Allerdings kann bei mehreren geringfügigen Beschäftigungsverhältnissen, deren Arbeitsentgelt sich in der Summe zwischen 400,01 € und 800 € bewegt, der Arbeitslohn aus dem einzelnen Beschäftigungsverhältnis mit dem Pauschalsatz von gem. § 40a Abs. 2a EStG n. F. mit 20 % besteuert werden, sofern die monatliche Lohngrenze von 400 € nicht überschritten wird.[112)]

d) Übersicht

102 Das Beschäftigungsverhältnis in der Gleitzone verbindet die Vorschriften eines sozialversicherungspflichtigen Beschäftigungsverhältnisses.

Danach lassen sich die wesentlichen Rahmenbedingungen eines Beschäftigungsverhältnisses in der Gleitzone wie folgt veranschaulichen:

Bruttoarbeitsentgelt	Arbeitnehmer	Arbeitgeber
von 400,01 € bis 800 € pro Monat	• Übliche Lohnsteuer • Sozialversicherungsbeiträge von 4,15 % auf ca. 21 % ansteigend • Aufstockungsoption in der Rentenversicherung	ca. 21, 0 %,davon ca. • 7,2 % KV • 9,75 % RV • 3,25 % ArblosenV • 0,85 % PflegeV

6. Zeitgeringfügigkeit, Kurzfristbeschäftigung (§ 8 Abs. 1 Nr. 2 SGB IV)

a) Eigenschaften

103 Die geringfügige Beschäftigung in Gestalt der Zeitgeringfügigkeit bzw. Kurzfristbeschäftigung war und ist dadurch gekennzeichnet, dass – im Unterschied zur entgeltgeringfügigen Beschäftigung – **keine Beiträge in der Kranken- und Renetenversicherung** anfallen und eine **Lohnsteuerpauschale von 25 %** vom Arbeitgeber abzuführen. Sie war bislang davon abhängig, dass eine Beschäftigung innerhalb eines Jahres seit ihrem Beginn auf längstens zwei Monate oder 50 Arbeitstage nach ihrer Eigenart begrenzt zu sein pflegte oder im Voraus vertraglich begrenzt war, es sei denn, dass die Beschäftigung berufsmäßig ausgeübt wurde und ihr Entgelt 325 € im Monat überstieg.

b) Neuerungen

104 Das Zweite Gesetz für moderne Dienstleistungen am Arbeitsmarkt hat diese Geringfügigkeitsvoraussetzungen in **zweierlei Hinsicht** verändert: Zum einen tritt an die Stelle des Rahmenzeitraums von einem Jahr nach dem Beginn der Beschäftigung **das Kalenderjahr,** zudem wird – nach Anhebung der Entgeltgrenzen für

112) Niermann/Plenker, DB 2003, 304 (307).

die Entgeltgeringfügigkeit folgerichtig – die (nur bei berufsmäßigen Beschäftigungen relevante) Entgeltgrenze von 325 € auf **400 € monatlich angehoben.**

Damit liegt – ohne Rücksicht auf das dabei erzielte Einkommen – eine geringfügige Beschäftigung dann vor, wenn sie innerhalb eines Kalenderjahres auf längstens zwei Monate oder 50 Arbeitstage begrenzt ist. Auf diese Weise wird der Gestaltungsspielraum des Arbeitgebers etwas erhöht. Nunmehr kann eine kurzfristige Tätigkeit über das Ende des Kalenderjahres hinweg im günstigsten Fall bis zu **vier Monaten bzw. 100 Tage zusammenhängend** ausgeübt werden, ohne die Geringfügigkeit zu gefährden. 105

Die Begrenzung auf den Zwei-Monats- oder den 50-Tage-Zeitraum muss sich **nach wie vor** entweder aus der **Eigenart der Tätigkeit oder** der **vertraglichen Vereinbarung ergeben.** Insoweit ist zunächst noch einmal darauf hinzuweisen, dass für befristete Arbeitsverhältnisse gem. § 14 Abs. 4 TzBfG zwingend **die Schriftform** erforderlich ist und Arbeitsverträge, die diese Form missachten, als unbefristet abgeschlossen gelten. Dementsprechend können Beschäftigungsverhältnisse, die nicht schriftlich vereinbart worden sind, auch nicht geringfügig i.S. von § 8 Abs. 1 Nr. 2 SGB IV sein.[113] 106

Darüber hinaus ist – wie schon in der Vergangenheit – erforderlich, dass **die Beschäftigung nur unregelmäßig** (gelegentlich) **ausgeübt wird;** bei regelmäßigen Beschäftigungen soll die Beurteilung allein anhand von § 8 Abs. 1 Nr. 1 SGB IV (Entgeltgeringfügigkeit) erfolgen.[114] Welche der beiden Grenzen der Kurzfristigkeit – zwei Monate oder 50 Arbeitstage – Anwendung findet, hängt nach der Rechtsprechung des BSG davon ab, ob die Beschäftigung im Rahmen der betriebsüblichen Arbeitszeit **werktäglich** ausgeübt wird oder nicht. Wird der Arbeitnehmer täglich beschäftigt, ist allein die Zwei-Monats-Grenze zu beachten, selbst wenn innerhalb dieses Zeitraums 50 Arbeitstage nicht erreicht[115] oder mehr als 50 Arbeitstage abgeleistet werden.[116] Demgegenüber findet die 50-Tage-Grenze Anwendung, wenn das Beschäftigungsverhältnis auf einen Teil der betriebs- oder berufsüblichen wöchentlichen Arbeitstage beschränkt ist.[117] 107

Eine geringfügige Beschäftigung nach § 8 Abs. 1 Nr. 2 SGB IV ist schließlich nach wie vor ausgeschlossen, wenn die Tätigkeit **berufsmäßig** ausgeübt wird und ihr Entgelt 400 € im Monat übersteigt. Eine Beschäftigung wird berufsmäßig ausgeübt, wenn der Erwerbstätige hierdurch seinen **Lebensunterhalt überwiegend** oder doch in solchem Umfang erwirbt, dass seine **wirtschaftliche Stellung** zu 108

113) Rolfs, NZA 2003, 65 (68).
114) BSG v. 11.05.1993, NZS 1993, 559 (550 f.).
115) BSG v. 27.01.1971, BSGE 32, 182 (183 ff.).
116) Krauskopf/Baier, Soziale Krankenversicherung, Pflegeversicherung, Stand: 9/2002, § 8 SGB IV Rdnr. 14.
117) Spitzenverbände der Sozialversicherungsträger, NZA 1999, 522 (525), sub. B 2.2.1.

einem erheblichen Teil auf der Beschäftigung oder Tätigkeit **beruht**. Berufsmäßigkeit liegt dementsprechend in der Regel vor, wenn die Tätigkeit – und sei es mit Unterbrechungen – mit einer gewissen Regelmäßigkeit aufgenommen, also häufig und voraussehbar ausgeübt wird. Nur ausnahmsweise führen wiederholte Beschäftigungen nicht zur Berufsmäßigkeit, wenn sie nämlich in größeren Abständen aufgenommen werden oder die betreffende Aushilfskraft hauptsächlich anderweitig in Anspruch genommen ist.

c) Steuerliche Behandlung

109 Auch lohnsteuerrechtlich haben sich insoweit keine Änderungen ergeben. Vielmehr ist nach wie vor die **Pauschalierung mit 25 %** zulässig, wenn die Voraussetzungen des § 40a EStG gegeben sind. Dies ist der Fall wenn der Arbeitnehmer im zu beurteilenden Arbeitsverhältnis nur gelegentlich, nicht regelmäßig wiederkehrend beschäftigt wird, die Dauer der Beschäftigung 18 zusammenhängende Arbeitstage und der Arbeitslohn während der Beschäftigungsdauer 62 € durchschnittlich je Arbeitstag nicht übersteigt. Nach wie vor setzt die Pauschalierung voraus, dass der **Arbeitslohn** während der Beschäftigungsdauer **12 €** in der Stunde nicht übersteigt.

Eine **Lohnsteuerkarte** muss in diesem Fall nicht vorgelegt werden.

7. Melde- und Aufzeichnungspflichten des Arbeitgebers

110 Dauerhaft geringfügig Beschäftigte unterliegen seit dem 1. April 1999 dem für normale Arbeitsverhältnisse geltenden **Meldeverfahren**. Zudem sind dem Arbeitgeber detaillierte **Aufzeichnungspflichten** unterworfen. Seither ist auch der Datenaustausch zwischen den Behörden erweitert worden. Dazu gehört auch das Gebot, dass geringfügig Beschäftigte bei der Arbeitsaufnahme dem Arbeitgeber nach § 99 Abs. 1 SGB IV einen Sozialversicherungsausweis vorzulegen haben.

111 An diesen Regelungen hat das Zweite Gesetz für moderne Dienstleistungen am Arbeitsmarkt grundsätzlich festgehalten. Für die geringfügig Beschäftigten in Privathaushalten wurde das Meldeverfahren entbürokratisiert. Nunmehr ist **Haushaltsscheckverfahren,** das auf die Beschäftigungsverhältnisse im Haushalt Anwendung findet (§ 28a Abs. 8 SGB IV), obligatorisch (§ 27 Abs. 7 SGB IV). Danach erstattet der Arbeitgeber für diese Beschäftigungsverhältnisse – an Stelle der üblichen Meldung – eine vereinfachte Meldung (Haushaltsscheck).

Zugleich wurden die Beiträge für das in den Monaten Januar bis Juli erzielte Arbeitsentgelt am 15. Juli des laufenden Jahres und für die Monate Juli bis Dezember zum 15. Januar des Folgejahres fällig gestellt (§ 23 Abs. 2a SGB IV). Schließlich muss der Arbeitgeber der Einzugsstelle (Bundesknappschaft) eine Einzugsermächtigung zum Einzug des Gesamtsozialversicherungsbeitrags und der Pauschalsteuer erteilen (§§ 28a Abs. 7 Satz 2 SGB IV, 40a Abs. 6 EStG).

Kapitel C: Beendigung des Arbeitsverhältnisses, Stellensuche und sozialrechtliche Folgen

I. Allgemeines

Um eine drohende Arbeitslosigkeit zu vermeiden bzw. die Vermittlungszeiten bei der Suche nach einem neuen Arbeitsverhältnis zu verkürzen – gegenwärtig betragen **die Vermittlungszeiten der Bundesanstalt für Arbeit (BA) durchschnittlich vier Wochen** – liegt es nahe, die Suche nach einer neuen Beschäftigung so früh wie möglich zu beginnen. Die 1998 in das Arbeitsförderungsrecht aufgenommene Generalklausel des § 2 SGB III formuliert in Abs. 5 Nr. 2 zwar die Verpflichtung des Arbeitnehmers, eigenverantwortlich nach Beschäftigung zu suchen. Im Falle eines bestehenden Arbeitsverhältnisses, dessen Ende bereits absehbar ist, war der Arbeitnehmer deshalb auch nach bisherigem Recht gehalten, die Suche frühzeitig aufzunehmen. Die Regelung kam mangels einer Sanktion in ihrer Wirkung jedoch nicht über einen Appell hinaus. Der Arbeitnehmer konnte es dabei belassen, sich am ersten Tag der Arbeitslosigkeit – wie ihm dies § 122 SGB III auferlegt[118] – persönlich beim Arbeitsamt vorzustellen. 112

Das »Erste Gesetz für moderne Dienstleistungen am Arbeitsmarkt« hat, an diese Verpflichtung anknüpfend, die frühzeitige Arbeitssuche des Arbeitnehmers bei der Beendigung eines bestehenden Beschäftigungsverhältnisses konkretisiert **und eine frühzeitige, sanktionsbewehrte Meldepflicht** gegenüber dem Arbeitsamt entwickelt. Zugleich werden dem Arbeitgeber **Informationspflichten gegenüber dem Arbeitnehmer** (über die Notwendigkeit von Aktivitäten bei der Suche nach einer anderen Beschäftigung sowie die Verpflichtungen) **und Pflicht zur Freistellung auferlegt.** Der Gesetzgeber verspricht sich dadurch eine Reduzierung der Vermittlungsdauer um durchschnittlich eine Woche und einen Einspareffekt in Höhe von 1 Mrd. € allein für die BA.[119] 113

II. Meldepflicht des Arbeitnehmers

1. Grundsatz

Nach § 37b SGB III sind Arbeitnehmer, deren Beschäftigungsverhältnis endet, verpflichtet, sich **unverzüglich** nach **Kenntnis des Beendigungszeitpunktes persönlich** beim Arbeitsamt Arbeit suchend zu melden. **Bei einem befristeten Arbeitsverhältnis hat die Meldung frühestens drei Monate vor dessen Beendigung zu erfolgen** (§ 37b Satz 2 SGB III). Sie wird auch nicht dadurch in Frage gestellt, 114

118) Zu den Pflichten des Arbeitslosen aus § 122 vgl. Gagel/Steinmeyer, SGB III, 19. Lfg. (2002), § 122 Rdnr. 23.

119) Beschlussempfehlung des Ausschusses für Wirtschaft und Arbeit, BT-Drucks. 15/77, S. 13.

dass der Fortbestand des Arbeits- oder Ausbildungsverhältnisses gerichtlich geltend gemacht wird.

115 Diese Verpflichtung gilt zwar vorrangig **für alle beschäftigten Arbeitnehmer**, die in der Arbeitslosenversicherung pflichtversichert sind, sie betrifft aber grundsätzlich auch alle anderen Personen, die aus sonstigen Gründen, etwa wegen des Bezuges von Krankengeld, in die Arbeitslosenversicherung einbezogen sind. **Ausgenommen von der Verpflichtung sind lediglich Auszubildende**, die in einem betrieblichen Ausbildungsverhältnis stehen, dessen Ende absehbar ist. In Fällen dieser Art entscheidet sich eine etwaige Übernahme des Auszubildenden erst nach dem Bestehen der Abschlussprüfung, so dass eine Meldung beim Arbeitsamt eine überflüssige Formalie bedeuten würde.

2. Unverzügliche Meldung

116 Der Begriff »unverzüglich« in § 37b Satz 1 SGB III knüpft an die Legaldefinition des § 121 Abs. 1 Satz 1 BGB an, die einen allgemeinen Rechtsgedanken enthält, verlangt also eine Meldung **ohne schuldhaftes Zögern.**[120] Die Verzögerung der Meldung ist schuldhaft, wenn der Arbeitnehmer objektiv in der Lage war, sich zu melden und dies unterlassen hat. Allerdings sind die Umstände des Einzelfalles zu berücksichtigen So ist etwa bei einem unmittelbar bevorstehenden Beendigungszeitpunkt ein kurzer Zeitraum zur Meldung angebracht; endet das Arbeitsverhältnis hingegen erst in einigen Monaten, ist ein längerer Zeitraum tolerabel. Im Regelfall dürfte aber eine Frist von einer Woche nicht überschritten werden.[121]

Praxis-Tipp:
Im Falle der Vertretung eines (gekündigten) Arbeitnehmers, weisen Sie Ihren Mandanten darauf hin, dass im Regelfall die Frist von einer Woche nicht überschritten werden darf, auch wenn das Arbeitsverhältnis aufgrund einer langen Kündigungszeit erst in einigen Monaten beendet wird.

117 Im Falle der **Kündigung** eines Arbeitsverhältnisses durch den Arbeitgeber **entsteht die Meldepflicht daher unverzüglich nach Zugang der Kündigung.** Dies gilt – mit den eben genannten Einschränkungen – auch, wenn eine mehrmonatige Kündigungsfrist zu beachten und eine Vermittlung des Arbeitnehmers in dieser Zeit nicht wahrscheinlich ist. Andererseits muss der Beendigungszeitpunkt für das konkrete Arbeitsverhältnis feststehen. Die Ankündigung einer Kündigung durch den Arbeitgeber genügt deshalb nicht, um die Meldepflicht auszulösen. Kündigt der Arbeitnehmer das Arbeitsverhältnis, hat er die Meldung vorzunehmen, wenn die Kündigung dem Arbeitgeber zugegangen ist.

120) Bauer/Krets, NJW 2003, 537 (541).

121) Ähnlich Bauer/Krets, NJW 2003, 537 (541)und Hümmerich/Holthausen/Weslau, Arbeitsrechtliches im Ersten Gesetz für moderne Dienstleistungen am Arbeitsmarkt, NZA 2003, 7 (8), die von einer Frist von maximal sieben Tagen sprechen.

Auch im Falle einer **Änderungskündigung** erwächst **die Pflicht unmittelbar im Anschluss an den Zugang der Kündigung.** Zwar enthält die Änderungskündigung das Angebot, das Arbeitsverhältnis zu geänderten Konditionen fortzusetzen und stellt die Fortsetzung des Arbeitsverhältnisses in die Entscheidung des Arbeitnehmers. Ob sich dieser zur Fortsetzung des Arbeitsverhältnisses entschließt, ist im Zeitpunkt der Kündigung jedoch noch offen. Von daher geht von der Kündigungserklärung eine Gefährdung für das Arbeitsverhältnis aus, auf die sich die Arbeitsämter durch die Meldung zur Arbeitssuche rechtzeitig vorbereiten sollen. Die Situation entspricht weitgehend dem Fall, in dem der Arbeitnehmer die Wirksamkeit einer Beendigungskündigung gerichtlich klären lässt.[122] 118

> ***Praxis-Tipp:***
> *Deshalb muss auch im Falle einer Änderungskündigung dem Mandanten geraten werden, sich so rasch wie möglich beim Arbeitsamt zu melden!*

Beenden die Arbeitsvertragsparteien das Arbeitsverhältnis im Wege eines **Aufhebungsvertrages,** hat die Meldung **unmittelbar nach dessen Unterzeichnung** zu erfolgen. 119

Für den Fall der Beendigung eines **befristeten Arbeitsverhältnisses** hat die Meldung – unabhängig davon, ob sich der Arbeitgeber bereits über die Beendigung oder die Fortführung des Arbeitsverhältnisses geäußert hat – »frühestens« **drei Monate vor dessen Beendigung zu erfolgen** (§ 37b Satz 2 SGB III). Insoweit muss aber differenziert werden: Bei einem zeitbefristeten Arbeitsverhältnis hat die Meldung grundsätzlich drei Monate vor dem Fristende zu geschehen. Bei einem zweckbefristeten Arbeitsverhältnis (etwa im Vertretungsfall), bei dem der Zeitpunkt der Zweckerreichung im Regelfall nicht vorhersehbar ist, genügt der Arbeitnehmer der Meldepflicht, wenn er sich ohne schuldhaftes Zögern nach Mitteilung der Zweckerreichung durch den Arbeitgeber (vgl. § 15 Abs. 2 TzBfG) beim Arbeitsamt meldet. 120

Frühestens bedeutet zudem, dass auch bei einem zeitbefristeten Arbeitsverhältnis eine Meldung **noch nach Ablauf der Dreimonatsfrist** möglich sein muss. Damit wird dem Umstand Rechnung getragen, dass gerade bei befristeten Arbeitsverhältnissen über eine etwaige Fortsetzung erst in der Endphase der Befristung verhandelt wird. Der Arbeitnehmer ist deshalb gehalten, frühzeitig Klarheit über Beendigung oder Fortsetzung des befristeten Arbeitsverhältnisses herbeizuführen. Führen die Parteien noch Gespräche über das Schicksal des Arbeitsverhältnisses, entsteht die Meldepflicht erst, wenn aus den Äußerungen des Arbeitgebers über die Nichtfortsetzung der Beendigungszeitpunkt hervorgeht. 121

122) Im Ergebnis ebenso Kreutz, Streitfragen des Ersten Gesetzes für moderne Dienstleistungen am Arbeitsmarkt, AuR 2003, 41 f.

3. Persönliche Meldung

122 Die Meldung muss der Arbeitnehmer – wie im Falle der Arbeitslosmeldung nach § 122 SGB III – **persönlich** vornehmen; eine Vertretung durch Dritte reicht hierfür ebenso wenig aus wie schriftliche oder telefonische Mitteilung. Der Arbeitnehmer hat daher während der Öffnungszeiten des Arbeitsamtes dieses aufzusuchen; die Meldung muss auf Grund dessen im Regelfall **während der Arbeitszeit** vorgenommen werden. Der Arbeitgeber hat nach § 2 Abs. 2 Ziff. 3 SGB III das Aufsuchen des Arbeitsamtes während der Arbeitszeit durch Freistellung möglich zu machen (vgl. dazu auch unten III 2).

123 Die Meldung muss beim **zuständigen Arbeitsamt** vorgenommen werden. § 37b SGB III verlangt zwar – im Unterschied zu § 122 SGB III – nicht ausdrücklich, dass die Arbeitslosmeldung bei einem bestimmten Arbeitsamt vorgenommen werden muss. Da aber nur das zuständige Arbeitsamt in der Lage ist, die notwendigen Vorbereitungen für die Vermittlung zu treffen und hierbei kein Zeitverlust entstehen soll, dürfte es sich dabei jedoch um ein Redaktionsversehen handeln; insoweit kann nicht anderes als bei § 122 SGB III gelten.[123] Die Meldung bei einem nicht zuständigen Arbeitsamt reicht deshalb auch bei einer **auswärtigen Beschäftigung** nicht aus. Allerdings sind die Umstände der Beschäftigung, etwa die Beschäftigung außerhalb des zuständigen Arbeitsamtsbezirkes, bei der Frage nach einer etwaigen Verzögerung der Meldung zu berücksichtigen.

4. Rechtsfolgen einer unterlassenen Meldung

124 Kommt der Anspruchsberechtigte der vorgenannten Meldepflicht nicht unverzüglich nach, **mindert** sich im Falle späterer Arbeitslosigkeit der **Anspruch auf das Arbeitslosengeld** (§ 140 SGB III). Mit dieser Sanktion wird unterstellt, dass eine verspätete Meldung dem Arbeitsamt die Möglichkeit nimmt, durch die frühzeitige Einleitung von Vermittlungs- und Eingliederungsbemühungen den Schadensfall zu vermeiden oder den Versicherungsschaden zumindest gering zu halten. Die Minderung des Arbeitslosengeldes stellt also einen »pauschalen Schadensausgleich« dar.[124]

125 Die Minderung knüpft zunächst an beim **Bemessungsentgelt**. Bei diesem Bemessungsentgelt handelt es sich um das im Bemessungszeitraum durchschnittlich auf die Woche entfallende Entgelt (§ 132 SGB III). Im Wesentlichen entspricht es dem Bruttoarbeitsentgelt, das der Arbeitnehmer im Bemessungszeitraum erzielt hat (§ 129 SGB III).

123) Ebenso Bauer/Krets, NJW 2003, 537 (542).
124) BT-Drucks. 15/25, S. 66.

Die Minderung ist zudem vom **Umfang der Verspätung** abhängig; das Arbeitslosengeld mindert sich für jeden Tag der verspäteten Meldung. Die Minderung beträgt **je nach Bemessungsentgelt zwischen 7 und 50 €,** ist aber auf höchstens 30 Verspätungstage begrenzt. Sie wird zudem nur auf das halbe Arbeitslosengeld oder die halbe Arbeitslosenhilfe angerechnet. Auf diese Weise bleibt immer eine Teilleistung – und damit auch der aus der Zahlung resultierende **Sozialversicherungsschutz** – erhalten. 126

Im Einzelnen beläuft sich die Minderung bei einem Bemessungsentgelt von bis zu 400 € auf 7 € und von bis zu 700 € auf 35 €. Bei einem Bemessungsentgelt über 700 € beträgt sie bereits 50 €. 127

Beispiel:
Für einen Arbeitnehmer mit einem monatlichen Bruttoverdienst von 3.500 € (Steuerklasse III, ein Kind) und einem Arbeitslosengeld von rund 1508 € monatlich, der die Meldung unterlassen hat, bedeutet dies – Minderung für 30 Verspätungstage (30 x 50 = 1.500 €) –, dass er bis zum Verbrauch des Minderungsbetrages, also für etwa zwei Monate, nur Anspruch auf das halbe Arbeitslosengeld hat.

III. Stellensuche und Mitwirkung des Arbeitgebers

1. Überblick

Die Verpflichtung des Arbeitnehmers, frühzeitig nach einer neuen Arbeitsstelle Ausschau zu halten, bleibt regelmäßig nicht ohne Auswirkungen auf ein noch bestehendes Arbeitsverhältnis, da die Suche üblicherweise mit **erheblichem Zeitaufwand** verbunden ist – selbst bei einfachen Tätigkeiten ist eine persönliche Vorstellung des Bewerbers unumgänglich – und deshalb, insbesondere wenn ein Vorstellungsgespräch während der gewöhnlichen Arbeitszeit ansteht, eine Freistellung von der Arbeitspflicht in Anspruch genommen werden muss. 128

Nach dem neugeschaffenen **§ 2 Abs. 2 Satz 3 Nr. 3 SGB III** soll der Arbeitgeber den Arbeitnehmer deshalb auch vor der Beendigung des Arbeitsverhältnisses frühzeitig über die Notwendigkeit eigener Aktivitäten bei der Suche nach einer anderen Beschäftigung sowie über die Meldepflicht nach § 37b SGB III **informieren**, ihn hierzu **freistellen** und ihm die Teilnahme an den erforderlichen Qualifikationsmaßnahmen ermöglichen. 129

Der **Gesetzesentwurf** der Koalitionsfraktionen, den der Bundestag am 15. November 2002 verabschiedete, enthielt darüber hinaus in Art. 9 eine Bestimmung (**§ 629a BGB**), die dem Arbeitnehmer einen in Abhängigkeit von der Beschäftigungsdauer gestaffelten und zwingend ausgestalteten Freistellungsanspruch einräumte, das vor der Beendigung steht *(§ 629a BGB: (1) Nach der Kün-* 130 *digung oder der Vereinbarung der Beendigung des Arbeitsverhältnisses hat der Arbeitgeber den Arbeitnehmer auf Verlangen für eine angemessene Zeit zur Stellensuche, Vermittlungsaktivitäten und zur Teilnahme an einer Maßnahme der Eignungsfeststellung, Trainingsmaßnahme oder einer beruflichen Weiterbildungsmaßnahme der Bundesanstalt für Arbeit von der Pflicht zur Arbeitsleistung zu befreien (Freistellung). ....).*[125] Die Regelung sollte zur Beschleunigung der Arbeitsvermittlung beitragen, indem sie – an Stelle der Inanspruchnahme von Erholungsurlaub – dem Arbeitnehmer einen großzügig bemessenen Anspruch auf bezahlte Freistellung gewährte.

131 Zudem sollte dem Arbeitnehmer durch Ergänzung des **§ 7 Abs. 1 BUrlG** ein erzwingbarer Anspruch auf Gewährung von Erholungsurlaub für eine darüber hinaus reichende Stellensuche und Qualifizierungsmaßnahmen geschaffen werden *(§ 7 Abs. 1 Satz 2 BUrlG: Der Urlaub ist zu gewähren, wenn der Arbeitnehmer dies für die Stellensuche und zur Teilnahme an Vermittlungsaktivitäten und an einer Maßnahme der Eignungsfeststellung, Trainingsmaßnahme oder einer beruflichen Weiterbildungsmaßnahme der Bundesanstalt für Arbeit oder im Anschluss an eine Maßnahme der medizinischen Vorsorge oder Rehabilitation verlangt.*[126]*).*

Von beiden Vorhaben ist der Gesetzgeber im Rahmen der Beratungen im Vermittlungsausschuss **abgerückt**. Die Regelungsvorschläge wurden unter Hinweis auf § 629 BGB, der dem Arbeitnehmer einen derartigen Freistellungsanspruch bereits in hinreichender Weise zugestehe, als entbehrlich betrachtet.[127] Ein Anspruch auf Freistellung zur Arbeitssuchmeldung und zur Stellensuche lässt sich daher – neben § 2 Abs. 2 Satz 2 Nr. 3 SGB III – lediglich aus **§ 629 BGB** herleiten.

2. Informationspflicht des Arbeitgebers

a) Frühzeitige Information des Arbeitnehmers

132 § 2 Abs. 2 Satz 2 Nr. 3 SGB III verpflichtet den Arbeitgeber zunächst, den Arbeitnehmer frühzeitig über die Notwendigkeit eigener Aktivitäten bei der Suche nach einer anderen Beschäftigung sowie über die Meldepflicht nach § 37b SGB III zu informieren. Die Vorschrift konkretisiert die Pflicht des Arbeitgebers zur **Mitwirkung** bei einem möglichst nahtlosen Übergang des Arbeitnehmers in eine neue Beschäftigung.[128]

133 Die Information hat »**frühzeitig**« zu erfolgen. Was unter diesem Begriff zu verstehen ist, lässt sich dem Gesetz nicht ohne weiteres entnehmen. **Herleiten** lässt

125) Zum weiteren Wortlaut der Vorschrift siehe oben A. IV. 1.
126) Die Beschlussempfehlung des Ausschusses für Wirtschaft und Arbeit, BT-Drucks. 15/77, S. 65 hielt daran noch fest.
127) BT-Drucks. 15/25, S. 54.
128) BT-Drucks. 15/25, S. 55.

sich dies aber **aus der Funktion der Information**: Sie soll dazu beitragen, dass der Arbeitnehmer die Suche nach einer neuen Beschäftigung aufnimmt. **Der Zeitpunkt der Information lehnt sich daher an die Pflicht des Arbeitnehmers zur Meldung für eine Arbeitssuche an.**[129)]

Wird eine Kündigung ausgesprochen oder ein Aufhebungsvertrag geschlossen, 134
muss die Information deshalb im Zusammenhang mit der Kündigungserklärung oder dem Vertragsschluss vorgenommen werden, etwa indem sie in das **Kündigungsschreiben** oder die **Vertragsurkunde** aufgenommen wird (§ 623 BGB). Im Falle eines befristeten Vertrags genügt es, wenn die Information unmittelbar vor Beginn der dreimonatigen Meldefrist vorgenommen wird. Steht das Ende des befristeten Arbeitsverhältnisses noch nicht fest, weil die Parteien noch über die Verlängerung des Vertrages verhandeln, erwächst die Informationspflicht in dem Zeitpunkt, in dem diese Verhandlungen nicht zu einem Erfolg führen.[130)] Der Pflicht kann aber auch durch eine Mitteilung beim Abschluss des befristeten Arbeitsvertrages genügt werden.[131)]

> ***Praxis-Tipp:***
> *Vor dem Hintergrund der Unbestimmtheit des Begriffs der »frühzeitigen« Information sollte der Arbeitgeber stets den sicheren Weg wählen und den Arbeitnehmer vorsorglich so früh wie möglich über die Meldepflicht in Kenntnis setzen.*

b) Rechtsfolgen einer unterlassenen Information

Die **Verletzung** der als Soll-Verpflichtung ausgestalteten **Obliegenheit des Arbeit-** 135
gebers zur Information des Arbeitnehmers **bleibt für den Arbeitgeber folgenlos.**[132)] Weder wird die Wirksamkeit der Kündigung oder eines Aufhebungsvertrages in Frage gestellt, noch kann ein Schadenersatzanspruch des Arbeitnehmers daraus erwachsen. Bei § 2 Abs. 3 Satz 2 Nr. 3 SGB III handelt es sich um eine Bestimmung, die ausschließlich eine arbeitsmarktpolitische Zielsetzung verfolgt, sie schützt nicht das individuelle Arbeitsverhältnis.[133)] Bestätigt wird dies im vorliegenden Zusammenhang durch die Regelung des § 140 SGB III, die erkennen lässt, dass der Gesetzgeber nur dem zur Meldung verpflichteten Arbeitnehmer Sanktionen auferlegen wollte. Für den Arbeitgeber beschränkt sich die Einbeziehung in den Meldevorgang hingegen lediglich auf eine »Mitwirkung«.[134)]

---

129) Ebenso Bauer/Krets, NJW 2003, 537 (542).
130) Bauer/Krets, NJW 2003, 537 (542).
131) So etwa auch die Empfehlung von Bauer/Krets, NJW 2003, 537 (542).
132) Vgl. aber auch Gaul/Otto, Gesetze für moderne Dienstleistungen am Arbeitsmarkt, DB 2002, 2486, die einen Schadensersatzanspruch nicht ausschließen wollen.
133) Bauer/Krets, NJW 2003, 537 (541 f.); Hümmerich/Holthausen/Welslau, NZA 2003, 7 (8).
134) Vgl. auch BT-Drucks. 15/25, S. 55.

> ***Praxis-Tipp:***
> *Im Hinblick auf den nicht abschließend geklärten Charakter der Informationspflicht sollte der Arbeitgeber auch insoweit Vorsicht walten lassen, d. h. der Information über die Meldepflicht ausnahmslos nachkommen und eine entsprechende Vorsorge in der Personalbetreuung treffen.*

3. Bezahlte Freistellung zur Meldung und Stellensuche

a) Rechtsgrundlagen

136 Zur Erfüllung der Meldepflicht »soll« der Arbeitgeber den Arbeitnehmer nach § 2 Abs. 2 Satz 2 Nr. 3 SGB III auch freistellen, damit der Arbeitnehmer seiner Verpflichtung zur persönlichen Meldung beim Arbeitsamt nachkommen kann. Die Rechtsqualität dieser Freistellungsverpflichtung unterscheidet sich jedoch nicht von der soeben erörterten Informationspflichten des Arbeitgebers. Auch die Verletzung der sozialrechtlichen Freistellungspflicht bleibt für den Arbeitgeber **sanktionslos.**[135)]

137 Von zentraler Bedeutung ist daher der **arbeitsvertragliche Anspruch auf Freistellung aus § 629 BGB,** der bislang eher ein Schattendasein führte. Danach ist der Arbeitgeber verpflichtet, dem Arbeitnehmer nach Kündigung eines dauernden Arbeitsverhältnisses »angemessene Zeit« zum Aufsuchen eines anderen Dienstverhältnisses zu gewähren; die Regelung hat **zwingenden Charakter.**[136)] Die Freizeitgewährung kann weder durch Einzelvertrag noch durch Betriebsvereinbarung oder durch Tarifvertrag ausgeschlossen werden; zulässig ist lediglich eine **Konkretisierung** der angemessenen Freizeit nach Dauer, Zeit und Häufigkeit, wobei auch diese Konkretisierung sich im Rahmen billigen Ermessens (§ 315 BGB) zu halten hat und zu keinem Ausschluss des Freizeitanspruches oder dessen unangemessener Beschränkung führen darf.[137)] Dagegen soll die Vergütungspflicht für die Zeit der Freizeitgewährung eingeschränkt bzw. ausgeschlossen werden können.[138)]

b) Voraussetzungen der Freistellung nach § 629 BGB

138 Der Anspruch auf Gewährung von Freizeit zur Stellensuche **setzt voraus,** dass

1. ein dauerndes Arbeitsverhältnis
2. gekündigt oder auf sonstige Weise beendet worden ist und
3. der Arbeitnehmer die Gewährung verlangt hat.

---

135) Bauer/Krets, NJW 2003, 537 (542); Kreutz, Streitfragen des Ersten Gesetzes für moderne Dienstleistungen am Arbeitsmarkt, AuR 2003, 41 f.
136) Erman/Belling, BGB, § 629 Rdnr. 1; Staudinger/Preis, BGB, § 629 Rdnr. 4.
137) Erman/Belling, BGB, § 629 Rdnr. 1; Staudinger/Preis, BGB, § 629 Rdnr. 4.
138) Erman/Belling, BGB, § 629 Rdnr. 7; Staudinger/Preis, BGB, § 629 Rdnr. 21 f.

aa) Dauerndes Arbeitsverhältnis

Das Tatbestandsmerkmal **dauerndes Arbeitsverhältnis** macht den Freizeitanspruch davon abhängig, ob das Arbeitsverhältnis rechtlich oder faktisch auf längere Zeit ausgelegt ist bzw. bereits längere Zeit bestanden hat. Es darf sich also nicht in der »Erbringung einmaliger oder mehrmalig wiederholender Einzelleistungen erschöpfen«.[139] Vielmehr müssen dem Arbeitnehmer dauerhafte Aufgaben übertragen sein. Dies ist der Fall, wenn ein unbefristetes Arbeitsverhältnis eingegangen wird. Wird dieses während der **vorgeschalteten Probezeit** (durch Kündigung) beendet, ist § 629 BGB anzuwenden.[140] Auch ein **befristetes Arbeitsverhältnis**, das auf längere Zeit angelegt ist, kann diesem Erfordernis genügen.[141] Des Weiteren ist der Anspruch bei einem – einvernehmlichen oder gerichtlich erzwungenen – Weiterbeschäftigungsverhältnis des Arbeitnehmers gegeben. Ebenso im Falle eines Berufausbildungsverhältnisses, auf das die arbeitsrechtlichen Vorschriften grundsätzlich Anwendung finden (vgl. § 3 Abs. 2 BBiG).[142] 139

In einem **Aushilfs-** und auf kurze Dauer **angelegten Probearbeitsverhältnis** ist der Anspruch dagegen ausgeschlossen.[143] Damit wird allerdings gerade den Arbeit Suchenden der Freistellungsanspruch verwehrt, die im Hinblick auf mangelnde Qualifikation in besonderer Weise auf Freistellung angewiesen sind. Insoweit hätte die Regelung des § 629a BGB für Abhilfe sorgen können. 140

bb) Kündigung und andere Beendigungsgründe

Der Freistellungsanspruch entsteht nach dem Wortlaut des § 629 BGB mit der Kündigung des Arbeitsverhältnisses unabhängig davon, von welcher Seite diese erklärt worden ist. Unbeachtlich ist, ob eine ordentliche oder eine außerordentliche Kündigung (mit Auslauffrist) erklärt wurde; lediglich wenn die außerordentliche Kündigung fristlos ausgesprochen wurde, scheitert seine Realisierung. Auch eine **Änderungskündigung** genügt diesem Erfordernis, da diese – bei Nichtannahme des Angebots zum Abschluss eines neuen Vertrages durch den anderen Teil und sozialer Rechtfertigung im Anwendungsbereich des KSchG – das Arbeitsverhältnis beendet.[144] Selbst das Angebot des Arbeitgebers, den Arbeitnehmer zu einem späteren Zeitpunkt wieder einzustellen, schließt den Anspruch nicht aus.[145] 141

Trotz des engen Wortlauts bleibt § 629 BGB auf die Kündigung des Arbeitsverhältnisses nicht beschränkt. Auch die Fälle einer **Befristung** oder **auflösenden** 142

139) ErfK/Müller-Glöge, § 629 BGB Rdnr. 3.
140) ErfK/Müller-Glöge, § 629 BGB Rdnr. 6; Staudinger/Preis, BGB, § 629 Rdnr. 6; **a. A.** Schaub, a. a. O., § 26 I.
141) ErfK/Müller-Glöge, § 629 BGB Rdnr. 10; Staudinger/Preis, BGB, § 629 Rdnr. 11.
142) ErfK/Müller-Glöge, § 629 BGB Rdnr. 6; Staudinger/Preis, BGB, § 629 Rdnr. 6.
143) Schaub, Arbeitsrechtshandbuch, 10. Aufl. 2002, § 29 I.
144) ErfK/Müller-Glöge, § 629 BGB Rdnr. 9; MK-BGB/Schwerdtner, § 629 BGB Rdnr. 5.
145) Staudinger/Preis, BGB, § 629 Rdnr. 10.

Bedingung werden von ihr erfasst.[146] Zudem wird bei der Beendigung des Arbeitsverhältnisses durch einen Aufhebungsvertrag mit einer Auslauffrist die Vorschrift entsprechend angewendet.[147] Des Weiteren kann die Ankündigung des Arbeitgebers, der Arbeitsplatz des Arbeitnehmers werde entfallen oder konkrete Information über den Wegfall des **eigenen Arbeitsplatzes** auf sonstigem Wege, etwa das Angebot des Arbeitgebers zur Zahlung einer Abfindung beim Abschluss eines Aufhebungsvertrages, den Freistellungsanspruch entstehen lassen. Schließlich kann die Aufforderung oder Empfehlung des Arbeitgebers, sich nach einer anderen Stelle umzusehen, für den Anspruch nach § 629 BGB ausreichen.[148]

143 Dagegen ist die **allgemeine Ankündigung** des Arbeitgebers, dass Rationalisierungsmaßnahmen oder Entlassungen anstehen oder aber wegen Absatzrückgangs oder vorgesehener Rationalisierungsmaßnahmen mit Kündigungen im Betrieb zu rechnen sei, nicht ausreichend für die Anspruchsbegründung.[149]

4. Freistellungsverlangen

144 Der Freistellungsanspruch nach § 629 BGB ist **auf Verlangen des Arbeitnehmers zu gewähren.** Der Arbeitgeber ist also nicht von sich aus zur Urlaubsgewährung gehalten. Zugleich wird damit ausgeschlossen, dass der Arbeitnehmer sich den Urlaub einfach nehmen und der Arbeit fern bleiben kann;[150] dieser wird vielmehr durch den Arbeitgeber gewährt, wobei dieser – wenn auch in engen Grenzen (vgl. unten 4.) – betriebliche Belange berücksichtigen darf. Das Verlangen muss den Grund und die voraussichtliche Dauer der benötigten Freistellung erkennen lassen; nähere Angaben etwa über den Arbeitgeber, bei dem sich der Arbeitnehmer vorstellen will, sind nicht erforderlich.[151] Das Verlangen muss zudem so rechtzeitig geltend gemacht werden, dass sich der Arbeitgeber mit den betrieblichen Erfordernissen darauf einstellen kann.[152]

145 Wurde dem Arbeitnehmer **vor Zugang der Kündigung** oder vor Abschluss des Aufhebungsvertrages **Erholungsurlaub** gewährt, kann er die Freistellung zur Stellensuche gleichwohl noch geltend machen. In diesem Fall hat der Antrag auf die erst jetzt erforderlich werdende Stellensuche Vorrang vor dem Erholungsurlaub.[153] Wurde der Erholungsurlaub dagegen erst nach Zugang der Kündigung

146) ErfK/Müller-Glöge, § 629 BGB Rdnr. 10; MünchArbR/Richardi, § 43 Rdnr. 42; Staudinger/Preis, BGB, § 629 Rdnr. 10.
147) So die ganz überwiegende Auffassung im Schrifttum, vgl. Ermann/Belling, § 629 Rdnr. 2; ErfK/Müller-Glöge, § 629 BGB Rdnr. 12; Schaub, a. a. O., § 26 I.
148) Ermann/Belling, § 629 Rdnr. 2; Staudinger/Preis, BGB, § 629 Rdnr. 12.
149) Ermann/Belling, § 629 Rdnr. 2; Staudinger/Preis, BGB, § 629 Rdnr. 12.
150) LAG Düsseldorf v. 15.03.1967, DB 1967, 1227; ErfK/Müller-Glöge, § 629 BGB Rdnr. 16.
151) ErfK/Müller-Glöge, § 629 BGB Rdnr. 13.
152) ErfK/Müller-Glöge, § 629 BGB Rdnr. 14; MünchArbR/Richardi, § 43 Rdnr. 43.
153) BAG v. 26.10.1956, AP Nr. 14 zu § 611 BGB Urlaubsrecht; Staudinger/Preis, § 629 Rdnr. 13.

festgelegt, kann dieser nicht nachträglich in Urlaub auf Stellensuche umgewandelt werden mit der Folge, dass dann zusätzlich eine Urlaubsabgeltung zu zahlen wäre.[154] Auch der einmal gewährte Erholungsurlaub kann nicht nachträglich eine andere Zweckbestimmung erhalten.

5. Freizeitgewährung

Die **zur Stellensuche zu gewährende Freizeit muss angemessen sein.** Zu gewähren 146
ist nicht nur die unbedingt notwendige, sondern die dem Zweck entsprechende Zeit: Die Freistellung ist für sämtliche, im Zusammenhang mit der Suche nach einem neuen Arbeitsplatz stehenden Aktivitäten zu gewähren. Dazu gehört zunächst die jetzt vorgeschriebene **persönliche Meldung** des Arbeitnehmers nach § 37b SGB III[155] und auch der sonstige, auf Vermittlung in eine neue Beschäftigung gerichtete Besuch des Arbeitsamtes, etwa um ein Profil zu erstellen.[156] Erfasst wird auch der Besuch eines potentiellen neuen Arbeitgebers, insbesondere zum Zwecke der Vorstellung. Aber auch die vom künftigen Arbeitgeber gewünschte Vervollständigung der Bewerbungsunterlagen durch psychologische Eignungstests oder medizinische Untersuchungen gehört dazu.[157]

Zweifelhaft ist, ob auch besondere **Vermittlungsaktivitäten und Qualifizierungs-** 147
maßnahmen, wie sie in § 2 Abs. 2 Satz 2 Nr. 3 SGB III ausdrücklich Erwähnung finden – und in § 629a BGB aufgeführt waren – von § 629 BGB erfasst werden. Diese Maßnahmen gehen auf Empfehlungen der Hartz-Kommission zurück,[158] die allerdings auch eine Beteiligung der Arbeitnehmer durch die Inanspruchnahme von Erholungsurlaub und Arbeitszeitguthaben empfohlen hatte.[159] Sie sollten der Verbesserung und Beschleunigung der Arbeitsvermittlung dienen. Sie gehen jedoch über die Stellensuche, die § 629 BGB privilegieren will hinaus und sind deshalb nicht eingeschlossen. Insoweit sind die Arbeitnehmer gehalten, Erholungsurlaub in Anspruch zu nehmen.

Die **Zahl der Freistellungen** und deren **Dauer** sowie der **Zeitpunkt der Urlaubs-** 148
gewährung ist von den **Umständen des Einzelfalles** abhängig. Vor dem Hintergrund der außerordentlich hohen Arbeitslosigkeit und einem im Verhältnis dazu relativ geringen Angebot an freien Arbeitsplätzen darf die Zahl der Freistellungen

154) LAG Düsseldorf v. 11.01.1973, ErfK/Müller-Glöge, § 629 Rdnr. 17.

155) Bauer/Krets, NJW 2003, 537 (542); Gaul/Otto, Gesetze für moderne Dienstleistungen am Arbeitsmarkt, DB 1973, 676; DB 2002, 2486; ErfK/Müller-Glöge, § 629 BGB Rdnr. 18; **a. A.** Hümmerich/Holthausen/Weslau, NZA 2003, 7 (8).

156) Staudinger/Preis, BGB, § 629 Rdnr. 12.

157) Ermann/Belling, § 629 Rdnr. 5; Schaub, Arbeitsrechtshandbuch, § 26 Rdnr. 5; Staudinger/Preis, BGB, § 629 Rdnr. 12.

158) Hartz u. a., a. a. O., S. 82: »Mit Beginn der Stellensuche erhält der Stellensuchende das Angebot einer umfassenden Betreuung durch das JobCenter, um seine Vermittlungsaktivitäten abzuklären und bei Bedarf zu fördern.«

159) Hartz u. a., a. a. O., S. 83: »Jeweils die Hälfte der Freistellungszeiten tragen Arbeitnehmer und Arbeitgeber.«

nicht zu gering angesetzt werden; im Regelfall dürften deshalb **drei Freistellungen** ohne weiteres zu gewähren sein.[150)]

149 Bei Lage und Dauer sind die **betrieblichen Belange** zwar zu berücksichtigen. Allerdings muss der Arbeitgeber die gesetzliche Meldepflicht des Arbeitnehmers nach § 37b SGB III berücksichtigen und diesen zu deren Wahrnehmung unverzüglich freistellen. Auch im Übrigen darf er – in Anlehnung an den Rechtsgedanken in § 7 Abs. 1 BUrlG – den für einen bestimmten Zeitpunkt geäußerten Freistellungswunsch, der beispielsweise auf eine Einladung zum Vorstellungsgespräch zurückgeht, nur bei dringenden betrieblichen Belangen zurückweisen.

6. Pflichtverletzung und Durchsetzung des Anspruchs

150 Bei unberechtigter Verweigerung einer angemessenen Beurlaubung kann der Arbeitnehmer **Schadensersatz nach §§ 281, 241 BGB** beanspruchen und diese auf die Vertragsverletzung des Arbeitgebers stützen. Dazu gehört auch der **Schaden (Minderung des Arbeitslosengeldes, § 140 SGB III)**, der dem Arbeitnehmer durch eine verspätete Meldung beim Arbeitsamt entsteht, weil der Arbeitgeber ihn nicht oder nicht rechtzeitig für die persönliche Meldung freigestellt hat.[161)] Zudem kann der **Arbeitnehmer** – nach Abmahnung – **das Arbeitsverhältnis wegen der Vertragsverletzung fristlos (§ 626 BGB) kündigen und Schadenersatz nach § 628 Abs. 2 BGB verlangen.** Eher theoretischer Natur dürfte die darüber hinaus mögliche Klage des Arbeitnehmers auf Freizeitgewährung sein, die – praktisch weit bedeutsamer – gegebenenfalls im Wege des einstweiligen Verfahrens (Antrag auf Erlass einer einstweiligen Verfügung nach §§ 935 ff. ZPO) durchgesetzt werden kann.

151 Umstritten ist, ob der Arbeitnehmer darüber hinaus im Falle unberechtigter Freizeitverweigerung diese **eigenständig nehmen**, sich also »selbst beurlauben« kann. Die wohl herrschende Meinung bejaht dies und greift hierbei auf das allgemeine Zurückbehaltungsrecht zurück.[162)] Sie übersieht dabei, dass dem Arbeitnehmer bei der Vertragsverletzung durch den Arbeitgeber zwar ein Zurückbehaltungsrecht (§ 273 BGB) hinsichtlich seiner Arbeitsleistung zusteht, dieses aber nicht zur Erfüllung des Anspruchs führen darf, zu dessen Durchsetzung es eingesetzt werden soll.[163)] Die Selbstbeurlaubung zum Zwecke der Meldung oder Stellensuche ist deshalb ausgeschlossen. Sie kann deshalb nur zwischen dem Verlangen und dem begehrten Termin geltend gemacht werden und verliert damit seine praktische Bedeutung.

160) In der Literatur wird überwiegend von einer Mindestzahl von zwei Freistellungen ausgegangen, vgl. KR-Wolf, Grundsätze Rdnr. 542; Staudinger/Preis, § 629 Rdnr. 17.

161) Bauer/Krets, NJW 2003, 537 (542).

162) LAG Baden-Württemberg v. 11.04.1967, DB 1967, 1048; Ermann/Belling, § 629 Rdnr. 6; Schaub, a. a. O., § 26 Rdnr. 4, der § 320 BGB heranzieht; Staudinger/Preis, § 629 Rdnr. 20.

163) Zu diesen und weiteren Folgen siehe näher ErfK/Müller-Glöge, § 629 BGB Rdnr. 22.

Praxis-Tipp:
Im Hinblick darauf, dass die Inanspruchnahme des Zurückbehaltungsrechts mit einem erheblichen Risiko für den Arbeitnehmer verbunden ist (Wegfall des Vergütungsanspruchs, Schadensersatzpflicht gegenüber Arbeitgeber) [164]*, sollten sie ausnahmslos Ihrem Mandanten raten, von einer »Selbstbeurlaubung« Abstand zu nehmen.*

7. Vergütungs- und Aufwendungsersatzanspruch

Ein Anspruch auf Vergütung während der freigestellten Zeit ist § 629 BGB nicht 152
zu entnehmen; vielmehr ist insoweit der Rückgriff auf § 616 BGB erforderlich.[165] Danach bleibt dem Arbeitnehmer der Vergütungsanspruch erhalten, wenn er wegen der Arbeitssuche für eine verhältnismäßig nicht erhebliche Zeit der Arbeit fernbleibt. Dieser Zeitraum ist nicht in jedem Falle mit der »angemessenen« Zeit in § 629 BGB identisch, sondern kann auch darunter liegen. So kann etwa die Dauer einer langen Vorstellungsreise über die vergütungspflichtige Grenze des § 616 BGB hinausgehen.[166]

Da § 616 BGB dispositiv ausgestaltet ist, kann **die Fortzahlung der Vergütung** 153
einzel- oder kollektivvertraglich erweitert, aber auch ausgeschlossen werden. Zuweilen finden sich bereits heute im Arbeitsvertrag oder in einem Tarifvertrag Vereinbarungen über die Vergütungszahlung in den Fällen des § 616 BGB. Ist darin die Stellensuche ausdrücklich erwähnt, schafft dies Klarheit darüber, in welchem Umfang und aus welchen Gründen zu vergüten ist. Fehlt hingegen – wie dies dem Regelfall entsprechen dürfte – eine ausdrückliche Bestimmung, muss nach den jeweils maßgeblichen Auslegungsgrundsätzen ermittelt werden, ob die Vorschrift des § 616 BGB für den Fall der Freistellung zur Stellensuche ausgeschlossen ist. Im Zweifel ist ein Ausschluss dieses nicht allzu bekannten Anspruchs zu verneinen; er dürfte im Regelfall von den Vertragsparteien übersehen worden sein.[167]

Praxis-Tipp:
Raten Sie Ihrem Mandanten, die Modalitäten der Meldung beim Arbeitsamt (§ 37b SGB III) und der Stellensuche im Wege einer Betriebsvereinbarung zu regeln. Im Falle von Verhandlungen über einen Interessenausgleich und Sozialplan gehören sie ausnahmslos auf die Tagesordnung.

---

164) ErfK/Müller-Glöge, § 629 BGB Rdnr. 22.

165) BAG v. 13.11.1969, AP Nr. 41 zu § 616 BGB; Ermann/Belling, § 629 Rdnr. 7; ErfK/Müller-Glöge, § 629 Rdnr. 25.

166) So etwa das Beispiel bei Staudinger/Preis, § 629 BGB Rdnr. 21 und ErfK/Müller-Glöge, § 629 BGB Rdnr. 25.

167) In diesem Sinne wohl auch BAG v. 13.11.1969, AP Nr. 41 zu § 616 BGB, ErfK/Müller-Glöge, § 629 BGB Rdnr. 26.

154 Darüber hinaus können Ansprüche des Arbeit suchenden Arbeitnehmers gegenüber dem Arbeitgeber entstehen, bei dem er zur Stellensuche vorspricht: Wird der Bewerber von einem Arbeitgeber zur persönlichen Vorstellung **aufgefordert**, hat er ohne Rücksicht auf das Zustandekommen eines Arbeitsvertrages **Anspruch auf Erstattung der notwendigen Aufwendungen**; die Grundlagen hierfür finden sich in den §§ 670, 662 BGB.[168] Ist der Arbeitgeber zu keiner Kostenübernahme bereit, muss er dies rechtzeitig und unmissverständlich – in der Regel mit der Aufforderung zur Vorstellung selbst – zum Ausdruck bringen.[169]

155 **Erstattungsfähig sind objektiv erforderliche Aufwendungen** und – bei fehlender objektiver Notwendigkeit – solche, die der Arbeitnehmer nach sorgfältiger, den Umständen des Falles nach gebotener Prüfung für erforderlich halten durfte.[170] Hierzu gehören im Regelfall **Fahrt-, Verpflegungs**- und – soweit diese tatsächlich erforderlich sind – **Unterbringungskosten.** Im Zweifel richtet sich die Erstattungshöhe nach steuerlichen Grundsätzen.[171]

156 Zuweilen wird dem Bewerber, der für die Dauer der Freistellung nach § 629 BGB keine Entgeltfortzahlung nach § 616 BGB in Anspruch nimmt, ein Anspruch auf **Ersatz des Verdienstausfalls** als Aufwendungsersatz gegenüber dem einladenden Arbeitgeber eingeräumt, wenn der Bewerber die zum Zwecke der Vorstellung in Anspruch genommene Freistellung für erforderlich halten durfte.[172] Dies steht allerdings im Widerspruch zum Grundsatz der Unentgeltlich i. S. d. § 662 BGB.[173] Der Anspruch gegen den einladenden Arbeitgeber kommt daher grundsätzlich über den Ersatz der die Vorstellung einhergehenden Aufwendungen beschränkt.

157 **8. Inanspruchnahme von Erholungsurlaub für Vermittlungsaktivitäten**

Für die über die Stellensuche hinausgehenden Vermittlungsaktivitäten und Qualifizierungsmaßnahmen kann (und muss) der Arbeitnehmer **Erholungsurlaub** in Anspruch nehmen.[174] Im Hinblick darauf, dass die damit verbundenen (Entgelt-)kosten ausschließlich zu Lasten des Arbeitnehmers gehen, dürfte dies in der Praxis zu einer weitgehend problemlosen Urlaubsgewährung führen.

158 Andererseits sind gerade in Arbeitsverhältnissen, die nach einer Konfliktsituation vor der Beendigung stehen, **Auseinandersetzungen** über die Gewährung von Urlaub nicht auszuschließen. Für diese Fälle wäre, wie dies die vorgeschlagene

168) BAG v. 14.12.1977, AP Nr. 8 zu § 198 BGB; BAG v. 29.06.1988, NZA 1989, 468.
169) ErfK/Müller-Glöge, § 629 BGB Rdnr. 27; Schaub, a. a. O., § 26 Rdnr. 5.
170) BAG v. 14.12.1977, AP Nr. 8 zu § 198 BGB; Staudinger/Preis, § 629 Rdnr. 25.
171) ErfK/Müller-Glöge, § 629 BGB Rdnr. 28; Staudinger/Preis, § 629 Rdnr. 25.
172) ErfK/Müller-Glöge, § 629 BGB Rdnr. 29; Schaub, a. a. O., § 26 Rdnr. 6.
173) Staudinger/Preis, § 629 Rdnr. 25.
174) Siehe dazu auch oben III. 4.

Änderung des § 7 Abs. 1 BUrlG vorsah, ein – gegebenenfalls im Klagewege durchsetzbarer – Rechtsanspruch auf Erteilung des Urlaubs erforderlich. Nachdem der Vorschlag jedoch nicht Gesetz geworden ist und das Recht des Arbeitgebers, die Urlaubsgewährung nach § 7 Abs. 1 Satz 1 BUrlG aus betrieblichen Gründen **zu verweigern** – ein Recht, dessen Überprüfung enge Grenzen gesetzt sind – ist im Einzelfall die Möglichkeit des Arbeitnehmers auf Inanspruchnahme des Erholungsurlaubs zu diesen Zwecken vom Wohlwollen des Arbeitgebers abhängig.

Dies ist mit dem Ziel der Gesetzesreform, nämlich die Verbesserung und 159
Beschleunigung der Arbeitsvermittlung, kaum zu vereinbaren. Eine Änderung des § 7 Abs. 1 BUrlG sollte deshalb alsbald erneut in Angriff genommen werden.

IV. Erhöhung der Mobilität durch neue Zumutbarkeitskriterien

1. Allgemeines

Mit den Kriterien der Zumutbarkeit einer Beschäftigung in § 121 SGB III setzt 160
der Gesetzgeber der **Entscheidungsmöglichkeit des Arbeitssuchenden, eine angebotene Stelle abzulehnen, Grenzen.**[175] Er sanktioniert diese durch Sperrzeiten, die den Anspruch des Arbeitlosen auf Arbeitslosengeld oder Arbeitslosenhilfe zum Ruhen bringen und den Anspruchszeitraum verkürzen.[176]

§ 121 SGB III in der bisherigen Fassung enthielt in fünf Absätzen die Vorausset- 161
zungen, unter denen die Vermittlung in bzw. auf eine Beschäftigung für den Arbeitslosen zumutbar ist. Die Vorschrift unterscheidet zwischen **allgemeinen** (§ 121 Abs. 2 SGB III) und **personenbezogenen Gründe** (§ 121 Abs. 3 = Entgelt und Abs. 4 = Pendelzeiten). In § 121 Abs. 5 SGB III ist die Zumutbarkeit einer Beschäftigung bejaht, auch wenn die Beschäftigung befristet ist, vorübergehend eine getrennte Haushaltsführung erfordert oder sie nicht zum Kreis der Beschäftigungen gehört, für die der Arbeitnehmer ausgebildet ist oder die er bisher ausgeübt hat.

Die **Verschärfung der Zumutbarkeitsanforderungen** zum Zwecke einer höheren 162
Mobilität war auch Gegenstand der Beratungen der Hartz-Kommission.[177] Die unterbreiteten Vorschläge wurden jedoch nur zu einem Teil aufgegriffen und auf die Regelungen zur den Pendelzeiten zwischen Wohnung und Arbeitsstätte beschränkt. Mit Hilfe dieser Pendelzeiten kann auf die **regionale Mobilität** der Arbeitslosen Einfluss genommen werden.

175) BSG v. 19.03.1986, BSGE 60, 50; BSG v. 28.06.1991, NZA 1991, 286; Gagel/Winkler, § 144 Rdnr. 22.
176) Zu den Sperrzeiten und ihren Wirkungen siehe auch unten V.
177) Hartz u. a., a. a. O., S. 28.

2. Erhöhung der Mobilitätsanforderungen

163 Mit Wirkung vom 1. Januar 2003 wurde dieses Zumutbarkeitskriterium durch Vorschriften über einen **Umzug zur Aufnahme einer Beschäftigung** außerhalb des zumutbaren Pendelbereichs ergänzt: Nach den in § 121 Abs. 4 SGB III aufgenommenen Sätze 4, 5, 6 und 7 ist ein Umzug einem Arbeitslosen zumutbar, wenn nicht zu erwarten ist, dass der Arbeitslose innerhalb der ersten drei Monate der Arbeitslosigkeit eine Beschäftigung innerhalb des zumutbaren Pendelbereichs aufnehmen wird (**Satz 4**). Vom **vierten Monat** an ist einem Arbeitslosen ein Umzug in aller Regel zumutbar, auch wenn die vorgenannte Erwartung bestehen sollte (Satz 5). Diese Konsequenzen sind nicht anzuwenden – so Satz 6 –, wenn dem Umzug ein **wichtiger Grund entgegensteht.** Dieser kann sich insbesondere aus familiären Bindungen ergeben (Satz 7).

164 Die Regelung enthält im Wesentlichen **eine Klarstellung,** dass die Versichertengemeinschaft unter bestimmten Voraussetzungen von einem Arbeitslosen auch einen Umzug zur Aufnahme einer Beschäftigung außerhalb des zumutbaren Pendelbereichs verlangen kann.[178] Auch die bisherige Rechtslage erlaubte es, einen Arbeitslosen auf eine Beschäftigung außerhalb des Arbeitsamtsbezirks zu verweisen und setzte im Falle von familiären Bindungen und dem damit einhergehenden Schutz von Ehe und Familie (Art. 6 GG) enge Grenzen. In der Vergangenheit wurde von dieser Möglichkeit allerdings nicht allzu häufig Gebrauch gemacht. Die Neufassung des § 122 SGB III schafft insoweit Klarheit und erweitert auf diese Weise den Entscheidungsspielraum des Vermittlers.

165 Danach kann Arbeitslosen, die **familiäre Bindungen** aufweisen, wie etwa im Falle eines berufstätigen Ehegatten, aufsichtsbedürftigen Kindern oder sonstigen betreuungsbedürftigen Angehörigen, ein Umzug in aller Regel nicht abverlangt werden. Unklar ist aber, wie stark diese, den Umzug ausschließenden familiären Bindungen ausfallen müssen, insbesondere ob eine **nichteheliche Lebensgemeinschaft** hierfür ausreicht. Im Hinblick auf den auf die Familie beschränkten Schutz des Art. 6 GG dürfte dies vorläufig noch zu verneinen sein.

166 Insbesondere für Arbeitslose **ohne familiäre Bindungen** bedeutet die Neuregelung, dass **höhere Anforderungen** an ihre Mobilität gestellt werden. Sie sagt jedoch nicht zwangsläufig, dass ihnen ein Umzug vom ersten Tag der Arbeitslosigkeit zugemutet werden kann. Insoweit gebietet es der Grundsatz der Verhältnismäßigkeit, einen solchen Umzug nicht zu verlangen, wenn die Beschäftigungslosigkeit voraussichtlich durch die Übernahme einer Beschäftigung innerhalb des zumutbaren Pendelbereichs beendet werden kann.[179] Deshalb hat die Arbeitsverwaltung zunächst eine Prognose zu treffen, ob der Arbeitslose innerhalb der

178) BT-Drucks. 15/25, S. 22.
179) BT-Drucks. 15/25, S. 22.

ersten drei Monate der Arbeitslosigkeit im Tagespendelbereich vermittelbar ist. Ist dies der Fall, so wird ein Umzug zunächst nicht erforderlich.

Erst ab dem **vierten Monat der Arbeitslosigkeit** ist Arbeitslosen ohne familiäre Bindung ein Umzug zur Aufnahme einer Beschäftigung außerhalb des Tagespendelbereichs grundsätzlich ohne weitere Prognose zumutbar. Bei einer **negativen Prognose** muss die Umzugsbereitschaft aber bereits vom ersten Tag der Arbeitslosigkeit an bestehen. 167

Im Übrigen wird zur weiteren Konkretisierung der Vorschrift die Rechtsprechung der Sozialgerichte abzuwarten sein.

3. Mobilitätshilfen

Flankiert werden die Regelungen zur Umzugsverpflichtung durch eine Erweiterung der Mobilitätshilfen bei Aufnahme einer Beschäftigung, die das SGB III in den §§ 53 und 54 vorsieht. Insoweit können nunmehr pauschalierte Mobilitätshilfen – das Erfordernis, dass die Mittel nicht selbst aufgebracht werden können, ist entfallen – und ein zinsloses Darlehen bis zu 1.000 € geltend gemacht werden. An die Stelle der Umzugskostenbeihilfe als Darlehen ist eine Kostenerstattung getreten, wenn der Umzug durch die Aufnahme einer Beschäftigung **außerhalb des Tagespendelbereichs** bedingt ist (§ 54 Abs. 6 SGB III). 168

V. Beendigung des Arbeitsverhältnisses und Sperrzeiten

1. Allgemeines

Um die Versichertengemeinschaft davor zu schützen, dass Risikofälle eintreten, deren Eintritt der versicherte Arbeitnehmer zu vertreten hat oder an deren Behebung er ohne Sachgründe nicht mithilft, **verkürzt** § 144 SGB III den **Anspruch auf Arbeitslosengeld oder Arbeitslosenhilfe** durch die Auferlegung von Sperrzeiten. Während der Dauer der Sperrzeit **ruht** der Anspruch auf Arbeitslosengeld oder Arbeitslosenhilfe, im Falle der Erkrankung während der Sperrzeit auch der Anspruch auf Krankengeld (§ 49 Nr. 3 SGB V). Neben dem Hinausschieben des Beginns wird auch der Anspruch auf das Arbeitslosengeld selbst um die Dauer der Sperrzeit verkürzt. Auf diese Weise wird der Arbeitslose an den Kosten der selbstverursachten Arbeitslosigkeit beteiligt.[180] 169

Die Neufassung des § 144 SGB III, die bereits zum 1. Januar 2003 in Kraft getreten ist, differenziert die Rechtsfolgen der Sperrzeittatbestände durch eine Änderung der Abs. 3 und 4 weiter aus und trifft in Abs. 1 eine Darlegungs- und Beweislastregel in den Fällen, in denen sich der Arbeitslose bei Arbeitsaufgabe 170

180) Zu den Funktionen der Sperrzeiten siehe auch BSG v. 28.06.1991, NZA 1991, 286.

oder Arbeitsablehnung darauf beruft, für sein Verhalten einen wichtigen Grund zu haben (§ 144 Abs. 1 Nr. 4 SGB III).

2. Differenzierung der Sperrzeiten

171 § 144 Abs. 1 SGB III sieht – in seiner neuen wie in der bisherigen Fassung – **vier Sperrzeittatbestände** vor, und zwar wegen Arbeitsaufgabe (Nr. 1), wegen Arbeitsablehnung (Nr. 2), wegen Ablehnung einer beruflichen Eingliederungsmaßnahme (Nr. 3) und wegen deren Abbruchs (Nr. 4). Hatte der Arbeitslose in diesen Fällen keinen wichtigen Grund, so trat eine **einheitliche Sperrzeit von zwölf Wochen** ein. Eine Sperrzeit von sechs Wochen war vorgesehen im Fall einer besonderen Härte (§ 144 Abs. 3 Satz 1 SGB III a. F.). Und lediglich drei Wochen betrug die Sperrzeit nach § 144 Abs. 3 Satz 2 SGB III a. F.

- wegen **Arbeitsaufgabe** oder wegen **Abbruchs einer beruflichen Eingliederungsmaßnahme**, wenn das Arbeitsverhältnis oder die Eingliederungsmaßnahme ohnehin innerhalb von **sechs Wochen geendet hätte** oder
- wegen Arbeitsablehnung oder wegen Ablehnung einer beruflichen Eingliederungsmaßnahme, wenn der Arbeitslose eine bis zu **sechs Wochen befristete Arbeit** oder Maßnahme zur beruflichen Eingliederung nicht angenommen oder **nicht angetreten** hat.

172 Die Neuregelung des § 144 SGB III behält die **zwölfwöchige Sperrzeit** als **Regelfrist** zwar bei, unterscheidet nun aber deutlicher als bislang zwischen dem Sperrzeittatbestand wegen Arbeitsaufgabe einerseits und wegen Arbeitsablehnung, wegen Ablehnung einer beruflichen Eingliederung oder wegen deren Abbruchs andererseits und macht in den letzten Fällen die Rechtsfolgen von der **Zahl der Verstöße** abhängig.

173 Die **Sperrzeit wegen Arbeitsaufgabe** (§ 144 Abs. 1 Nr. 1 SGB III), die grundsätzlich zwölf Wochen beträgt (§ 140 Abs. 3 Satz 1 SGB III), verkürzt sich auf drei Wochen, wenn das Arbeitsverhältnis innerhalb von sechs Wochen nach dem Ereignis, das die Sperrzeit begründet, ohne eine Sperrzeit geendet hätte und auf sechs Wochen, wenn das Arbeitsverhältnis innerhalb von zwölf Wochen ohne eine Sperrzeit geendet hätte bzw. eine Sperrzeit von zwölf Wochen für den Arbeitslosen nach den für den Eintritt der Sperrzeit maßgebenden Tatsachen eine besondere Härte bedeuten würde.

174 In den **übrigen**, in § 140 Abs. 1 SGB III geregelten **Fällen** (Sperrzeit wegen **Arbeitsablehnung**, Nr. 2, Sperrzeit wegen **Ablehnung einer beruflichen Eingliederungsmaßnahme**, Nr. 3, Sperrzeit wegen **Abbruchs einer beruflichen Eingliederungsmaßnahme**, Nr. 4), wird zusätzlich zwischen dem erstmaligen, einem zweiten und einem dritten **Obliegenheitsverstoß** differenziert: Bei einem ersten Verstoß gegen das von der Versicherungsgemeinschaft erwartete Verhalten beträgt

die Sperrzeit **drei Wochen**, im Wiederholungsfall **sechs Wochen** und bei einem dritten und folgenden Verstoß **zwölf Wochen.** Darüber hinaus wird – wie im Falle der Arbeitsablehnung – eine Beschränkung der Sperrzeit auf drei bzw. sechs Wochen vorgesehen, sofern die Zeitdauer der abgelehnten Maßnahme oder der verhältnismäßig kurz war (und zwar bis zu sechs bzw. zwölf Wochen). Eine Verkürzung der Sperrzeit wegen besonderer Härte ist insoweit nicht mehr vorgesehen.

In allen anderen Fällen der Sperrzeittatbestände des Abs. 1 Nr. 2, 3 und 4 ist auch 175
– wie im Sperrzeittatbestand Abs. 1 Nr. 1 – eine **zwölfwöchige Sperrzeit** festzustellen.

Überblick Sperrzeiten (§ 144 SGB III)

Sperrzeittatbestand	Dauer der Sperrzeit		
Arbeitsaufgabe (§ 144 I Nr. 1 SGB III)	Regelfall: 12 Wochen, ggfs. Verkürzung auf 6 bzw. 3 Wochen		
Arbeitsablehnung (§ 144 I Nr. 1 SGB III)	1. Verstoß	2. Verstoß	3. Verstoß
Ablehnung beruflicher Eingliederungsmaßnahmen (§ 144 I Nr. 1 SGB III)	3 Wochen	6 Wochen	12 Wochen
Abbruch beruflicher Eingliederungsmaßnahmen (§ 144 I Nr. 4 SGB III)			

3. Veränderte Darlegungs- und Beweislast

Darüber hinaus wurde die Verteilung der Darlegungs- und Beweislast für die 176
Fälle geändert, in denen sich der Arbeitslose bei Arbeitsaufgabe oder Arbeitsablehnung darauf beruft, für sein Verhalten einen **wichtigen Grund** zu haben (§ 144 Abs. 1 SGB III). Hierzu wurde der Regelung in § 144 Abs. 1 Nr. 4 SGB III eine explizite Darlegungs- und Beweislastregel hinzugefügt.

Bisher galt, dass die Voraussetzungen des § 144 Abs. 1 SGB III vom **Arbeitsamt** 177
nachzuweisen waren; das Arbeitsamt hatte den Sachverhalt gemäß § 20 SGB X von **Amts wegen** zu ermitteln. Damit traf das Arbeitsamt die objektive Beweislast (Feststellungslast) dafür, dass der Arbeitslose die Voraussetzungen für den Eintritt einer Sperrzeit erfüllt hat, aber auch dafür, dass kein die Sperrzeit ausschließender wichtiger Grund vorliegt.[181] Davon sollte aber nach der jüngeren Rechtsprechung des BSG eine Ausnahme gemacht werden, wenn in der Sphäre des Arbeitslosen liegende Tatsachen nicht feststellbar waren. So sollte etwa der

181) BSG v. 28.06.1991 SozR 3 – 4100 § 119 Nr. 7 m. w. N.

Arbeitslose die Darlegungs- und Beweislast dafür tragen, dass ein wichtiger Grund für die Arbeitsablehnung gegeben ist, wenn er sich nachträglich auf gesundheitliche Einschränkungen anführte, die nicht mehr aufklärbar waren und das Arbeitsamt mangels entsprechender zeitnaher Angaben keinen Anlass hatte, diese rechtzeitig aufzuklären.[182)]

178 In Anlehnung an diese Rechtsprechung[183)] hat der Arbeitslose nunmehr die für die Beurteilung eines wichtigen Grundes maßgebenden Tatsachen darzulegen und nachzuweisen, wenn diese in **seiner Sphäre oder in seinem Verantwortungsbereich liegen.** Gleiches gilt, wenn der Arbeitslose sich nachträglich auf Gründe beruft, für deren Aufklärung das Arbeitsamt mangels entsprechender zeitnaher Angaben des Arbeitslosen zunächst keinen Anlass hatte.[184)]

179 Es wird abzuwarten sein, ob die Rechtsprechung dieser Auffassung folgt oder nicht vielmehr der Meinung, dass der Gesetzgeber eine Durchbrechung des Amtsermittlungsgrundsatzes deutlicher zum Ausdruck gebracht hätte bringen müssen. Im letzeren Fall würde sich die Darlegungs- und Nachweispflicht darin erschöpfen, dass der Beteiligte an der **Aufklärung des Sachverhalts verstärkt mitzuwirken hätte.** Er hätte dann lediglich im Falle der Nichterweislichkeit – d. h. nach Ausschöpfung aller Erkenntnismöglichkeiten – die Folgen der Nichterweislichkeit der Tatsachen zu tragen, für die ihm die Nachweispflicht obliegt.

4. Übergangsregelung

180 Die Neufassung des § 144 Abs. 1 SGB III ist zwar zum 1. Januar 2003 in Kraft getreten. Aus Gründen des Vertrauensschutzes trifft § 434g Abs. 2 SGB III insoweit jedoch eine **Übergangsregelung.** Danach ist § 144 Abs. 1 SGB III a. F. über den 1. Januar 2003 hinaus anzuwenden, wenn das Ereignis, das die Sperrzeit begründet, vor dem 1. Januar 2003 liegen. In diesen Fällen muss die neuformulierte Beweislastregel vom Arbeitslosen also nicht beachtet werden.

182) Zudem hatte der 11. Senat des BSG im Zusammenhang mit § 147a (Erstattungspflicht des Arbeitgebers) die Auffassung vertreten, durch die Wortwahl »darlegen und nachweisen« habe der Gesetzgeber den Untersuchungsgrundsatz durch den Beibringungsgrundsatz ersetzt (BSG, Die Sozialgerichtsbarkeit 2000, 623). Allerdings müsse, so das BSG, das Gericht bei einer eventuellen Unschlüssigkeit des klägerischen Vortrags entsprechende Hinweise geben.

183) Der Gesetzgeber beruft sich insoweit auf die »Hinweise aus der Rechtsprechung des BSG, nach denen der Arbeitslose in derartigen Fällen die Beweislast für das Vorliegen eines wichtigen Grundes zu tragen hat, wenn er sich auf Umstände aus seinem persönlichen Bereich beruft, die er leichter nachweisen kann als das Arbeitsamt«.

184) BSG v. 26.11.1992, BSGE 71, 256 ff.

Kapitel D: Beschäftigungsförderung für ältere Arbeitnehmer

Für Ältere besteht am Arbeitsmarkt eine besondere Einstellungsbarriere. Wer 181
arbeitslos geworden ist und 50 Jahre oder älter ist, hat nach der Statistik nur eine geringe Chance wieder eingegliedert zu werden. Zwar besteht aus demografischen Gründen unabweisbar die Notwendigkeit einer altersgerechten Beschäftigungspolitik. Bisher ist es aber nicht gelungen, das gegen Ältere gerichtete Einstellungsverhalten der Arbeitgeber zu ändern. Das soll jetzt durch eine Doppelstrategie geändert werden: Einerseits zu Gunsten der Arbeitgeber den Befristungsschutz der älteren Stellenbewerber abbauen (siehe III) sowie Arbeitgebern Zuschüsse für die Einstellung von Älteren einräumen (siehe II) und andererseits für ältere Arbeitnehmer Leistungen der Arbeitsförderung – sogenannte »Entgeltsicherung« (siehe I) – in Aussicht stellen, damit diese wegen dieser staatlichen Anreize auch bereit sind, zu einer geringeren Vergütung neue Arbeitsstellen anzunehmen.

I. Entgeltsicherung als Anreiz für Ältere zur Arbeitsaufnahme

§ 421j SGB III enthält den Bestandteil der Doppelstrategie, mit dem der Gesetz- 182
geber die Älteren motivieren will, auch niedriger entlohnte Arbeit anzunehmen. Neu eingeführt ist damit ein Anspruch auf Entgeltsicherung für Arbeitnehmer, die das 50. Lebensjahr vollendet haben und ihre Arbeitslosigkeit durch Aufnahme einer versicherungspflichtigen Beschäftigung beenden oder vermeiden. Diese neue Arbeitsförderungsleistung ist auf Empfehlung des Ausschusses[185] beschlossen worden. Mit ihr soll verstärkt auf die Nachfrageseite eingewirkt werden. Den Arbeitslosen und von Arbeitslosigkeit bedrohten Arbeitnehmern, die das 50. Lebensjahr vollendet haben, werden finanzielle Anreize zur Arbeitsaufnahme geboten. Der Gesetzgeber trägt damit der Erfahrung Rechnung, dass die Aufnahme einer neuen versicherungspflichtigen Beschäftigung in diesem Alter häufig mit Einbußen im Vergleich zum Arbeitsentgelt aus der früheren Tätigkeit verbunden ist. Deshalb soll die Nettoentgeltdifferenz durch eine zeitlich begrenzte Aufstockung des Arbeitsentgelts teilweise ausgeglichen werden. Darüber hinaus wird die geringere Alterssicherung durch eine Aufstockung der Beiträge zur gesetzlichen Rentenversicherung abgemildert.

1. Anspruchsvoraussetzungen

Der Anspruch besteht für ältere Arbeitnehmer, die das 50. Lebensjahr vollendet 183
haben, sofern sie noch einen Mindestanspruch auf Arbeitslosengeld haben. Er setzt einen **Restanspruch auf Arbeitslosengeld** von mindestens **180 Tagen** voraus (§ 421j Abs. 1 Nr. 1 SGB III). Maßgebend dafür ist der Zeitpunkt der Aufnahme

185) BT-Drucks. 15/77 vom 13. 11. 2002.

der Beschäftigung. Nach Auffassung des Gesetzgebers sollen damit Bagatellansprüche auf Entgeltsicherung vermieden werden,[186] weil diese keine hinreichende Anreizwirkung entfalten könnten und der Aufwand für die Bestimmung von Leistungen unverhältnismäßig wäre.

> *Praxis-Tipp:*
> *Bei der Beratung achten Sie bitte darauf, bei Abschluss von Arbeitsverträgen den* ***Zeitpunkt der zu vereinbarenden Arbeitsaufnahme*** *so zu legen, dass am Tag der Arbeitsaufnahme noch ein Anspruch auf Bezug von Arbeitslosengeld für mindestens 180 Tage besteht.*

Um Missbrauch zu verhindern, ist in Nr. 2 des § 421j Abs. 1 Nr. 2 SGB III bestimmt, dass der Arbeitnehmer ein Arbeitsentgelt beanspruchen kann, das den tariflichen oder – bei Fehlen eines einschlägigen Tarifvertrags – der Üblichkeit entspricht. So soll ausgeschlossen werden, dass der Arbeitslose mit dem Arbeitgeber ein zu niedriges Arbeitsentgelt vereinbart, um die Leistungen der Entgeltsicherung zu steigern.

2. Altersgrenze Vollendung des 50. Lebensjahres

184 Bereits mit dem Job-AQTIV-Gesetz ist die maßgebliche Altersgrenze für betriebliche Eingliederungshilfen von älteren Arbeitnehmern auf das vollendete 50. Lebensjahr herabgesetzt worden. Diese Altersgrenze von 50 Lebensjahren soll auch für das neue Instrument der Entgeltsicherung gelten. Das steht im Einklang mit den Vorgaben des Europäischen Gemeinschaftsrechts. Danach gelten Personen über 50 Jahre, die erwerbslos sind oder vor der Entlassung stehen, als benachteiligte Personen am Arbeitsmarkt. Für sie sind besondere Maßnahmen gerechtfertigt.

3. Antragserfordernis

185 Die Leistung der Entgeltsicherung durch die Bundesanstalt für Arbeit erfolgt wie jede Leistung der Arbeitsförderung nur auf Antrag (§ 323 Abs. 1 Satz 1 SGB III).

> *Praxis-Tipp:*
> *Veranlassen Sie den Arbeitnehmer, den Antrag auf Entgeltsicherung vor der Arbeitsaufnahme beim zuständigen Wohnsitzarbeitsamt (§ 327 SGB III) zu stellen. Nachher ist zu spät. Leistungen der Arbeitsförderung werden nach § 324 Abs. 1 Satz 1 SGB III nur erbracht, wenn sie vor Eintritt des leistungsbegründenden Ereignisses beantragt werden. Nur wenn es ansonsten zu unbilligen Härten käme, kann nach § 324 Abs. 1 Satz 2 SGB III das Arbeitsamt eine verspätete Antragstellung zulassen.*

186) BT-Drucks. 15/25 S. 32.

4. Zuschuss zum Arbeitsentgelt

Anspruchsberechtigt sind Arbeitnehmer ab 50 Jahren. Sie erhalten die Entgeltsicherung als **Zuschuss** zum Arbeitsentgelt und als zusätzlichen Beitrag zur gesetzlichen Rentenversicherung. 186

Der Zuschuss zum Arbeitsentgelt beträgt **50 % der monatlichen Nettoentgeltdifferenz** zwischen dem Entgelt, das zuletzt vor der Arbeitslosigkeit bezogen wurde und dem, das bei der aufgenommen neuen Beschäftigung erworben wird. Dazu ist zunächst das Nettoentgelt der letzten Beschäftigung zu ermitteln. Dazu wird nicht auf das individuelle Nettoentgelt abgestellt. Maßgebend ist das pauschalierte Nettoentgelt. Für die Berechnung gilt die Pauschalierung an Hand von Leistungsgruppen, die nach § 136 Abs. 2 SGB III auch der Bemessung des Arbeitslosengelds zugrunde liegt. Dann ist nach demselben Pauschalierungsgebot das Nettoentgelt bei der neuen Beschäftigung zu ermitteln. Sodann ist der Unterschiedsbetrag fest zu stellen. Die Hälfte des Unterschiedsbetrags wird dann bezuschusst.

Der Zuschuss zum Arbeitsentgelt ist nach § 3 Nr. 2 EStG steuerfrei.

5. Zusätzlicher Beitrag zur Rentenversicherung

Zusätzlich zu der dem Arbeitnehmer auszuzahlenden Entgeltsicherung wird auch der rentenrechtliche Nachteil ausgeglichen (§ 421j Abs. 2 Nr. 2 SGB III) , der sich ansonsten durch die niedriger vergütete Tätigkeit ergeben würde. Der Nachteilsausgleich erfolgt durch die Bundesanstalt für Arbeit. Diese entrichtet während der Dauer des Bezugs der Entgeltsicherung den zusätzliche Beitrag an die gesetzlichen Rentenversicherung. 187

Der Nachteilsausgleich erfolgt nach Maßgabe des § 163 Abs. 9 SGB VI. Er ist zu bemessen an Hand des Unterschiedsbetrag zwischen dem Arbeitsentgelt aus der neuen Beschäftigung und 90% des für das Arbeitslosengeld maßgeblichen Bemessungsentgelts.

> ***Praxis-Tipp:***
> *Ist Ihr Mandant von der Versicherungspflicht in der gesetzlichen Rentenversicherung befreit, verlangen Sie bei dem zuständigen Arbeitsamt eine entsprechende Übernahme von Beiträgen zur privaten Altersvorsorge.*

6. Bezugsdauer

Die Entgeltsicherung wird für die Dauer des Anspruchs auf Arbeitslosengeld, der vor Aufnahme der Beschäftigung bestanden hat oder bestanden hätte, gewährt. Zeiten der Beschäftigung, in denen Leistungen der Entgeltsicherung bezogen werden, begründen keinen Anspruch auf Entgeltsicherung. 188

In Zeiten, in denen der Arbeitnehmer Kurzarbeitergeld, Winterausfallgeld, Krankengeld, Versorgungskrankengeld, Verletztengeld, Übergangsgeld oder Krankentagegeld von einem privaten Krankenversicherungsunternehmen bezieht, werden die Leistungen der Entgeltsicherung unverändert erbracht.

7. Ausschlusstatbestände

189 Die Entgeltsicherung soll nicht bei Bagatellbeträgen eingreifen. Sie ist daher nach § 421j Abs. 5 Nr.1 SGB III ausgeschlossen, wenn die Leistungen auf einer monatlichen Entgeltdifferenz von weniger als 50,00 Euro beruhen würden. Ihre mißbräuchliche Inanspruchnahme durch Arbeitgeber soll durch § 421j Abs. 5 Nr. 2, 3 und 4 SGB III ausgeschlossen werden. § 421j Abs. 5 Nr. 3 SGB III ordnet stets den Leistungsausschluss an, wenn vermutet werden kann, dass der Arbeitgeber die Beendigung eines Beschäftigungsverhältnisses veranlasst hat, um die Einstellung des älteren Arbeitnehmers, der einen Anspruch auf Entgeltsicherung besitzt, vorzunehmen.

190 Ferner ist der Ausschluss der Entgeltsicherung angeordnet, wenn die Aufnahme der Beschäftigung bei einem früheren Arbeitgeber erfolgt, bei dem der Arbeitnehmer während der letzten vier Jahre vor Antragstellung mehr als drei Monate versicherungspflichtig beschäftigt war. Eine Sonderregelung gilt, wenn eine vom Arbeitsamt geförderte oder zumindest nach § 104 Abs. 1 Nr. 3a-d SGB IX förderungsfähige befristete Beschäftigung schwer behinderter Menschen vorangegangen ist. Nur dann ist die Vorbeschäftigung unschädlich.

Wechselt der ältere Arbeitnehmer in eine betriebsorganisatorisch eigenständige Einheit und wird nach § 175 SGB III ein geringeres Arbeitsentgelt als bisher vereinbart, schließt § 421j Abs. 5 Nr. 4 SGB III die Entgeltsicherung aus. Weitere Ausschlussfälle sind nach § 421j Abs. 5 Nr. 5 und 6 SGB III, wenn:

- der Arbeitnehmer eine Rente wegen Alters aus der gesetzlichen Rentenversicherung bezieht,
- der Arbeitnehmer eine ähnliche Leistung öffentlich-rechtlicher Art bezieht,
- der Arbeitnehmer in einer Arbeitsbeschaffungsmaßnahme nach dem 6. Kapitel des SGB III beschäftigt wird,
- der Arbeitnehmer in einer Personal-Service-Agentur beschäftigt wird.

Mit dem Ausschluss soll die doppelte Inanspruchnahme von Beitragsmitteln vermieden werden. Außerdem wäre ohne Ausschlusstatbestand bei der Beschäftigung in einer Personal-Service-Agentur eine Ungleichbehandlung von PSA-Beschäftigten zu besorgen.

8. Zeitliche Geltung der Bestimmungen zur Entgeltsicherung

Die Bestimmung des § 421j SGB III ist am 1. Januar 2003 in Kraft getreten. Vom 191
1. Januar 2006 an finden diese Regelungen nur noch Anwendung, wenn der Anspruch auf Entgeltsicherung vor diesem Tag entstanden ist (§ 421j Abs. 7 Satz 1 SGB III). Bei erneuter Antragstellung können die Leistungen längstens bis zum 31. August 2008 bezogen werden (§ 421j Abs. 7 Satz 2 SGB III).

II. Beitragsbonus für den Arbeitgeber

Flankierend zur neu geschaffenen Entgeltsicherung erhalten Arbeitgeber, die 192
Arbeitslose einstellen, die das **55. Lebensjahr** vollendet haben, nach § 421k SGB III einen **Beitragsbonus**. Hier gilt eine höhere Altersgrenze als bei der Entgeltsicherung. Die neue Vorschrift soll Arbeitgebern einen Anreiz bieten, verstärkt ältere Arbeitslose einzustellen. Arbeitgeber werden von dem Teil des Gesamtsozialversicherungsbeitrags entlastet, der auf die Arbeitsförderung entfällt. Sie sparen den vom Arbeitgeber zu tragenden Anteil des Beitrags zur Arbeitslosenversicherung. Das sind zur Zeit 3,25%. Der versicherungspflichtig Beschäftigte trägt aber weiterhin die Hälfte des ansonsten zu zahlenden Beitrages.

III. Abbau des Befristungsschutzes

Bis zum Ablauf des Jahres 2002 galt nach § 14 Abs. 3 Satz 1 des Teilzeit- und 193
Befristungsgesetzes vom 21. Dezember 2000 (BGBl I, 1966) als Altersgrenze für die Zulassung einer nicht an sachliche Gründe gebundenen »freien« Befristung eines Arbeitsvertrages die Vollendung des 58. Lebensjahres.

1. Die Ergänzung des § 14 Abs. 3 TzBfG durch das neue Zeitgesetz

In Artikel 7 des Ersten Gesetzes ist dem § 14 Abs. 3 TzBfG folgender Satz 4 mit 194
Wirkung ab 1. Januar 2003 angefügt worden:

> *»Bis zum 31. Dezember 2006 ist Satz 1 mit der Maßgabe anzuwenden, dass an die Stelle des 58. Lebensjahres das 52. Lebensjahr tritt.«*

Nach der gesetzlichen Maßgabe ist vom 1. Januar 2002 bis zum Ablauf des 31. 195
Dezember 2006 die in Satz 1 geregelte Freistellung der Arbeitsverhältnisse von Arbeitnehmern nach Vollendung des 58. Lebensjahres auch dann schon anzuwenden, wenn die Arbeitnehmer das 52. Lebensjahr vollendet haben. Während der Entwurf eine kürzere Frist für dieses Zeitgesetz vorgesehen hatte, ist auf Empfehlung des Vermittlungsausschusses die befristete Einstellung älterer Arbeitnehmer ohne sachlichen Befristungsgrund bis Ende 2006 ausgedehnt worden.

2. Die Gründe für die Ausweitung der Altersbefristung

196 Zur Begründung ist im Gesetzentwurf[187] angegeben, mit der Ausweitung der Zulässigkeit der befristeten Beschäftigung älterer Frauen und Männer werde den Arbeitgeberinnen und Arbeitgebern die Einstellung älterer Menschen erleichtert. Damit könnten neue Beschäftigungsperspektiven eröffnet werden. Dazu wird darauf verwiesen, in den neunziger Jahren seien ältere Menschen immer stärker zu einer Problemgruppe des Arbeitsmarktes geworden. So sei bis 1999 die Zahl der über 50-jährigen Arbeitslosen kontinuierlich angestiegen. Nach dem ausgewerteten statistischen Material der BA waren im Jahresdurchschnitt 2001 knapp 1,2 Millionen Menschen im Alter von 50 bis 65 Jahren arbeitslos gemeldet. Damit hatte diese Altersgruppe einen Anteil von 30,2 % an allen Arbeitslosen, obwohl ihr Anteil an den Erwerbspersonen nur bei 23,1 % liegt. Ältere Menschen sind jedoch nicht nur häufiger, sondern auch länger arbeitslos als andere Altersgruppen. Während ein über 50-jähriger Arbeitsloser im Jahr 2001 vor seinem Abgang aus der Arbeitslosigkeit durchschnittlich 16,3 Monate arbeitslos war, betrug die durchschnittliche Dauer der Arbeitslosigkeit bei der Gesamtheit der Arbeitslosen 8,5 Monate. Auch der Anteil der Langzeitarbeitslosen (Arbeitslosigkeit von einem Jahr und länger) ist bei den über 50-Jährigen mit 53,5 % deutlich höher als bei der Gesamtheit der Arbeitslosen (33,5 %). Die Gesetzesbegründung setzt sich auch ausführlich mit der geringen Bereitschaft der Arbeitgeber auseinander, ältere Arbeitslose unbefristet einzustellen. Diese Einstellungsvorbehalte gegenüber Älteren sind danach nur psychologisch erklärbar. Zur Überwindung dieser »psychologischen« Einstellungsbarriere wird die Möglichkeit sachgrundloser Befristungen eingesetzt, weil erfahrungsgemäß so Arbeitgebern die Einstellungsentscheidung erleichtert werden könne.

3. Die Vollendung des 52. Lebensjahres als Voraussetzung für Befristungsfreiheit

197 Für die Zulässigkeit der sachgrundlosen Befristung ist nach altem wie nach neuem Recht in § 14 Abs. 3 TzBfG die Vollendung eines bestimmten vorgerückten Alters maßgeblich. Das Gesetz stellt für die Befristungsfreiheit auf die Vollendung eines Lebensjahres ab. Wann ein Lebensjahr vollendet wird, ist in §187 Abs. 2 i. V. m. § 188 Abs. 2 BGB geregelt. Danach endigt das Lebensjahr mit dem Ablauf des Tages, der seiner Zahl/Benennung nach dem Geburtstag vorausgeht. Das heißt: Ist eine Person am 2. März 2002 geboren, so hat sie das erste Lebensjahr mit Ablauf des 2. März 2003 vollendet.

Beispiel für Befristungsfreiheit nach § 14 Abs. 3 Satz 4 TzBfG:
Ist eine Person am 2. März 1951 geboren, so hat sie das 52. Lebensjahr mit Ablauf des 2. März 2003 vollendet. Dementsprechend ist nach neuem Recht vom 3. März 2003 an die sachgrundlose Altersbefristung zulässig.

187) BT-Drucks. 15/25.

Praxis-Tipp
Sie können eine Befristungsvereinbarung abschließen. Die Arbeitspflicht darf aber nicht vor Vollendung des 52. Lebensjahres beginnen. Denn das Gesetz stellt auf den Beginn des Arbeitsverhältnisses und nicht auf das Abschlussdatum der Befristungsvereinbarung ab.

4. Wirkung der Neuregelung

Diese Neuregelung ermöglicht eine sachgrundlose Befristung von Vollendung des 198
50. Lebensjahres des Arbeitnehmers an. Der neu angefügte Satz 4 des § 14 Abs. 3 TzBfG stellt zwar für die Zulassung der sachgrundlosen Befristung formal auf die Vollendung des 52. Lebensjahres ab. Da das Anschlussverbot des § 14 Abs. 3 Satz 2 TzBfG nur für unbefristete Arbeitsverträge gilt, kann ein bis auf zwei Jahre befristeter Arbeitsvertrag vorgeschaltet werden. Hat der ältere Arbeitnehmer mit Vollendung des 50. Lebensjahres einen befristeten zweijährigen Arbeitsvertrag nach § 14 Abs. 2 Satz 1 TzBfG abgeschlossen, so kann bei Auslaufen dieses Vertrags der Arbeitgeber mit Vollendung des 52. Lebensjahres ohne jede Beschränkung hinsichtlich Dauer und Anzahl der Befristungen den Arbeitsvertrag sachgrundlos befristet abschließen.[188] Das ist von der Gesetzgebung so gewollt. Das ergibt sich aus der Begründung des Regierungsentwurfs.[189]

Beispiele für die neue Praxis der Altersbefristung 199
1. Beispiel: Einstellung eines 50-Jährigen:
Am Montag, den 3. März 2003, stellt ein Metzgermeister einen am 2. März 1953 geborenen Gesellen sachgrundlos befristet für ein halbes Jahr ein. Er verlängert den Vertrag jeweils befristet um ein halbes Jahr bis 2005. Dann sind die viermaligen Befristungsmöglichkeiten und deren Höchstdauer nach § 14 Abs. 2 Satz 1 TzBfG abgelaufen. Am 3. März 2005 kann er mit dem Gesellen, der dann das 52. Lebensjahr vollendet hat, nach dem neuen § 14 Abs. 3 Satz 4 TzBfG das Arbeitsverhältnis weiter befristen. Dazu muss er einen weiteren befristeten Arbeitsvertrag abschließen. Dieser nach dem 31. Dezember 2003 und vor dem 31. Dezember 2006 (Achtung: Zeitgesetz) abgeschlossene Vertrag unterliegt rechtlich keiner Beschränkung hinsichtlich der Dauer und der Anzahl Befristungen. Somit könnte der Arbeitgeber jeweils das Arbeitsverhältnis erneut halbjährig (oder auf einen beliebigen anderen Zeitraum) befristen. Allerdings ist am 31. Dezember 2006 diese Befristungsfreiheit des Arbeitgebers mit dem Auslaufen des Zeitgesetzes beendet.

188) So auch Sievers, TzBfG Kompaktkommentar 2003, § 14 Rdnr. 235.
189) BT-Drucks. 15/25 S. 40.

2. Beispiel: Einstellung eines 52-Jährigen:
*Am 3. März 2003 stellt derselbe Metzgermeister einen am 2. März 1951 geborenen Gesellen sachgrundlos befristet ein. Da der Geselle das 52. Lebensjahr vollendet hat, wäre es nach dem neuen § 14 Abs. 3 Satz 4 TzBfG zulässig, das Arbeitsverhältnis beliebig hinsichtlich Dauer und Anzahl zu befristen. Anders als nach § 14 Abs. 2 Satz 1 TzBfG ist dabei der Arbeitgeber nicht an drei höchstzulässige Befristungsmöglichkeiten und die Höchstdauer der Befristung von insgesamt zwei Jahren gebunden. Der Arbeitgeber könnte daher das Arbeitsverhältnis jeweils für ein halbes Jahr befristen und vor oder nach Ablauf der Befristung jeweils verlängern. Allerdings ist mit Ablauf des 31. Dezember 2006 die Befristungsfreiheit des Arbeitgebers beendet, weil das Zeitgesetz dann ausgelaufen ist. Die **letzte Befristungsmöglichkeit** ist somit am **31. Dezember 2006** gegeben. Nach dem Gesetz könnte der Metzgermeister im Beispielfall zwar dann noch eine beliebige Befristungsdauer vereinbaren. Eine sachgrundlose Verlängerungsmöglichkeit steht ihm danach aber nicht mehr zur Verfügung.*

3. Beispiel: Kettenbefristung eines 52-Jährigen bis zur Rente
Wie im zweiten Beispielsfall stellt der Metzgermeister einen am 2. März 1951 geborenen Gesellen sachgrundlos am 3. März 2003 befristet ein. Da der Geselle das 52. Lebensjahr vollendet hat, ist es während der Laufdauer des neuen § 14 Abs. 3 Satz 4 TzBfG zulässig, das Arbeitsverhältnis beliebig hinsichtlich Dauer und Anzahl zu befristen. Die letzte Befristungsmöglichkeit am 31. Dezember 2006 kann vom Metzgermeister genutzt werden, das Arbeitsverhältnis bis zur Vollendung des 58. Lebensjahres des Gesellen zu verlängern. Wenn der Geselle dann das 58. Lebensjahr vollendet hat, kann der Metzgermeister von der Befristungsfreiheit nach § 14 Abs. 3 Satz 1 TzBfG Gebrauch machen und wiederum beliebig befristen. So könnte er seine aus der Ungewissheit der allgemeinen geschäftlichen Entwicklung entstandenen Praxis der halbjährigen Befristung und Verlängerung wieder aufnehmen und bis zur Verrentung des Arbeitnehmers fortsetzen.

5. § 41 SGB VI als Befristungsschranke

200 Das Renten Reform Gesetz (RRG) 1992 hat die Flexibilisierung des Rentenalters gebracht. Mit den Möglichkeiten vorgezogener Inanspruchnahmen der Rentenversicherung, sind für Arbeitgeber die Chancen verbunden, über die Verrentung eine Verjüngung der Personalstruktur zu erreichen. Bereits bei dem RRG hat der Gesetzgeber erkannt, wie wichtig die Sicherung der Entscheidungsfreiheit des Arbeitnehmers ist, eine allgemeine Frühverrentung zu verhindern. Deshalb gilt bereits seit dem RRG – unterbrochen von einem kurzen, durch eine gesetzgeberische Fehlleistung bedingten Intermezzo – als zentrale Vorschrift für die Rentenaltersgrenzen: »Eine Vereinbarung, die die Beendigung des Arbeitsverhältnisses eines Arbeitnehmers ohne Kündigung zu einem Zeitpunkt vorsieht, in dem der

Arbeitnehmer vor Vollendung des 65. Lebensjahres eine Rente wegen Alters beantragen kann, gilt dem Arbeitnehmer gegenüber als auf die Vollendung des 65. Lebensjahres abgeschlossen, es sei denn, dass die Vereinbarungen innerhalb der letzten drei Jahre vor diesem Zeitpunkt abgeschlossen oder von dem Arbeitnehmer bestätigt worden ist.« Mit dem RRG 1999 hat diese ursprünglich in § 41 Abs. 4 Satz 3 SGB VI angesiedelte Bestimmung[190)] wegen Wegfalls der vorhergehenden Normen ihren Standort in § 41 Satz 2 SGB VI gefunden. Nach ihrem Inhalt sind generell Altersgrenzenregelungen – gleich ob individuell in Arbeitsverträgen oder kollektiv in Tarifverträgen vereinbart[191)] – zulässig, soweit sie darauf bezogen sind, dass der Arbeitnehmer das 65. Lebensjahr vollendet. Diese Regelung ist auch mit Art. 12 GG vereinbar.[192)] Stellt die Befristung auf einen früheren Zeitpunkt der **möglichen Inanspruchnahme der Rentenversicherung** ab, so gilt **qua gesetzlicher Fiktion** zur Sicherung der Wahlfreiheit des Arbeitnehmers nach § 41 Satz 2 SGB VI diese Befristung **auf die Vollendung des 65. Lebensjahres bezogen.** Die auf die frühere Rentenaltersgrenze bezogene Befristung gilt nur dann, sofern der Arbeitnehmer **tatsächlich die vorgezogene Altersrente beantragt und erhält**[193)] oder der Arbeitnehmer von der ihm gesetzlich eingeräumten Wahlfreiheit Gebrauch macht und die auf den Zeitpunkt des früher möglichen Rentenbezugs bezogene Befristungsvereinbarung noch keine drei Jahre zurückliegt oder der Arbeitnehmer eine früher abgeschlossene Vereinbarung später ausdrücklich noch einmal bestätigt. Die Bestätigung ist nur wirksam, wenn sie innerhalb eines Zeitraums von drei Jahren vor Ablauf der Befristung bestätigt wird[194)].

Praxis-Tipp:
Wenn Sie den Arbeitgeber vertreten, halten Sie ihn dazu an, diese rentenrechtliche Bestimmung des § 41 SGB VI im Auge zu behalten. Die Befristungsfreiheit nach § 14 Abs. 3 Satz 1 und 4 TzBfG entbindet nämlich nicht von der Befolgung dieser rentenrechtlichen Vorschrift. Die gedankenlose Verwendung von Vordrucken, die eine Befristung auf das Zugangsalter zur Rentenversicherung enthalten, ist daher zu vermeiden. Ansonsten tappt Ihr Mandant leicht in eine Befristungsfalle.

Für den Arbeitgeber, der die Altersbefristungsfreiheit bewusst wählt, um einen 201
älteren Arbeitnehmer einzustellen, besteht wenig Anlass, die Befristungsdauer des Arbeitsverhältnisses mit den flexiblen Altersgrenzen für den Rentenzugang zu verknüpfen. Nur wenn er die Befristung mit der Möglichkeit der Inanspruchnah-

190) Gesetz zur Änderung des Sechsten Buches Sozialgesetzbuch (SGB VI ÄndG) vom 26.07.1994 (BGBl I 1994, 1997).
191) KR/Lipke § 46 SGB VI Rdnr. 22a.
192) BAG vom 11.06.1997 – 7 AZR 186/96 – AP § 41 VI Nr. 7 = EzA § 620 BGB Altersgrenze Nr. 7 = NZA 1997, 1290; ebenso: Vollstädt, Beendigung von Arbeitsverhältnissen durch Vereinbarung einer Altersgrenze, 1997, 296; einschränkend Boerner, ZfA 1995, 537, 558 ff.
193) ErfK/Müller-Glöge § 41 SGB VI Rdnr. 22.
194) ErfK/Müller-Glöge § 41 SGB VI Rdnr. 25.

me von Altersrente synchronisiert, wird seine Freiheit durch § 41 Satz 2 SGB VI beschränkt.

202 Im Rahmen der Geltung der neuen Alterbefristungsfreiheit hat der Arbeitgeber diese rentenrechtliche Bestimmung im Auge zu behalten. § 14 Abs. 3 Satz 1 und Satz 4 TzBfG entbinden nämlich nicht von der Befolgung dieser rentenrechtlichen Vorschrift. Allerdings besteht für den Arbeitgeber, der die Altersbefristungsfreiheit bewusst wählt, um einen älteren Arbeitnehmer einzustellen, wenig Anlass, die Befristungsdauer des Arbeitsverhältnisses mit den flexiblen Altersgrenzen für den Rentenzugang zu verknüpfen. Nur wenn er die Befristung mit der Möglichkeit der Inanspruchnahme von Altersrente synchronisiert, wird seine Freiheit durch § 41 Satz 2 SGB VI beschränkt.

6. Der Streit um die Vereinbarkeit mit europäischem Recht

203 Im Schrifttum wird überwiegend angenommen, die Herausnahme der älteren Arbeitnehmer aus dem Befristungsschutz verstoße gegen höher rangiges Gemeinschaftsrecht.[195] Richtig ist daran, dass es durch Vorgaben der EG der willkürlichen Regelung der Mitgliedsländer entzogen ist, an das Erreichen einer Altersgrenze Tatbestände für die Beendigung eines Arbeitsverhältnisses zu knüpfen. Allerdings darf nicht übersehen werden, dass zumindest von einem Teil des Schrifttums hier die willkommene Gelegenheit für eine rechtspolitische Abrechnung gesucht und gefunden worden ist. Deutlich wird das daran, wenn dem ungeliebten rot-grünen Bundesgesetzgeber ein »untaugliches Lippenbekenntnis«[196] vorgeworfen wird. Anstatt echte Beschäftigungsanreize für Arbeitgeber zu schaffen, ältere Arbeitnehmer einzustellen, lasse man die Arbeitgeber in eine europrechtliche Falle laufen. Jeder Arbeitgeber, der das neue Befristungsrecht anwende, habe zu befürchten, den Arbeitnehmer bis zur Vollendung des 65. Lebensjahres beschäftigen zu müssen. [197]

a) Vereinbarkeit mit der Befristungsrichtlinie

204 Nach Art. 1 RL 1999/70/EG i. V. m. § 5 Abs. 1 der im Anhang hierzu befindlichen Rahmenvereinbarung der europäischen Sozialpartner EGB, INICE, CEEP

---

195) Kerwer, Finger weg von der befristeten Einstellung älterer Arbeitnehmer?, NZA 2002, 1316, Kohte, Gastkommentar »Arbeitsmarktpolitik ohne europarechtlichen Weitblick«, BB 2002, Heft 48; Jobst-Hubertus Bauer erhebt »erhebliche Bedenken« vor Verabschiedung des Gesetzes im Gastkommentar, DB Heft 47 /2002 »Ein neues Kapitel trauriger Gesetzgebung«; derselbe nach Verabschiedung des Gesetzes »Sachgrundlose Altersbefristung nach den Hartz-Gesetzen«, sachgrundlose Altersbefristung nach den Hartz-Gesetzen, NZA 2003, 30, 31: »ein Verstoß ist zu verneinen« und zu § 14 Abs. 3 Satz 1 in NJW 2001, 2672, 2673; schon zum alten Recht Verstoß annehmend: Däubler, ZIP 2000, 1961; Dörner, RWS – Forum 21, ArbeitsR 2001, 1, 9; KR/Lipke, § 14 Rdnr. 324; a. A. Gaul/Otto, a. a. O., DB 2003, 94, 95.

196) Jobst-Hubertus Bauer, Gastkommentar »Ein neues Kapitel trauriger Gesetzgebung«, DB 2002,

197) Jobst-Hubertus Bauer, a. a. O., DB Heft 47/2002; Jobst-Hubertus Bauer, Sachgrundlose Altersbefristung nach den Hartz-Gesetzen, NZA 2003, 30, 32.

(RV-B)[198] über befristete Arbeitsverträge haben die Mitgliedstaaten der Gemeinschaft den Missbrauch von aufeinander folgenden befristeten Arbeitsverträgen zu vermeiden, indem sie

- entweder das Gebot einer sachlichen Rechtfertigung von Befristungen einführen,
- die insgesamt maximal zulässige Dauer aufeinander folgender Arbeitsverträge oder Arbeitsverhältnisse oder
- die zulässige Zahl der Verlängerungen solcher Verträge oder Verhältnisse

festlegen.

Keine dieser Alternativen ist zugunsten der 52-jährigen Arbeitnehmer vorgese- 205
hen. Sie sind **voll aus dem gesetzlichen Befristungsschutz ausgenommen.** Die überwiegende Meinung hält deshalb die Neuregelung ebenso wie schon die Vorgängerregelung, die auf das 58. Lebensjahr abstellte, mit § 5 RV-B für unvereinbar.[199] Dem sind Preis und Gotthardt entgegen getreten.[200] Sie sehen in § 14 Abs. 3 Satz 1 TzBfG die materielle Regelung eines arbeitsmarkpolitischen Sachgrunds für die Befristung, nämlich arbeitlose ältere Arbeitnehmer wieder in Beschäftigung zu bringen. Der Zweck, den Missbrauch von endlosen Kettenbefristungen zu unterbinden, habe der deutsche Gesetzgeber auch erfüllt; denn die Befristungsmöglichkeit sei auf das 65. Lebensjahr begrenzt. Diese für die Altersbefristung ab 58 Jahren geltend gemachten Argumente lassen sich auch auf die zeitweise Herabsetzung auf das 52. Lebensjahr übertragen. Die arbeitsmarktpolitische Zwecksetzung ist ausführlich in der Begründung des Gesetzentwurf dargelegt.[201] Dagegen wird die gesetzliche Formulierung in § 14 Abs. 3 Satz 1 TzBfG angeführt: »bedarf keines sachlichen Grundes«.[202] Das Argument ist allerdings nicht völlig überzeugend, denn es kann auch so verstanden werden: **bedarf keines weiteren sachlichen Grundes.** Zutreffend kritisiert Kerwer,[203] der Gesetzgeber habe das TzBfG systematisch falsch angelegt, indem er Befristungen mit Sachgrund in § 14 Abs. 1 und den sachgrundlosen Befristungen in Abs. 2 und 3 unterschieden habe. Mit diesem zum Ausdruck gebrachten Konzept sei eine Einordnung der Altersbefristung als arbeitsmarktpolitischem Sachgrund nicht vereinbar. Fraglich ist allerdings, ob sprachliche Missgriffe und Aufbaufehler zwingend

198) Amtsblatt EG L 175 S. 43.
199) Zum neuen Recht: Däubler, Das umgesetzte Hartz-Modell: Bittere Pillen im Arbeits- und Sozialrecht, AiB 2002, 729 732; Hümmerich/Holthausen/Welslau, NZA 2003, 7, 9; zum alten Recht: APS/ Backhaus, Nachtrag das neue Befristungsrecht 2001, § 14 TzBfG Rdnr. 103; Däubler, ZIP 2001, 217, 224; KR/Lipke, § 14 Rdnr. 324; Nielebock, AiB 2001, 75, 80.
200) Preis/Gotthardt, Auswirkungen der Richtlinie über befristete Arbeitsverhältnisse (99/70/EG) auf das Teilzeit- und Befristungsgesetz, ZESAR 2001, 13, 17.
201) BT-Drucks. 15/25.
202) Sievers, § 24 TzBfG Rdnr. 237.
203) Kerwer, NZA 2002, 1317.

zu einer Europarechtswidrigkeit führen. Auf sie kann es nicht entscheidend ankommen. Maßgebend sollte sein, was sich aus der objektiven Zwecksetzung der nationalen Norm ergibt und nicht, was sie – sprachlich geschönt – zu erreichen vorgibt. Daraus folgt: § 14 Abs. 3 Satz 1 und Satz 4 TzBfG sind aus besonderen arbeitsmarktpolitischen Gründen geschaffen worden. Sie enthalten eine sachliche Rechtfertigung für Altersbefristungen.[204] Ist somit das deutsche Recht nur wegen seiner verfehlten Systematik zu tadeln, kann ein Vorabentscheidungsersuchen eines deutschen Gerichts beim EuGH keinen Erfolg haben.[205]

b) Vereinbarkeit mit der Antidiskriminierungsrichtlinie

206 Nach Art. 6 der Diskriminierungsrichtlinie 2000/78/EG des Rates vom 27. November 2000[206] sind **Ungleichbehandlungen wegen eines Höchstalters nur dann keine unerlaubte Diskriminierung, soweit sie erforderlich, angemessen und geeignet sind zur Erreichung eines rechtmäßigen Zieles der nationalen Beschäftigungspolitik.** Das Hartz-Konzept verfolgt das Ziel, ältere Arbeitnehmer vor Arbeitslosigkeit zu bewahren und besser in den Erwerbsprozess wieder einzugliedern. Kohte ist in einem Gutachten vom 11. Oktober 2002 zu der ursprünglich im Gesetzentwurf vorgesehen dauerhaften Absenkung der Altersgrenze auf 50 Jahre zu dem Schluss gekommen, diese Regelung sei ungeeignet, für mehr Beschäftigung von älteren Arbeitnehmern zu sorgen. Im Übrigen sei die weit gehende Herabsenkung des Höchstalters für den gesetzlichen Befristungsschutz nicht verhältnismäßig, weil es mildere und besser geeignetere Alternativen für eine Integration älterer Arbeitnehmer in den Arbeitsmarkt gäbe, z. B. Einräumung von Teilzeitansprüchen (mit Teilrente). Dieses Ergebnis ist mit der Auffassung von Thüsing und Lambrich nicht vereinbar. Beide haben bereits für die Regelung in § 14 Abs. 3 Satz 1 TzBfG Umsetzungsdefizite verneint.[207] Sie berufen sich auf die in Art. 6 der Richtlinie zugelassene Ungleichbehandlung, sofern sie durch ein rechtmäßiges Ziel der nationalen Beschäftigungspolitik gerechtfertigt ist. Nach der Begründung des Gesetzentwurfes des Ersten Hartz-Gesetzes ist es ein erklärtes Ziel der deutschen Beschäftigungspolitik, die dramatisch gesunkene Zahl der älteren Beschäftigten durch die Zulassung der Altersbefristung zu erhöhen. Ob der deutsche Gesetzgeber dazu das objektiv richtige Konzept entwickelt hat, ist im Lichte von Art. 6 der Richtlinie nicht maßgeblich. Es ist ihm kaum abzusprechen, dass er ernsthaft ein legitimes Beschäftigungsziel verfolgt.

207 Folgt man nicht der Ansicht, § 14 Abs. 3 Satz 1 TzBfG sei gerechtfertigt, sondern richtlinenwidrig, so muss das gleichermaßen für § 14 Abs. 3 Satz 4 TzBfG gelten. Eine diskriminierende Wirkung wird auch nicht durch die weitere Änderung, die Befristung der Anwendung der Regelung bis zum Ablauf des Jahres 2006, ver-

204) Thüsing/Lambrich, Umsetzungsdefizite in § 14 TzBfG?, BB 2002, 829, 831.
205) Zutreffend Kerwer, NZA 2002, 1318.
206) Amtsblatt EG L 303 S. 16.
207) Thüsing/Lambrich, BB 2002, 829, 831, 332.

mieden. Allerdings ist die zeitliche Begrenzung der Absenkung bis Ende 2006 nicht ungeschickt gewählt. Zwar läuft nach Art. 18 Abs. 1 der Richtlinie die Umsetzungsfrist erst am 02. Dezember 2003 ab. Nach Art. 18 Abs. 2 TzBfG kann aber ein Mitgliedstaat eine Zusatzfrist für die Umsetzung (Fristverlängerung) bis zu drei Jahren »erforderlichenfalls« in Anspruch nehmen. Damit wollte sich der Gesetzgeber vermutlich vor Vorabentscheidungsersuchen deutscher Gerichte beim EuGH retten. Ob die Inanspruchnahme der Zusatzfrist für erforderlich gehalten werden darf, ist nämlich eine politische Frage und kann nicht von deutschen Gerichten überprüft werden. Das zeigt sich daran, dass jährlich das die Zusatzfrist in Anspruch nehmende Land der Kommission einen Bericht über den bisher erreichten Stand der Umsetzung zu erstatten hat. Allerdings ist es bedenklich, dass die Bundesrepublik ein Jahr vor Ablauf der seit dem 02. Dezember 2000 laufenden dreijährigen Umsetzungsfrist noch diese diskriminierende Altersregelung geschaffen hat. Denn nach der Rechtsprechung des EuGH muss sich ein Mitgliedsstaat während des Laufs der Umsetzungsfrist jeder Maßnahme enthalten, die gegen das Ziel der Richtlinie gerichtet ist (sog. Vorwirkung).[208] Denn nach der Rechtsprechung des EuGH gilt:

> *»ein Mitgliedstaat, an den diese **Richtlinie** gerichtet ist, darf während der in dieser festgesetzten **Umsetzungsfrist** keine Vorschriften erlassen, die geeignet sind, die Erreichung des in dieser **Richtlinie** vorgeschriebenen Zieles bei Ablauf der **Umsetzungsfrist** ernstlich in Frage zu stellen. Es ist Sache des nationalen Gerichts, zu beurteilen, ob dies bei den nationalen Vorschriften, deren Rechtmäßigkeit es zu prüfen hat, der Fall ist. Bei dieser Beurteilung hat das nationale Gericht insbesondere zu prüfen, ob sich die betreffenden Vorschriften als eine vollständige Umsetzung der **Richtlinie** darstellen, und es hat die konkreten Folgen der Anwendung dieser mit der **Richtlinie** nicht übereinstimmenden Vorschriften und ihrer Geltungsdauer zu untersuchen. Stellen sich die betreffenden Vorschriften dabei als eine endgültige und vollständige Umsetzung der **Richtlinie** dar, so könnte der Umstand, dass sie mit dieser nicht übereinstimmen, vermuten lassen, dass das in der **Richtlinie** vorgeschriebene Ziel nicht fristgerecht erreicht werden wird, wenn eine rechtzeitige Änderung der Vorschriften nicht möglich ist. Umgekehrt könnte das nationale Gericht die einem Mitgliedstaat zustehende Befugnis in Betracht ziehen, vorläufige Vorschriften zu erlassen oder die **Richtlinie** schrittweise durchzuführen, da die mangelnde Übereinstimmung nationaler Übergangsvorschriften mit der **Richtlinie** oder die fehlende Umsetzung bestimmter Vorschriften der **Richtlinie** das darin vorgeschriebene Ziel in diesen Fällen nicht zwangsläufig in Frage stellen würde.«*

208) EuGH Urteil vom 18.12.1997 – C-129/96 – Rspr-Sammlung 1997, Seite I-07411, WRP 1998, 290, 293 mit Anmerkung Weiß: Deutsches Verwaltungsblatt 1998 p. 568-575; nachgehend BGH, 05.02.1998 – I ZR 211/95 – BGHZ 138, 55 = DB 1998, 2161.

7. Die Rechtsfolgen einer mangelnden Umsetzung der Befristungs- und der Diskriminierungsrichtlinie

208 Nach **der Rechtsprechung des EuGH hat jedes nationale Gericht eines Mitgliedslandes das nationale Gesetz unter voller Ausschöpfung des Beurteilungsspielraums, den ihm das nationale Recht einräumt, »soweit wie möglich« richtlinienkonform auszulegen.**[209] Hat der nationale Gesetzgeber eine von ihm umzusetzende Richtlinienvorgabe versehentlich nicht berücksichtigt, so kann die nationale Regelung ausweitend oder einschränkend im Sinne der Richtlinie »ausgelegt« werden. Im Zweifel ist nämlich davon auszugehen, dass der nationale Gesetzgeber ein der Richtlinie entsprechendes nationales Gesetz schaffen wollte. Jede Auslegung kommt jedoch an eine Grenze. Sie darf nicht den erkennbaren Willen des Gesetzgebers verändern.[210] Daher darf im Wege der Auslegung nicht eine vom Gesetzgeber bewusst abweichend von den Vorgaben der Richtlinie getroffene Regelung zu einer gemeinschaftskonformen Umsetzung »verbogen« werden. Nach der überwiegenden Meinung ist der Inhalt des § 14 Abs. 3 Satz 4 TzBfG eindeutig. Die Zulässigkeit der Befristung von Arbeitsverhältnissen älterer Arbeitnehmer sei nicht an eine der in Art. 3 Abs. 5 Abs. 1 der Richtlinie 1999/79/EG genannten Alternativen orientiert. Eine richtlinienkonforme Auslegung scheide deshalb aus. Sie stehe im Widerspruch zu dem erkennbar gewordenen Willen des deutschen Gesetzgebers.[211] Daraus folgt noch nicht automatisch, dass die auf diesen gesetzlichen Ausnahmetatbestand gestützte sachgrundlose Befristung unwirksam ist.

a) Anwendung auf Rechtsverhältnisse von Privaten

209 Richtlinien richten sich an den Mitgliedstaat. **Sie begründen keine Rechte des einzelnen Arbeitnehmers gegen den einzelnen Arbeitgeber.** Soweit der einzelne Arbeitnehmer durch die fehlerhafte Umsetzung der Richtlinie durch den Mitgliedstaat Bundesrepublik Deutschland einen Schaden erleidet, kommt zwar dafür eine Haftung der Bundesrepublik Deutschland in Betracht. Die Gerichte für Arbeitssachen haben aber nicht die Möglichkeit, über die Vereinbarkeit des nationalen Rechts mit einer Richtlinie zu entscheiden. Nach Art. 234 EG-Vertrag ist Gegenstand eines Vorabentscheidungsersuchens nicht die Frage eines Verstoßes, sondern ausschließlich die Frage, ob bei der Auslegung der Richtlinie Unklarheiten bestehen, die dafür genutzt werden können, das nationale Recht entsprechend dem Grundsatz der gemeinschaftsfreundlichen Auslegung anzupassen. Wenn – wie das Schrifttum annimmt – § 14 Abs. 3 Satz 4 eindeutig ist und keinen Auslegungsspielraum bestehen lässt, muss folgerichtig § 14 Abs. 3 Satz 4 TzBfG trotz einer etwaigen Unvereinbarkeit mit der Befristungsrichtlinie für die

209) EuGH, 27.06.2000 – Rs. C-240/98 – C-244/98 – Sammlung 2000, I 4941 Rdnr. 30, 10.04.1984 – Rs. 14/83 – Sammlung 1984 I, 1891 Rdnr. 26.

210) BVerfG, 11.04.2000 – 1 BvL 2/00 – AP § 26 ArbGG 1979 Nr. 2; BAG, 06.11.2002 – 5 AZR 617/01 (A) –.

211) So auch Sievers, § 14 Rdnr. 241.

Rechtsverhältnisse privater Arbeitgeber mit älteren Arbeitnehmern weiter angewendet werden.[212] Dafür spricht auch die jüngste Entscheidung des BAG zur Unvereinbarkeit des deutschen Rechts zur Nichteinbeziehung von Bereitschaftsdiensten in die durch das ArbZG geschützte Arbeitszeit.[213] Dort hat das BAG festgestellt, den Gerichten in den Mitgliedstaaten der EU sei es verwehrt, Vorschriften aufzuheben, die europarechtlichen Vorgaben der Richtlinie entgegenstehen. Eine Änderung des der Richtlinie entgegenstehenden ArbZG sei in Deutschland nur durch den Gesetzgeber des Bundes möglich. Trotz ihrer Unvereinbarkeit mit den Vorgaben der EU-Richtlinie seien die betreffenden Regelungen des ArbZG jedenfalls für Arbeitgeber des Privatrechts weiterhin anzuwenden. Denn eine EU-Richtlinie begründe Umsetzungspflichten nur für die Mitgliedstaaten selbst. Im Verhältnis zwischen privaten Arbeitsvertragsparteien sei sie nicht unmittelbar anwendbar. Das ist auf die hier zu beurteilende Rechtsfrage entsprechend übertragbar.[214]

Dagegen wird eingewandt, damit würde dem EuGH die Möglichkeit genommen, 210
in einem Vorabentscheidungsersuchen über die Frage der Vereinbarkeit des deutschen Rechts mit den Richtlinien zu entscheiden.[215] Richtig ist daran, dass es hier nicht um eine Frage der unmittelbaren Anwendung einer der beiden Richtlinien geht, sondern darum, ob der deutsche Gesetzgeber die Richtlinien verletzt hat. Auch für diesen Bereich besteht ein Interesse der Gemeinschaft, die Vorgaben zur Wirkung zu bringen. Allerdings ist hierzu nicht das Vorabentscheidungsverfahren das geeignete Mittel. Denn nach Art. 234 EG entscheidet in diesem Anrufungsverfahren der Gerichtshof nur über die Auslegung des Gemeinschaftsrechts und die Wirksamkeit der Handlungen der Gemeinschaftsorgane. Gegenstand der Feststellung der Unvereinbarkeit einer nationalen Regelung mit dem Gemeinschaftsrecht ist demgegenüber ein Vertragsverletzungsverfahren. Das kann von der Kommission eingeleitet werden.

b) Keine Befristungsfreiheit für die staatliche Verwaltung

Arbeitgeber aus dem Bereich der staatlichen Verwaltung sind anders als private 211
Arbeitgeber zu behandeln. Zurecht verweist das BAG in seinem Beschluss vom 18. Februar 2003[216] darauf, dass diese sich nach der Rechtsprechung des EuGH nicht darauf zurückziehen können; es bedürfe zunächst innerstaatlicher Umsetzungsmaßnahmen, um in ihrem Bereich die Vorgaben der Richtlinie anzuwenden.[217] Folgt man der überwiegenden Meinung zur Unvereinbarkeit des § 14

212) Kreutz, AuR 2003, 41, 43.
213) Pressemitteilung Nr. 15/03 des Bundesarbeitsgerichts, BAG vom 18.02.2003 – 1 ABR 17/02 –.
214) Im Ergebnis so auch Kerwer, NZA 2002, 1321.
215) Sievers, § 14 TzBfG Rdnr. 245.
216) Pressemitteilung Nr. 15/03 des Bundesarbeitsgerichts, BAG vom 18.02.2003 – 1 ABR 17/02 –.
217) Vgl. zur »vertikalen unmittelbaren Wirkung« zu Gunsten des Bürgers, EuGH 19.01.1982 – Rs C 8/81 – Becker/Finanzamt Münster-Innenstadt – Slg. 1982, 53.

Abs. 3 Satz 4 TzBfG mit den Vorgaben beider (oder zumindest einer einschlägigen) Richtlinien, so gilt für die gesamte öffentliche Verwaltung weder die ausgeweitete neue Befristungsfreiheit ab 52 noch die ab 58 Jahren. Hier ist jedem Rechtsberater zur Entfristungsklage zu raten. Achtung: Sie muss innerhalb von drei Wochen nach dem vereinbarten Ende erhoben werden (§ 17 TzBfG).

8. Vereinbarkeit mit dem Grundgesetz

212 § 14 Abs. 3 TzBfG wird auch für verfassungswidrig gehalten[218]. Nach den Entscheidungen des Bundesverfassungsgerichts zur Kleinbetriebsklausel[219] gebietet Art. 12 GG ein Mindestmaß an Bestandsschutz. Die nur relativ überschaubare Freigabe der Befristung für zwei Jahre nach § 14 Abs. 2 Satz 1 TzBfG ist noch mit der Schutzpflicht des Gesetzgebers vereinbar. Die Freigabe der sachgrundlosen Befristung ab Vollendung des 52. Lebensjahres für eine Dauer von früher sieben (ab 58 Lebensjahren), jetzt 13 Jahren, ist sowohl was die Zahl der in dieser Zeit vereinbarten befristeten Arbeitsverhältnisse, als auch deren jeweilige Dauer angeht, nicht unproblematisch. Sie könnte aber wegen der empirisch festgestellten ausweglosen Lage älterer Arbeitnehmer, wegen des im Kündigungsschutz verankerten Senioritätsprinzips keinen einstellungswilligen Arbeitgeber zu finden, vorübergehend sachlich gerechtfertigt sein. Ergibt sich innerhalb der Laufdauer des Zeitgesetzes keine signifikant spürbare Verbesserung des Einstellungsverhaltens der Arbeitgeber gegenüber älteren Arbeitnehmern, so wäre jedenfalls eine Verlängerung der Laufdauer des Gesetzes eine Schutzpflichtverletzung, die zur Verfassungswidrigkeit führte.

9. Akzeptanz der Neuregelung

213 Ob die betriebliche Praxis von der neuen Befristungsfreiheit angesichts des Risikos einer erfolgreichen Entfristungsklage Gebrauch macht, wird bezweifelt.[220] Die Arbeitgeberverbände raten von dem Gebrauch der neuen Befristungsfreiheit ab. Die BDA verweist dazu auf den Bericht einer Wirtschaftszeitung, nach dem der Vorsitzende des für das Befristungsrecht zuständigen Siebten Senats des BAG, Vizepräsident des BAG Dörner, Bedenken gegen die Wirksamkeit der Ausweitung der Befristungsfreiheit geäußert habe.[221]

218) Däubler, AiB 2002, 729.
219) BVerfG 27.01.1998 – 1 BvL 15/87 – AP Nr. 17 zu § 23 KSchG 1969; BVerfG 27.01.1998 – 1 BvL 22/93 – AP Nr. 18 zu § 23 KSchG 1969.
220) Jobst-Hubertus Bauer, NZA 2003, 30, 32.
221) Handelsblatt v. 26.02.2002.

Kapitel E: Berufliche Weiterbildung

I. Neuausrichtung der beruflichen Weiterbildung

Ein erheblicher Teil der **strukturellen Arbeitslosigkeit** ist – in Wissenschaft und Praxis weitgehend unbestritten – auf die sogenannte »**Mismatch-Problematik**« zurückzuführen.[222] Diese wiederum ist in erster Linie **qualifikationsbedingt**: Die Nachfrage nach qualifizierten Arbeitskräften kann trotz im Übrigen bestehender hoher Arbeitslosigkeit nicht befriedigt werden, weil den Arbeitssuchenden die notwendige berufliche Qualifikation fehlt.[223] Einer auf den wirtschaftlichen Strukturwandel ausgelegten beruflichen Weiterbildung kommt deshalb bei der Bekämpfung der Arbeitslosigkeit ein erhebliches Gewicht zu; sie ist sowohl Instrument zur Verhinderung von Erwerbslosigkeit als auch zur Reintegration von Arbeitslosen in den Arbeitsmarkt. 214

Die Förderung der beruflichen Weiterbildung liegt weitgehend in den Händen der Bundesanstalt für Arbeit (§§ 77 ff. SGB III), die unter den in § 77 SGB III genannten Voraussetzungen Maßnahmen der beruflichen Weiterbildung durch **Übernahme der Weiterbildungskosten** und **Leistung von Unterhaltsgeld** unterstützt. Das Zweite Gesetz für moderne Dienstleistungen am Arbeitsmarkt hat die Förderungsmöglichkeiten erweitert, den Arbeitsämtern **einen größeren Gestaltungsspielraum** eingeräumt, die **Wahlfreiheit und Eigenverantwortung** der Weiterbildungswilligen und zugleich die Grundlagen für einen Wettbewerb der Bildungsträger durch die Einführung eines **Bildungsgutscheins** gelegt. Die Weigerung des Arbeitslosen, an einer zumutbaren Weiterbildungsmaßnahme teilzunehmen, hat sich nichts geändert; sie wird nach wie vor mit der Auferlegung einer Sperrzeit nach § 144 Abs. 1 Nr. 3 SGB III (Sperrzeit wegen Ablehnung einer beruflichen Eingliederungsmaßnahme) sanktioniert. 215

II. Förderungsvoraussetzungen

1. Überblick

An den Voraussetzungen der Förderung der beruflichen Weiterbildung, die in der Übernahme der Weiterbildungskosten und der Leistung von Unterhaltsgeld besteht, hat sich nichts Wesentliches geändert. Nach wie vor wird **vorausgesetzt,** dass 216

- die Weiterbildung im Hinblick auf die Erforderlichkeit der beruflichen Eingliederung bei Arbeitslosigkeit, die Abwendung einer drohenden Arbeitslosigkeit oder eines fehlenden Berufsabschlusses notwendig ist,

222) Europäische Zentralbank (EZB), Entwicklung und Strukturmerkmale des Arbeitsmarkts im Euro-Währungsgebiet, Monatsbericht Mai 2000, S. 61, 77.

223) Europäische Zentralbank (EZB), Entwicklung und Strukturmerkmale des Arbeitsmarkts im Euro-Währungsgebiet, Monatsbericht Mai 2000, S. 77.

- die Vorbeschäftigungszeit erfüllt und
- vor Beginn der Teilnahme eine Beratung durch das Arbeitsamt erfolgt ist.

217 An die Stelle des Teilnahmezustimmungserfordernisses und der Anerkennung der Maßnahme für die Weiterbildungsförderung durch das Arbeitsamt (§ 77 Abs. 1 Nr. 3 und 4 SGB III a. F.) **ist die Voraussetzung getreten, dass die Maßnahme und der Träger der Maßnahme für die Förderung zugelassen sind.**

2. Notwendigkeit beruflicher Weiterbildung

218 Die berufliche Weiterbildung ist zunächst notwendig, wenn sie erforderlich ist, um **Arbeitslose beruflich einzugliedern.** Dieses Merkmal ist erfüllt, wenn der Arbeitslose bei vorausschauender Betrachtung ohne die Weiterbildungsmaßnahmen in angemessener und absehbarer Zeit nicht vermittelt werden kann. Als **angemessenen Zeitraum für eine Vermittlung in Arbeit** hat die Rechtsprechung zum bisherigen Recht jedenfalls noch einen Zeitraum von **sechs Monaten** angesehen.[224)] Positiv ist die Prognose erforderlich, dass die Eingliederungschancen nach Abschluss der Maßnahme erheblich verbessert sind und die begründete Aussicht besteht, dass der Teilnehmer nach Abschluss der Maßnahme einen angemessenen Dauerarbeitsplatz erlangen kann.[225)] Die Notwendigkeit der Teilnahme an der Maßnahme ist auch zu bejahen, wenn sie geeignet ist, eine **drohende Arbeitslosigkeit** abzuwenden. Von **Arbeitslosigkeit bedroht sind Arbeitnehmer** nach § 17 SGB III, wenn sie versicherungspflichtig beschäftigt sind, alsbald mit der Beendigung der Beschäftigung rechnen müssen und voraussichtlich nach Beendigung der Beschäftigung arbeitslos werden. Ausreichend sind konkrete Hinweise für die bevorstehende Beendigung des Beschäftigungsverhältnisses.

219 Erweitert wurde die Förderungsmöglichkeit für **Teilzeitbeschäftigte.** Ihnen wird nunmehr die Notwendigkeit der Weiterbildung anerkannt, wenn sie eine **Vollzeitbeschäftigung erlangen** wollen (§ 77 Abs. 1 Nr. 1 SGB III). Damit wird das im TzBfG verankerte Recht des Teilzeitarbeitnehmers auf bevorzugte Berücksichtigung bei der Besetzung einer Vollzeitstelle (vgl. § 9 TzBfG) durch Maßnahmen der Weiterbildung flankiert.

220 Des Weiteren kann – wie nach bisherigem Recht – die Notwendigkeit der Weiterbildung wegen eines **fehlenden beruflichen Abschlusses** anerkannt werden. Diese Voraussetzung ist erfüllt, wenn der Arbeitnehmer nicht über einen beruflichen Abschluss in einem Beruf verfügt, für den bundes- oder landesrechtlich eine Ausbildungsdauer von mindestens **zwei Jahren** festgelegt ist (§ 77 Abs. 2 Nr. 2 SGB III). Schließlich wird bei Arbeitnehmern, die über einen derartigen **Berufabschluss** verfügen, die Notwendigkeit anerkannt, wenn sie auf Grund einer mehr

224) BSG v. 09.11.1989, SozR 4100 § 42 Nr. 12.
225) BSG v. 23.06.1981, SozR 4100 § 44 Nr. 33.

als mehrjährigen ausgeübten Beschäftigung in an- oder ungelernter Tätigkeit eine Beschäftigung im Ausbildungsberuf voraussichtlich nicht mehr ausüben können. Die Dauer dieser Tätigkeit, die bislang sechs Jahre betragen musste, wurde mit der Neuregelung auf **vier Jahre verkürzt** (§ 77 Abs. 2 Nr. 1 SGB III).

3. Vorbeschäftigungszeit

Die Vorbeschäftigungszeit hat – nach altem wie nach neuem Recht – nach § 78 221
Abs. 1 Satz 1 Nr. 1 SGB III erfüllt, wer innerhalb der letzten drei Jahre vor Beginn der Maßnahme mindestens zwölf Monate in einem **Versicherungspflichtverhältnis** gestanden hat. Der Zeitraum von drei Jahren gilt allerdings nicht für Berufsrückkehrer (vgl. zum Begriff § 20 SGB III), so dass Berufsrückkehrer unabhängig von der Zeit der Unterbrechung der Berufstätigkeit auf frühere Anwartschaften zurückgreifen können. Der Dreijahreszeitraum verlängert sich zudem bei Beschäftigungen im Ausland um längstens zwei Jahre, soweit die Beschäftigung für die weitere Ausübung des Berufes oder für den beruflichen Aufstieg nützlich und üblich ist. Im Übrigen steht dem Bestehen des Versicherungsverhältnisses gleich, wenn der Arbeitnehmer innerhalb der Rahmenfrist die Voraussetzungen für einen Anspruch auf **Arbeitslosengeld** oder **Anschluss-Arbeitslosenhilfe** erfüllt und Leistungen beantragt hat (§ 78 Abs. 1 Satz 1 Nr. 2 SGB III). Der tatsächliche Bezug dieser Leistungen ist nicht erforderlich.

4. Anforderungen an Bildungsträger und -maßnahmen

a) Allgemeines

An die Stelle des Teilnahmezustimmungserfordernisses und der Anerkennung der 222
Maßnahme für die Weiterbildungsförderung durch das Arbeitsamt (§ 77 Abs. 1 Nr. 3 und 4 SGB III a. F.) ist die **Voraussetzung** getreten, dass die **Maßnahme und der Träger der Maßnahme** für die Förderung **zugelassen** sind. § 84 SGB III konkretisiert die Voraussetzungen, unter denen ein **Träger** und § 85 SGB III unter denen eine **Maßnahme** für die Förderung zugelassen wird. Diese Zulassung ist eine der zentralen Förderungsvoraussetzungen nach § 77 Abs. 1 Nr. 4 SGB IIII.

b) Anforderungen an Bildungsträger

Nach § 84 SGB III, der in Teilen der Vorgängerregelung des § 84 SGB III ent- 223
spricht, muss der Träger den für eine Weiterbilungsmaßnahme essentiellen Qualitätsanforderungen entsprechen. So muss er zunächst – quasi selbstverständlich – die erforderliche Leistungsfähigkeit besitzen (§ 84 Nr. 1 SGB III). Zudem muss der Träger in der Lage sein, durch eigene **Vermittlungsbemühungen** die Eingliederung von Teilnehmern zu unterstützen. Die **Bildung und Berufserfahrung des Leiters** und der Lehrkräfte müssen zudem eine erfolgreiche berufliche Weiterbildung erwarten lassen. Und schließlich muss sich der Bildungsträger einem **Qualitätssicherungssystem unterziehen.**

224 Von erheblicher Bedeutung dürfte sein, dass mit der Prüfung der trägerbezogenen Qualitätskriterien externe fachkundige Stellen, sog. **Zertifizierungsagenturen,** betraut werden. Allerdings muss deren **Fachkunde** zunächst durch eine **Akkreditierung** einer Stelle auf Bundesebene festgestellt werden. Die Trennung zwischen der Entscheidung über die Förderung (Arbeitsamt) und der Zulassung der Träger (Zertifizierungsagentur) soll zu einer größeren Objektivität und mehr Wettbewerb im Weiterbildungsmarkt beitragen.[226)]

225 Zugleich aber behält sich das Arbeitsamt eine beständige **Qualitätskontrolle** der Anbieter vor (§ 86 SGB III). Dies gilt jedenfalls solange, wie eine Zertifizierungsagentur noch nicht besteht. Selbst aber nach deren Einrichtung ist eine Kontrollmöglichkeit des Arbeitsamtes nicht ausgeschlossen. Im Übrigen dürfte bis zur Etablierung dieser Evaluationsverfahren und der Kompetenzabgrenzung von Zertifizierungsagenturen einerseits und Arbeitsämtern andererseits noch eine Weile vergehen.

c) Anforderungen an Bildungsmaßnahmen

226 Auch die **Zulassung einer Weiterbildungsmaßnahme,** die sich nach § 85 SGB III im Wesentlichen an den in § 85 Abs. 1 SGB III a. F. aufgeführten Qualitätskriterien ausrichtet (siehe dazu im Einzelnen § 85 Abs. 1 – 3 SGB III), soll künftig durch Zertifizierungsagenturen und nicht mehr ausschließlich durch das Arbeitsamt erfolgen. Allerdings kann das Arbeitsamt, bei dem es sich um eine besonders fachkundige Stelle handelt, individuell auf die Qualitätsbedürfnisse Einzelner zugeschnittene Maßnahmen zulassen.

227 Die Anerkennung einer Maßnahme ist nach wie vor davon abhängig, dass ihre **Dauer angemessen ist** (§ 85 Abs. 2 SGB III). **Als Vollzeitmaßnahme** ist eine Weiterbildungsmaßnahme nur förderungsfähig, wenn Unterricht von **im Regelfall 35 Stunden** und im Ausnahmefall von mindestens 25 Stunden wöchentlich erteilt wird. Angemessen ist die Dauer einer Vollzeitmaßnahme, die zu einem Abschluss in einem allgemein anerkannten Ausbildungsberuf führt, wenn sie gegenüber der Dauer einer entsprechenden Berufsausbildung um mindestens **ein Drittel der Ausbildungszeit** verkürzt ist (s. hierzu aber auch die Ausnahmen in § 417 SGB III). Im Übrigen darf die Dauer der Weiterbildungsmaßnahme ein Jahr, in besonderen Fällen zwei Jahre nicht überschreiten. Nur bei Teilzeitmaßnahmen ist eine angemessene Verlängerung der Dauer zulässig.

228 Von einer weiteren **Detailregelung** zu denkbaren Unterrichtsformen und einer konkreten Ausgestaltung der Maßnahmen wurde abgesehen, um eine möglichst große Variationsbreite in den Angeboten zu erreichen. Allerdings hat der Gesetzgeber im Gesetzgebungsverfahren ausdrücklich hervorgehoben, dass die bisher

226) BT-Drucks. 15/25, S. 20.

bereits möglichen **Maßnahmeformen** und **Maßnahmeinhalte** vollständig erhalten bleiben.[227)]

Nach wie vor zu den Anforderungen gehört, dass die Maßnahme nach Lage und Entwicklung des **Arbeitsmarktes zweckmäßig** ist (§ 85 Abs. 1 Nr. 1 SGB III). Hierdurch soll gewährleistet werden, dass nicht bedarfsgerechte Bildungsmaßnahmen vom Weiterbildungsmarkt fern gehalten werden. **Nicht zweckmäßig** sind Maßnahmen erst dann, wenn sie auf eine berufliche Tätigkeit vorbereiten, für die innerhalb angemessener Zeit auf dem in Betracht kommenden Arbeitsmarkt keine nennenswerten bedarfsgerechten Beschäftigungsmöglichkeiten vorhanden sind.[228)] 229

5. Bildungsgutschein

Sind die Voraussetzungen für die Zulassung erfüllt, erhält der Arbeitslose – 230 anstelle der bisherigen Zuweisung in eine bestimmte Bildungsmaßnahme – einen »Bildungsgutschein«. Hierbei handelt es sich um eine **Zusicherung des Arbeitsamtes**, dass die durch die Teilnahme an der Weiterbildung anfallenden **Kosten übernommen** werden. In der Sache entspricht er der nach altem Recht maßgeblichen Zuweisung zu einer Bildungsmaßnahme. Es handelt sich dabei um einen **Verwaltungsakt**, der ggfls. vor den Sozialgerichten zu überprüfen ist.

Der Gutschein gibt dem Arbeitnehmer die Möglichkeit, den – vom Arbeitsamt 231 anerkannten – Bildungsträger auszusuchen. Das Arbeitsamt kann den Gutschein zwar auf bestimmte – arbeitsmarktpolitisch sinnvolle – Bildungsziele beschränken und auch regional begrenzen. Abgesehen davon, kann der Arbeitnehmer mit dem Gutschein aber frei **zwischen** den **zugelassenen Maßnahmen und unterschiedlichen Bildungsträgern wählen.**

Der Arbeitslose übergibt dem Träger der Maßnahme den Bildungsgutschein. Die- 232 ser bestätigt auf dem Gutschein die Aufnahme in die (zugelassene) Maßnahme und rechnet unmittelbar mit dem Arbeitsamt die Lehrgangskosten ab. Allerdings hat er den Gutschein bereits vor Beginn der Maßnahme bei dem den Gutschein ausstellenden Arbeitsamt vorzulegen, damit dieses die Haushaltsmittel ordnungsgemäß bewirtschaften kann.

Das neue **Gutscheinverfahren** bedeutet allerdings nicht, dass ein Arbeitsloser 233 nunmehr **frei darüber entscheiden kann, ob** er sich weiterbildet. Wenn eine Weiterbildung nach Auffassung des Arbeitsamtes zur Beendigung der Arbeitslosigkeit notwendig ist, wird dies auch weiterhin vom Arbeitsamt vorgeschlagen. Wer eine zumutbare Maßnahme ohne wichtigen Grund ablehnt, der muss deshalb nach wie vor mit einer Sperrzeit nach § 144 Abs. 1 Nr. 3 SGB III (Sperrzeit wegen Ablehnung einer beruflichen Eingliederungsmaßnahme) rechnen müssen.

227) BT-Drucks. 15/25, S. 21.
228) Vgl. BSG v. 28.11.1996, SozR 3-4460 § 10 Nr. 2.

Praxis-Tipp
Da nach neuem Recht eine Weiterbildungsmaßnahme zwar in den Voraussetzungen großzügiger, aber auch mit Einschränkungen beim Unterhaltsgeld verbunden ist (siehe unten 6c), sollte der Mandant beim Vorschlag einer Maßnahme durch das Arbeitsamt, nachdrücklich auf das Sanktionsregime des § 144 SGB III aufmerksam gemacht werden.

6. Leistungen

a) Überblick

234 Der Leistungskatalog des Arbeitsamtes im Falle der Weiterbildungsförderung unterscheidet noch immer zwischen den **Weiterbildungskosten** und dem **Unterhaltsgeld**; ersteres hat durch die Neufassung (§§ 79 – 83 SGB III) eine übersichtlichere Gestaltung erhalten. In den Voraussetzungen und im Umfang orientieren sich die Leistungen weitgehend an den alten Regelungen. Einschränkungen haben sich jedoch im Recht des Unterhaltsgeldes (§§ 153 – 158 SGB III) ergeben.

b) Weiterbildungskosten

235 Die Weiterbildungskosten, die sich nach wie vor in **Lehrgangskosten, Fahrtkosten, Kosten für auswärtige Unterbringung und Verpflegung sowie Kinderbetreuungskosten** unterscheiden, können auch nach neuem Recht übernommen werden, soweit sie durch die Weiterbildung unmittelbar entstehen (§ 79 Abs. 1 SGB III). Hierbei **handelt es um einen abschließenden Katalog.**[229] Dabei erfordert das Merkmal der **Unmittelbarkeit** eine enge kausale Verknüpfung zwischen der Teilnahme an der Weiterbildungsmaßnahme und der jeweiligen Kostenart. Dies schließt es allerdings nicht aus, dass auch außerhalb des eigentlichen Lehrgangs entstehende Kosten übernommen werden können.[230] Ausgeschlossen ist hingegen die Erstattung von Kosten, die auch ohne die Teilnahme an der Weiterbildungsmaßnahme entstanden wären.[231]

236 Als **Lehrgangskosten** können nach § 80 SGB III Lehrgangsgebühren einschließlich der Kosten für erforderliche Lernmittel, Arbeitskleidung, Prüfungsstücke und der Prüfungsgebühren für gesetzlich geregelte und allgemein anerkannte Zwischen- oder Abschlussprüfungen übernommen werden. Die Übernahme von Kosten für trägerinterne Prüfungen und Zertifikate ist hingegen ausgeschlossen.[232] Ferner ist die Möglichkeit vorgesehen, Kosten einer vor Beginn der Bildungsmaßnahme vorgeschriebenen Eignungsuntersuchung (z. B. im Bereich der Gesundheitsberufe, der Verkehrsberufe oder im Hotel- und Gaststättengewerbe) zu übernehmen.

229) BT-Drucks. 13/4941, S. 168.
230) Z. B. Führerscheinprüfung als Voraussetzung für die Meisterprüfung im Kfz-Handwerk, BSG v. 17.12.1974, SozR 4100 § 45 Nr. 3.
231) So zu den Kosten für eine Lebensversicherung vgl. BSG v. 03.06.1975, SozR 4100 § 45 Nr. 6.
232) BT-Drucks. 13/4941, S. 169.

Zu den **Fahrtkosten**, die vom Arbeitsamt übernommen werden können, gehören die Pendelfahrten zwischen Wohnung und Bildungsstätte sowie bei auswärtiger Unterbringung die Kosten für die An- und Abreise und monatliche Familienheimfahrten (§ 81 SGB III). Die Höhe der zu erstattenden Fahrtkosten orientiert sich an den **reisekostenrechtlichen Vorschriften** des Bundes. Neu ist, dass sich die Höhe der zu übernehmenden Fahrtkosten für **Pendelfahrten** nicht mehr ausdrücklich an den zu Beginn der Teilnahme an der Maßnahme monatlich anfallenden Kosten ausrichtet; mehr als geringfügige Fahrpreiserhöhungen sind zu berücksichtigen, wenn die Maßnahme mindestens zwei (statt bisher drei) weitere Monate andauert. Hinsichtlich der Kosten für eine gegebenenfalls erforderliche **auswärtige Unterbringung und Verpflegung** wurden Pauschal- (31 bzw. 18 € pro Tag) und Höchstbeträge im Monat (340 bzw. 186 €) vorgesehen (§ 82 SGB III). Und schließlich werden **Kinderbetreuungskosten,** die bislang bis zu einer Höhe von im Regelfall 60 € monatlich je Kind übernommen wurden, jetzt pauschal mit 130 € angesetzt; ein geringerer Betrag kommt nicht mehr in Betracht (§ 83 SGB III). Wie schon bislang ist es unerheblich, ob diese auch ohne eine Teilnahme an der Maßnahme entstanden wären. 237

c) Unterhaltsgeld

aa) Anspruch auf Unterhaltsgeld

Nach wie vor wird den Arbeitnehmern, die eine Weiterbildungsmaßnahme wahrnehmen, Unterhaltsgeld gewährt. **Voraussetzungen** sind, dass sie 238

- an einer für die Weiterbildungsförderung anerkannten Vollzeitmaßnahme teilnehmen,
- die allgemeinen Förderungsvoraussetzungen einschließlich der Vorbeschäftigungszeit erfüllen oder
- bis zum Beginn der Maßnahme Arbeitslosenhilfe bezogen haben (§ 153 SGB III).

Bei Teilnahme an einer Teilzeitmaßnahme mit mindestens zwölf Stunden Unterricht wöchentlich kann nach § 154 SGB III ein Teilunterhaltsgeld gewährt werden.

Allerdings orientiert sich für die Arbeitnehmer, die vor Beginn der Weiterbildung zuletzt Arbeitslosenhilfe bezogen haben, die Höhe des Unterhaltsgeldes an der Höhe der zuletzt bezogenen Arbeitslosenhilfe; bisher wurde in diesen Fällen Unterhaltsgeld nach dem für die **Arbeitslosenhilfe maßgeblichen Bemessungsentgelt** geleistet. Änderungen, die sich bei der Arbeitslosenhilfe ergeben hätten, verändern damit die Höhe des Unterhaltsgeldes (z. B. Bedürftigkeit, Absenkung des Bemessungsentgelts). Infolge dessen wird auch der Zeitraum, für den das Unterhaltsgeld zu bewilligen ist, ggf. durch das Ende des für die zuvor bezogene

Arbeitslosenhilfe festgelegten Bewilligungsabschnitts begrenzt. Die Anwendung der Härteregelung des § 158 Abs. 2 entfällt in diesen Fällen (§ 158 SGB III).

bb) Minderung des Anschluss-Arbeitslosengeldes

239 Zudem **mindert** sich für die Teilnehmer von Weiterbildungsmaßnahmen, die Unterhaltsgeld bezogen haben, die Dauer des Anspruchs auf Arbeitslosengeld (sog. **Anschluss-Arbeitslosengeld**), und zwar werden im Regelfall Zeiten des Bezugs von Unterhaltsgeld **zur Hälfte** auf die Dauer des folgenden Anspruchs auf Arbeitslosengeld angerechnet (§ 128 Abs. 1 Nr. 8 SGB III). Dabei stellt die Untergrenze für die Minderung der Anspuchsdauer von 30 Tagen aber sicher, dass die Betroffenen, die nicht unmittelbar im Anschluss an die Weiterbildungsmaßnahme einen neuen Arbeitsplatz finden, nicht sofort ihren Versicherungsschutz in der Krankenversicherung verlieren (§ 128 Abs. 2 SGB III). Zudem erstreckt sich bei Arbeitslosen, die nach dem Bezug von Unterhaltsgeld eine erneute Anwartschaft auf Arbeitslosengeld erfüllen, die Minderung nur auf die Restdauer des früheren Leistungsanspruchs (§ 128 Abs. 2 SGB III).

cc) Anschlussunterhaltsgeld

240 Schließlich wurde die Sonderform des Unterhaltsgeldes, die zur Sicherstellung des sozialen Schutzes zwischen dem Ende der bis zur Dauer von drei Monaten gewährt wurde, das sog. **Anschlussunterhaltsgeld** (§ 156 SGB III), **ersatzlos aufgehoben.**[233] Damit wird Absolventen einer beruflichen Weiterbildungsmaßnahme künftig diese Variante des Unterhaltsgeldes nicht mehr gezahlt. Sie müssen Arbeitslosenhilfe in Anspruch nehmen, oder sind, sofern es an den Voraussetzungen hierfür fehlt, auf die Sozialhilfe verwiesen.

dd) Übergangsregelungen

241 Die mitunter empfindliche Leistungseinschränkung, die das Erfordernis, die Weiterbildung attraktiv zu gestalten, konterkariert, wird im Hinblick auf den verfassungsrechtlich gewährleisteten Vertrauensschutz der Teilnehmer von Weiterbildungsmaßnahmen durch Übergangsregelungen auf Maßnahmen nach In-Kraft-Treten des Gesetzes (1. Januar 2003) beschränkt (§ 434g SGB III). Soweit vor dem 1. Januar 2003 die Zahlung von Unterhaltsgeld gewährt oder zugesagt wurde, gelten deshalb die alten Regelungen weiter.

Auch soweit der Anspruch auf Anschlussunterhaltsgeld vor dem 31.12.2002 entstanden ist, ist er entsprechend zu gewähren, auch wenn die Maßnahme und die Leistungsgewährung in das Jahr 2003 hineinreicht.

233) Als Begründung wurde die »Finanzentwicklung im Haushalt der Bundesanstalt für Arbeit« angeführt, vgl. BT-Drucks. 15/25, S. 25.

Kapitel F: Das neue Arbeitnehmerüberlassungsrecht

Die **Arbeitnehmerüberlassung** steht im **Mittelpunkt des Ersten Gesetzes.** Für Sie als Anwalt spielt dieses Herzstück von Hartz I eine wichtige Rolle, wenn Ihr Mandant entweder Verleihunternehmer ist oder Sie einen der mehr als 100.000 Leiharbeitnehmer vertreten. 242

Da die Arbeitnehmerüberlassung eine Brückenfunktion haben kann, um Beschäftigungsverhältnisse zu begründen, soll sie stärker als bisher **zur Vermittlung von Arbeitslosen von den Arbeitsämtern genutzt werden.** Bisher war die Arbeitnehmerüberlassung nur begrenzt als sozialpolitisch erwünscht angesehen worden. In § 3 Abs.1 Nr. 5 Arbeitnehmerüberlassungsgesetz (AÜG) a. F. war zur Förderung der sozialen Arbeitnehmerüberlassung eine Ausnahme vom Synchronisationsverbot enthalten. Der Verleiher war danach von dem Verbot der wiederholten, auf die Dauer des Überlassungsvertrags bezogenen Befristung für die Arbeitnehmer befreit, die ihm von der BA als schwervermittelbare Arbeitslose vermittelt worden waren, wenn sie nach der Überlassung mit dem Entleiher ein Arbeitsverhältnis begründeten. Jetzt sind alle früheren Vorbehalte gegen den gewerbsmäßigen Arbeitnehmerverleih zurückgestellt worden.

I. Die PersonalServiceAgentur (PSA)

Nach § 37c SGB III sollen **flächendeckend PersonalServiceAgenturen in allen Arbeitsamtsbezirken eingerichtet werden, um die Potenziale der Leiharbeit als Einstiegschance für Arbeitslose in neue Beschäftigung und der betriebsnahen Qualifizierung zu erschließen.** 243

> *§37c Personal-Service-Agentur*
> *(1) Jedes Arbeitsamt hat die Einrichtung mindestens einer Personal-Service-Agentur sicherzustellen. Aufgabe der Personal-Service-Agentur ist insbesondere, eine Arbeitnehmerüberlassung zur Vermittlung von Arbeitslosen in Arbeit durchzuführen sowie ihre Beschäftigten in verleihfreien Zeiten zu qualifizieren und weiterzubilden.*
>
> *(2) Zur Einrichtung von Personal-Service-Agenturen schließt das Arbeitsamt namens der Bundesanstalt mit erlaubt tätigen Verleihern Verträge. Für die Verträge mit den Personal-Service-Agenturen gilt das Vergaberecht. Kommen auf diese Weise Verträge nicht zu Stande, ist das ursprüngliche Vergabeverfahren aufzuheben und ein neues Vergabeverfahren über denselben Leistungsgegenstand durchzuführen. Das Arbeitsamt kann für die Tätigkeit der Personal-Service-Agenturen ein Honorar vereinbaren. Eine Pauschalierung ist zulässig. Werden Arbeitnehmer von der Personal-Service-Agentur an einen früheren Arbeitgeber, bei dem sie während der letzten vier Jahre mehr als drei*

Monate versicherungspflichtig beschäftigt waren, überlassen, ist das Honorar entsprechend zu kürzen.

(3) Sind Verträge nach Absatz 2 nicht zu Stande gekommen, kann sich das Arbeitsamt namens der Bundesanstalt an Verleihunternehmen beteiligen. Kreditaufnahmen von Mehrheitsbeteiligungen sind nur in Form von Gesellschafterdarlehen der Bundesanstalt zulässig. Der Bundesrechnungshof prüft die Haushalts- und Wirtschaftsführung der Personal-Service-Agenturen, an denen die Arbeitsämter namens der Bundesanstalt mehrheitlich beteiligt sind. Die nach § 373 erforderliche Zustimmung ist entbehrlich. Absatz 2 Satz 6 gilt entsprechend.

(4) Kommt auch eine Beteiligung nach Absatz 3 nicht zu Stande, kann das Arbeitsamt namens der Bundesanstalt eigene Personal-Service-Agenturen gründen. Absatz 3 Satz 2, 3 und 4 gilt entsprechend.

(5) In den Fällen des Absatzes 3 oder 4 hat das Arbeitsamt mindestens einmal jährlich zu prüfen, ob zu einem späteren Zeitpunkt Verträge nach Absatz 2 geschlossen werden können.

1. Private Verleiher als Träger

244 Vorrangig sind dazu nach § 37 Abs. 2 SGB III Verleihunternehmen zu beauftragen. Das setzt eine Ausschreibung voraus. Eine PSA darf nach § 37 Abs. 3 SGB III nur dann im Wege der Kooperation oder in Eigenregie des Arbeitsamtes betrieben werden, soweit mit erlaubt tätigen Verleihern nicht genügend Verträge geschlossen werden können. Auch wenn unter Beteiligung des Arbeitsamtes keine PSA zustande kommt, darf nach § 37 Abs. 4 SGB III die BA eigene PSAen gründen.

2. Die Vergütung der Arbeitnehmer der PSA

245 In verleihfreien Zeiten soll die PSA die Beschäftigten nach § 37c Abs. 1 SGB III weiterqualifizieren. Für die Vergütung eines Arbeitnehmers in einer PSA gelten die geänderten Bestimmungen des AÜG.

Bis diese Neuregelungen nach einer Übergangsfrist am 1. Januar 2004 in Kraft treten, dürfen Verträge zur Einrichtung von PSAen nach § 434g Abs. 5 SGB III nur abgeschlossen werden, wenn gewährleistet ist, dass sich Arbeitsentgelt und sonstige Arbeitsbedingungen nach Tarifverträgen richten. Es handelt sich hier um ein im Arbeitsförderungsgesetz enthaltenes besonderes **Tariftreuegesetz.** Maßgebend sind dabei die für die gewerbsmäßigen Arbeitnehmerüberlasser geltenden Tarifverträge:

§ 434g
(5) Das Arbeitsamt darf einen Vertrag zur Einrichtung einer Personal-Service-Agentur nur schließen, wenn sich die Arbeitsbedingungen einschließlich des Arbeitsentgelts der in der Personal-Service-Agentur beschäftigten Arbeitnehmer bis zum 31. Dezember 2003 nach einem Tarifvertrag für Arbeitnehmerüberlassung richten.

Damit sind alle Verleiher raus aus dem Geschäft mit den PSAen, die keinem tarifwilligen Arbeitgeberverband angehören und auch nicht selbst als Tarifvertragspartei Haustarifverträge abschließen wollen.

»Tarifverträge«, die von Arbeitnehmervereinigungen abgeschlossen werden, die 246
nach den Kriterien der Rechtsprechung keine Gewähr für eine ausreichende Mächtigkeit[234)] bieten, sind rechtlich ein Nullum. Eine Koalition ist nach der ständigen Rechtsprechung des BAG nur dann tariffähig, wenn sie ausreichend mächtig ist. Zwar werden an diese Mächtigkeit keine übertriebenen Anforderungen gestellt. Es soll sich aber um eine Koalition handeln, die von ihrem sozialen Gegenspieler ernst genommen wird, so dass dieser sich veranlasst sieht, auch mit dieser die Regelung der Arbeits- und Wirtschaftsbedingungen durch den Abschluss von Tarifverträgen wenigstens zu versuchen.[235)] Gelingt es einer Koalition nicht, in diesem Sinne ernst genommen und anerkannt zu werden, fehlt es ihr an der erforderlichen Mächtigkeit und damit überhaupt an der Tariffähigkeit. Dann kann der Vertrag keine Richtigkeitsgewähr bieten, weil er nicht von annähernd gleichstarken Tarifvertragsparteien ausgehandelt, sondern von der Arbeitgeberseite »diktiert« worden ist.

Praxis-Tipp:
Beraten Sie ein Zeitarbeitsunternehmen, so weisen Sie daraufhin, dass nicht jeder Vertrag mit der Überschrift »Tarifvertrag« auch tatsächlich von einer tariffähigen Gewerkschaft abgeschlossen ist und als ein Tarifvertrag im Sinne des Gesetzes anerkannt wird. Ein Verleiher, der mit einer nichttariffähigen Koalition einen »Haustarifvertrag abschließt, kann damit das Arbeitsamt nicht überzeugen. Außerdem kann eine nicht unbeträchtliche Wartezeit und erheblicher Rechtsberatungsaufwand auf ihn zukommen, wenn die DGB Gewerkschaften beim Arbeitsgericht die mangelnde Tariffähigkeit der Abeitnehmervereinigung nach § 2a Abs. 1 Nr. 4, § 97 Abs. 5 ArbGG feststellen lassen. Nach § 97 Abs. 5 Satz 1 ArbGG sind alle von der Vorfrage der Tariffähigkeit abhängigen Rechtsstreitigkeiten bis zur Erledigung des Feststellungsverfahrens zwingend auszusetzen.

234) BAG Urteil vom 14.02.1989 – 1 AZR 142/88 – AP Nr 52 zu Art 9 GG= NZA 1989, 601.
236) BAG Beschluss vom 10.09.1985, BAGE 49, 322 = AP Nr. 34 zu § 2 TVG.

II. Erneute Liberalisierung des AÜG

247 Die von Teilen der »Zeitarbeitsbranche« geforderte vollständige Deregulierung der gewerbsmäßigen Arbeitnehmerüberlassung ist zwar unterblieben. Das AÜG ist jedoch erneut liberalisiert worden. Im Vergleich zu früheren Änderungsgesetzen hat jetzt der **Gesetzgeber** den größten Schritt nach vorn gemacht. Er **hat so weitgehend wie noch nie die zum Schutz des Arbeitsmarktes und der Leiharbeitnehmer aufgestellten Beschränkungen abgebaut.** Allerdings hat er im Gegenzug die Rolle der Gewerkschaften gestärkt, indem er der BA beim Aufbau der PSAen Tariftreue auferlegt und zur Verkürzung der Übergangszeit einen Anreiz zum Abschluss von Tarifverträgen für die Verleihunternehmen geschaffen hat.

III. Der erlaubnisrechtliche Grundsatz der Lohngleichheit

248 Nach § 3 Abs. 1 Nr. 3 AÜG n. F. erhält die Erlaubnis zur gewerbsmäßigen Überlassung von Arbeitnehmern nur noch, wer als Verleiher dem Leiharbeitnehmer für die Zeit der Überlassung die im Betrieb des Entleihers geltenden wesentlichen Arbeitsbedingungen einschließlich des Arbeitsentgelts gewährt.

249 1. »Equal pay«

§ 3 Versagung (Fassung: 23. Dezember 2002, gültig ab 1. Januar 2003) AÜG:
(1) Die Erlaubnis oder ihre Verlängerung ist zu versagen, wenn Tatsachen die Annahme rechtfertigen, dass der Antragsteller

1....

2....

3. dem Leiharbeitnehmer für die Zeit der Überlassung an einen Entleiher die im Betrieb dieses Entleihers für einen vergleichbaren Arbeitnehmer des Entleihers geltenden wesentlichen Arbeitsbedingungen einschließlich des Arbeitsentgelts nicht gewährt, es sei denn, der Verleiher gewährt dem zuvor arbeitslosen Leiharbeitnehmer für die Überlassung an einen Entleiher für die Dauer von insgesamt höchstens sechs Wochen mindestens ein Nettoarbeitsentgelt in Höhe des Betrages, den der Leiharbeitnehmer zuletzt als Arbeitslosengeld erhalten hat; Letzteres gilt nicht, wenn mit demselben Verleiher bereits ein Leiharbeitsverhältnis bestanden hat. Ein Tarifvertrag kann abweichende Regelungen zulassen. Im Geltungsbereich eines solchen Tarifvertrages können nicht tarifgebundene Arbeitgeber und Arbeitnehmer die Anwendung der tariflichen Regelungen vereinbaren.

2. Ausnahmen von der Gleichheit

Ausnahmen gelten: 250

- für die ersten **sechs Wochen** der Überlassung,
- oder wenn ein für den Verleiher geltender **Tarifvertrag** abweichende Vereinbarungen zulässt,
- und – was häufig übersehen wird – **für die verleihfreien Zeiten,** in denen der Leiharbeitnehmer bei keinem Entleiher arbeitet.

Im Rahmen der Ausnahme von sechs Wochen muss mindestens ein Nettoarbeitsentgelt in Höhe des Arbeitslosengeldes gezahlt werden. Die für die ersten sechs Wochen geltende Ausnahme darf nicht wiederholt zwischen einem Leiharbeitnehmer und demselben Verleiher vereinbart werden.

Für nicht tarifgebundene Arbeitgeber und Arbeitnehmer ist eine **Inbezugnahme** auf den schlechteren Tarifvertrag ausdrücklich zugelassen. Das ist das Ergebnis der Intervention der BDA.

Vom Grundsatz der Lohngleichheit kann daher auch dann abgewichen werden, wenn der nicht tarifgebundene Verleiher die Anwendung eines Tarifvertrages mit seinen Leiharbeitnehmern vereinbart, der die Arbeitsbedingungen im Entleiherbetrieb unterschreitet. Hier taucht ein Problem auf, dass die im DGB zusammengeschlossenen Gewerkschaften beklagen. **Zunehmend werden von einzelnen Verleihern mit Arbeitnehmervereinigungen, deren Status als Tarifvertragspartei wegen des Tatbestandsmerkmals der »Mächtigkeit« umstritten ist, »Tarifverträge« abgeschlossen.** Da durch Organisationen, die nicht hinreichend mächtig sind, Gefälligkeitsvereinbarungen abgeschlossen werden können, ist bei der Inbezugnahme von »Tarifverträgen« stets zu prüfen, ob es sich überhaupt um wirksame Tarifverträge i. S. v. §§ 1, 2 TVG handelt. Ansonsten können die Vorgaben des Gesetzes zur Lohngleicheit im Entleiherbetrieb voll unterlaufen werden.

Beispiel :

Die Tarifgemeinschaft Christliche Gewerkschaften Zeitarbeit und PSA hat am 12. Dezember 2002 mit der Prinz und Partner Gesellschaft zur Überlassung von Personal auf Zeit einen »Entgeltrahmentarifvertrag« abgeschlossen. Dieser Tarifvertrag enthält die Bestimmung:

§ 8 Entgeltentwicklung

....wird vereinbart, dass

ab dem 13. Monat des ununterbrochenen Einsatzes	*85 %*
ab dem 25. Monat des ununterbrochenen Einsatzes	*90 %*
ab dem 37. Monat des ununterbrochenen Einsatzes	*100 %*

des Entgelts des vergleichbaren Arbeitnehmers des Entleiherbetriebes vergütet werden.

251 Angesichts der durchschnittlichen Überlassungsdauer von 3 bis 4 Monaten[236] ist erkennbar, dass die Lohngleichheit für die Leiharbeitnehmer dieses Verleihers in der Praxis nicht erreichbar ist. Denn wer ist schon länger als 3 Jahre ununterbrochen an einen Entleiher überlassen, wenn die durchschnittliche Überlassungsdauer unter drei Monate liegt?

Inzwischen haben bereits 150 Arbeitgeber einen »Tarifvertrag« mit der Tarifgemeinschaft des DGB abgeschlossen.[237] Die von den dem DGB angehörigen Gewerkschaften Verdi und IG Metall gebildete Tarifgemeinschaft verhandelt seit einigen Monaten mit den Arbeitgeberverbänden Bundesverband Zeitarbeit (BZA) und der Interessengemeinschaft Zeitarbeit (IZA). Angesichts des geringen Organisationsgrades aller Gewerkschaften im Bereich der Arbeitnehmerüberlassung wird die Messung der Mächtigkeit der Arbeitnehmerorganisationen die Gerichte noch vor Probleme stellen.

252 Zusätzlich muss auch beachtet werden, dass nur im Geltungsbereich des für den Verleiherbetrieb einschlägigen Tarifvertrags die Bezugnahme gestattet ist. Angesichts dieser Probleme ist eine Zunahme von Verfahren nach § 97 ArbGG vor den Gerichten für Arbeitssachen zu erwarten, in denen Fragen der Tariffähigkeit und Tarifzuständigkeit geklärt werden müssen. Da die BA diese Rechtsfragen vorab bei der Erteilung oder Versagung der Verleiherlaubnis im Verwaltungsverfahren beurteilen muss, kann es auch zu einem Abstimmungsbedarf zwischen der Arbeits- und Sozialgerichtsbarkeit kommen. So ist denkbar, dass erst der Gemeinsame Senat der Obersten Gerichtshöfe des Bundes eine endgültige Klärung herbeiführen kann.

3. Die Übergangsbestimmung zur Lohngleichheit

253 Trotz des In-Kraft-Tretens des geänderten AÜG zum 1. Januar 2003 sind die Regeln über die Lohngleichheit in §§ 3, 9, 10, 12, 13 und 16 nicht ohne weiteres sofort anwendbar. **Nach § 19 AÜG gilt eine besondere Übergangsbestimmung.**

Die alten Vorschriften sind in der vor dem 1. Januar 2003 geltenden Fassung auf Leiharbeitsverhältnisse, die vor dem 1. Januar 2004 begründet worden sind, bis zum 31. Dezember 2003 weiterhin anzuwenden. Dies gilt nur dann nicht, wenn Leiharbeitverhältnisse sich im Geltungsbereich eines nach dem 15. November 2002 in Kraft tretenden Tarifvertrages befinden und der Tarifvertrag die wesentlichen Arbeitsbedingungen einschließlich des Arbeitsentgelts im Sinne des § 3 Abs. 1 Nr. 3 und des § 9 Nr. 2 AÜG regelt. **Das bedeutet, nur wo bereits ein Tarifvertrag gilt, ist bereits vor dem 1. Januar 2004 das neue Recht anwendbar.** Ansonsten gilt das alte Recht weiter.

236) Scholz, in: »Schnellbrief für Personalwirtschaft und Arbeitsrecht« 2003, Heft 5, S. 3.
237) Pressemitteilung Nr. 18/2003 der IG Metall vom 26.02.2003.

IV. Die Garantie der beim Entleiher geltenden wesentlichen Arbeitsbedingungen

Ein Verstoß gegen das im neuen Recht der Arbeitnehmerüberlassung enthaltene Verbot, dem Leiharbeitnehmer schlechtere Arbeitsbedingungen zu gewähren, als sie beim Entleiher gelten (§ 3 Abs. 3 Nr. 3 AÜG), ist als Grund für die Versagung der Erteilung oder der Verlängerung der Verleiherlaubnis ausgestaltet. Das Gesetz hat jedoch nicht nur das Rechtsverhältnis zwischen Verleiher und BA, sondern insoweit auch das Arbeitsverhältnis ausgestaltet. So sind nach § 9 Nr. 2 AÜG **Vereinbarungen grundsätzlich unwirksam, wenn sie schlechtere Arbeitsbedingungen einräumen, als sie für vergleichbare Arbeitnehmer beim Entleiher bestehen.** Das gilt für alle wesentlichen Arbeitsbedingungen einschließlich des Arbeitsentgelts. 254

Eine Ausnahme gilt dann, wenn der Verleiher einem zuvor arbeitslosen Leiharbeitnehmer für die Überlassung an einen Entleiher für die Dauer von insgesamt höchstens sechs Wochen mindestens ein Nettoarbeitsentgelt in Höhe des Betrages gewährt, den der Leiharbeitnehmer zuletzt als Arbeitslosengeld erhalten hat. Die Anwendung dieser Ausnahme ist ausgeschlossen, wenn mit demselben Verleiher bereits irgendwann einmal ein Leiharbeitsverhältnis bestanden hat. Wann das der Fall war, ist unerheblich. Es reicht aus, wenn es irgendwann einmal vor langer Zeit gewesen ist. Ein Tarifvertrag kann davon abweichende Regelungen zulassen. **Im Geltungsbereich eines solchen Tarifvertrages können nicht tarifgebundene Arbeitgeber und Arbeitnehmer die Anwendung der tariflichen Regelungen vereinbaren (Bezugnahmeklausel).** 255

Nach § 10 Abs. 4 AÜG n. F. kann der Leiharbeitnehmer vom Verleiher das Entgelt verlangen, das einem vergleichbaren Arbeitnehmer des Entleihers zusteht.

> *§ 10 Abs. 4 AÜG:*
> *»Der Leiharbeitnehmer kann im Falle der Unwirksamkeit der Vereinbarung mit dem Verleiher nach § 9 Nr. 2 von diesem die Gewährung der im Betrieb des Entleihers für einen vergleichbaren Arbeitnehmer des Entleihers geltenden wesentlichen Arbeitsbedingungen einschließlich des Arbeitsentgelts verlangen.«*

1. Vergleichbarkeit des Leiharbeitnehmers mit einem Arbeitnehmer des Entleihers

Das Gesetz setzt für die Lohngleichheit die Vergleichbarkeit des Leiharbeitneh- 256
mers mit einem entsprechenden Arbeitnehmer des Entleihers voraus. Wird der Arbeitnehmer des Entleiherbetriebs nach einem Tarifvertrag oder einer Betriebsvereinbarung mit Vergütungsgruppen eingruppiert, so muss für den Leiharbeitnehmer eine entsprechende Eingruppierung vorgenommen werden. Das folgt aus

dem Grundsatz der Gleichstellung. Bestehen keine derartigen kollektiven Arbeitsbedingungen, wird unter Bezugnahme auf § 612 Abs. 2 BGB vorgeschlagen, auf die üblichen Arbeitsbedingungen der Stammbelegschaften vergleichbarer Betriebe abzustellen.[238)]

> ***Beispiel:***
> *Ein Verleiher überlässt einen Datenverarbeitungsspezialisten an einen Produktionsbetrieb, der kein eigenes IT-Personal hat. Ein Vergleich des Leiharbeitnehmers mit einem Stammarbeitnehmer ist nicht möglich. So dass auch das in § 13 AÜG dem Leiharbeitnehmer eingeräumte Auskunftsrecht nicht weiterhilft.*

2. Wesentliche Arbeitsbedingungen

257 Das Gleichstellungsgebot geht über die Verschaffung gleichen Entgelts hinaus. Es erfasst **alle wesentlichen Arbeitsbedingungen.**

a) Zulagen, Zuschläge und Zuwendungen

258 Gegenstand der gesetzlichen Gleichstellung von Leiharbeitnehmern mit Stammarbeitnehmern im Entleiherbetrieb ist damit nicht nur das Arbeitsentgelt im engeren Sinne. **Zu dem Grundentgelt kommen hinzu:** die Zuschläge für Mehr-, Nacht- und Feiertagsarbeit. Zu berücksichtigen ist auch, ob im Entleiherbetrieb über die gesetzliche Entgeltfortzahlung hinaus auch eine längere oder höhere Leistung im Krankheitsfall erbracht wird. Zu berücksichtigen sind weiter Sonderzuwendungen, vermögenswirksame Leistungen und vom Arbeitgeber erbrachte Sozialleistungen wie Beiträge zur Altersversorgung.

b) Sachleistungen

259 Es dürfen auch nicht die Sachleistungen ausgeblendet werden. Hier sind insbesondere die Überlassung von Firmenwagen zur privaten Nutzung oder die Möglichkeit des verbilligten Personaleinkaufs einschließlich der Zuteilung von Aktienoptionen im Blickfeld.

> *Praxis-Tipp:*
> *Wenn Sie Zeitarbeitsunternehmen beraten, dürfen Sie es nicht unterlassen, ihren Mandanten auf diese Schwierigkeiten aufmerksam zu machen, die die Umsetzung des so weitgehenden Gleichstellungsgebots mit sich bringt. Denn Ihr Mandant, der Verleiher, hat weder Zugriff auf den Fuhrpark des Entleiherbetriebs, noch kann er Mitarbeiterrabatte vergeben oder Aktien des Entleihers zuteilen. Ihm bleibt als Verleiher nur die Möglichkeit, den Geldwert dieser Entgeltbestandteile zu ermitteln und den Leiharbeitnehmern zu vergü-*

238) Boemke, AÜG § 10 Rdnr. 114; ebenso Rieble/Klebeck, Lohngleichheit für Leiharbeit, NZA 2003, 23, 24.

ten. Diese nicht unerheblichen Zusatzkosten müssen vor Abschluss des Überlassungsvertrags mit dem Entleiher erfasst und bei der Kalkulation des Überlassungsentgelts berücksichtigt werden.

Praxis-Tipp:
Vertreten Sie den Leiharbeitnehmer, z. B. einen überlassenen angestellten Verkäufer, so befragen Sie Ihren Mandanten, ob im Entleiherbetrieb auch Sachleistungen wie Einkaufsrabatte an Stammarbeitnehmer üblich sind. Falls keine eindeutige Klärung möglich ist, fordern Sie im Namen Ihres Mandanten den Entleiher zur Auskunftserteilung auf (siehe V).

c) Altersversorgung

Unmöglich wird die Gleichbehandlung im Bereich der betrieblichen Altersversor- 260
gung. Der Verleiher kann den Leiharbeitnehmer nicht in das Versorgungssystem des Entleihers eingliedern. Dem Leiharbeitnehmer steht insoweit allerdings ein Verschaffungsanspruch zu. Dieser ist gerichtet auf eine wertgleiche Altersversorgung. Da aber die Arbeitsverhältnisse der Leiharbeitnehmer im Durchschnitt nur bis zu drei Monate andauern und unverfallbare Anwartschaften bei der betrieblichen Altersversorgung erst nach zehn Jahren entstehen, ist der Verschaffungsanspruch[239] wohl ein eher theoretisches als ein praktisches Problem.

d) Urlaubsanspruch

Von großer praktischer Bedeutung ist die Dauer des Urlaubsanspruchs des Leih- 261
arbeitnehmers. Sie ist für die Zeit der Überlassung nach dem Anspruch zu bemessen, den ein vergleichbarer Stammarbeitnehmer im Entleiherbetrieb hat. Das ist in der Einzelbegründung des Gesetzentwurfs ausdrücklich hervorgehoben »Arbeitsbedingungen sind dabei alle nach dem allgemeinen Arbeitsrecht vereinbarten Bedingungen, wie Dauer ... des Urlaubs.«[240] Fraglich ist, was gilt, wenn der Leiharbeitnehmer während der Überlassung keinen Urlaub in Anspruch nimmt oder er nach der Überlassung wegen Beendigung des Arbeitsverhältnisses abzugelten ist. Der Wortlaut der Regelung spricht dafür, dass die Gleichbehandlung nur für die Dauer der Überlassung gelten soll. Somit könnte für die Inanspruchnahme des Urlaubs in der verleihfreien Zeit die mit Verleiher vereinbarte Dauer zugrunde zu legen sein. Ob das der Gesetzgeber auch hinsichtlich der Folgen bedacht hat, erscheint fraglich. Denn dann gäbe es keine einheitliche Urlaubsbemessung für das Urlaubsjahr mehr. Es entstünde ein urlaubsrechtlicher Flickenteppich. Maßgebend wären:

- für die Zeit ohne Überlassung die beim Verleiher geltende Urlaubsdauer
- für jeweilige Dauer der Überlassung die beim jeweiligen Entleiher geltenden Regelungen zur Urlaubsdauer.

239) Zutreffend Rieble/Klebeck, NZA 2003, 23, 25.
240) BT-Drucks. 15/25 zu Artikel 6 Nr. 3.

262 Dann stellt sich die weitere Frage, ob die bei dem Entleiher geltenden Urlaubsregelungen nur dann anzuwenden sind, wenn der Leiharbeitnehmer während der jeweiligen Überlassung seinen Urlaub in Anspruch nimmt. Ansonsten ist auch denkbar, dass davon ausgegangen wird, dass der Leiharbeitnehmer für verleihfreie Zeiten nach Maßgabe der Verleiherregelung und für die Zeit der Überlassung an den einzelnen Entleiher nach deren Regelungen monatlich Teilansprüche erwirbt, die zu einem jährlichen Gesamturlaubsanspruch zusammengefasst werden. Der Nachteil dieser Konzeption ist allerdings, dass der Umfang des gesamten Urlaubsanspruchs erst jeweils im Nachhinein, also am Ende des Urlaubsjahres berechnet werden könnte. Das wäre mit der gesetzlichen Konzeption in § 7 Abs. 3 Satz 1 BUrlG, den Urlaubsanspruch bis zum Ende des Kalenderjahres zu nehmen, nicht vereinbar. Schon diese offenen Fragen zeigen deutlich, wie verfehlt es war, bei der Ausarbeitung der Hartzvorschläge keinen fachjuristischen Sachverstand hinzuzuziehen. Es war voraussehbar, das in der eiligen Umsetzungsphase dazu keine Zeit mehr sein konnte.

e) Arbeitszeit

263 Nach der Begründung des Gesetzentwurfs gehören zu den wesentlichen Arbeitsbedingungen auch die beim Entleiher geltenden Regelungen zur Dauer der Arbeitszeit.[241)] Das hat das Schrifttum[242)] bereits für das Gleichheitsgebot angenommen, das durch das Job-AQTIV Gesetz 2002 eingeführt worden ist und vom 13. Monat der Überlassung gelten sollte. Danach gilt für den Leiharbeitnehmer auch die beim Entleiher bestehende Arbeitszeitregelung.

Beispiel: Der Verleiher hat mit dem Leiharbeitnehmer die 40-Stundenwoche vereinbart. Gilt im Entleiherbetrieb die 35-Stundenwoche, so erfasst sie auch den Leiharbeitnehmer. Dieser erhält allerdings wegen der Arbeitszeitverkürzung keinen Lohnausgleich.

f) Kündigungsfrist

264 Zu den vom Verleiher nach dem Gleichbehandlungsgebot zu gewährenden wesentlichen Arbeitsbedingungen sollen auch die beim Entleiher geltenden Kündigungsfristen zählen.[243)] Auch hier ist unklar, ob die beim Entleiher geltende Kündigungsfrist nur dann anzuwenden ist, wenn die Kündigungserklärung dem Arbeitnehmer während der Überlassung zugeht oder auch dann, wenn die Überlassung bereits beendet worden ist und der Leiharbeitnehmer auf den nächsten Überlassungsauftrag wartet. Wohl oder übel wird die Praxis auch hier abwarten müssen, was die Gerichte aus dieser unklaren Regelung machen.

---

241) BT-Drucks. 15/25 zu Artikel 6 Nr. 3.
242) Boemke, AÜG § 10 Rdnr. 123.
243) BT-Drucks. 15/25 zu Artikel 6 Nr. 3; so auch Boemke, AÜG § 10 Rdnr. 126.

Praxis-Tipp:
Vertreten Sie als Anwalt den gekündigten Leiharbeitnehmer, können Sie diese Unsicherheit im Abfindungspoker zu Gunsten Ihres Mandanten nutzen.

3. Gleichbehandlung oder Gleichstellung?

Die Einräumung gleicher Arbeitsbedingungen für Leiharbeitnehmer im Entleiher- 265
betrieb wird gewöhnlich mit dem Grundsatz »**gleicher Lohn für gleiche Arbeit**« (**equal-pay**) umschrieben. Übersehen wird allerdings, **dass es sich hier um eine Gleichheit der Arbeitsbedingungen bei zwei verschiedenen Arbeitgebern handelt.** Der arbeitsrechtliche Gleichbehandlungsgrundsatz knüpft demgegenüber an den Vertragsarbeitgeber an, dem es verboten wird, seine Arbeitnehmer ungleich zu behandeln. Für die Leiharbeitnehmer ist jedoch Vertragsarbeitgeber der Verleiher und nicht der Entleiher. Der arbeitsrechtliche Gleichbehandlungsgrundsatz ist also nicht Grundlage der Neuregelung im AÜG. Ein universeller Grundsatz »gleicher Lohn für gleiche Arbeit« ist in der deutschen Rechtsordnung ohne allgemein gültige Anspruchsgrundlage.[244)] Insoweit hat der Gesetzgeber mit § 3 Abs. 1 Nr. 1, § 9 Nr. 2 und § 10 Abs. 4 AÜG rechtliches Neuland betreten. Daraus wird von Rieble/Klebeck gefolgert, es gehe nicht um Gleichbehandlung, sondern um Gleichstellung[245)]. Der Begriff Gleichstellung mag für diese Neuerung treffender sein. Jedoch kann daraus entgegen Rieble/Klebeck nicht gefolgert werden, eine derartige Regelung sei willkürlich und damit ein Verstoß gegen Art. 3 Abs. 1 GG. Der Gesetzgeber verfolgt mit der Gleichstellung das Ziel, alle Arbeitnehmer im Entleiherbetrieb – gleich dorthin überlassene Leiharbeitnehmer oder dort im Vertragsverhältnis stehende Stammarbeitnehmer – den gleichen Arbeitsbedingungen zu unterstellen. Dahinter steht das Bemühen, die Tarifeinheit in dem Betrieb zu sichern. Sie ist nämlich nach dem Wegfall der Beschränkungen hinsichtlich der Überlassungsdauer ernsthaft gefährdet. **Jetzt kann jeder Entleiher dauerhaft Leiharbeitnehmer in seinem Betrieb einsetzen und sie in Konkurrenz zu seinen Stammarbeitnehmern treten lassen.** Die **Gleichstellung** der beim Verleiher im Arbeitsverhältnis stehenden überlassenen Arbeitnehmer mit den Arbeitnehmern des Entleihers **liegt daher im Interesse der Stammbelegschaft.** Sie wird durch die Gleichstellung vor Unterbietungskonkurrenz geschützt. Das verkennen Rieble/Klebeck[246)], die von einer Besserstellung der Leiharbeitnehmer ausgehen, weil die Gleichstellung nur einseitig für die Leiharbeitnehmer in Bezug auf die Arbeitsbedingungen der beim Entleiher beschäftigten Arbeitnehmer gelte. Richtig ist, dass theoretisch ein vom Verleiher an den Entleiher überlassener Spezialist ein höheres Entgelt beziehen könnte als ein vergleichbarer Arbeitnehmer beim Entleiher. Dann bestünde für den vergleichbaren Arbeitnehmer im Betrieb des Entleihers kein Anspruch auf Gleichstellung mit dem überlassenen Arbeitnehmer.

244) BAG 21.06.2000 – 5 AZR 806/98 – AP § 612 BGB Nr. 60.
245) Rieble/Klebeck, NZA 2003, 23, 26.
246) Rieble/Klebeck, NZA 2003, 23, 26.

Dieser Fall ist jedoch so exotisch, dass er vom Gesetzgeber in Anwendung seines gesetzgeberischen Gestaltungsspielraums ausgeblendet werden konnte.

4. Verfassungsrechtliche Bedenken gegen die Erstreckung der für Stammarbeitnehmer geltenden tariflichen Arbeitsbedingungen auf Leiharbeitnehmer

266 Gegen das in § 9 Nr. 2 AÜG n. F. enthaltene Verbot der Schlechterstellung von Leiharbeitnehmern gegenüber vergleichbaren Arbeitnehmern des Entleihers wird ein Verstoß gegen die Tarifautonomie geltend gemacht, es sei denn, diese Verschlechterung sei durch einen beim Verleiher geltenden Tarifvertrag zugelassen. Die Tarifverhandlungen seien jetzt nicht mehr frei, sondern würden von dieser Vorgabe geprägt. Sie würden der Tarifvertragspartei eine bessere Ausgangsposition verschaffen, die der gesetzlichen Regelung näher steht und die sich deshalb nur zu verteidigen braucht.[247)] Die Beeinträchtigung der Verhandlungsposition einer Tarifvertragspartei durch staatliche Vorgaben hat das Bundesverfassungsgericht allerdings entgegen Rieble/Klebeck als tolerabel angesehen[248)]. **In dieser Entscheidung hat das Bundesverfassungsgericht betont, Art. 9 Abs. 3 GG verleihe den Tarifvertragsparteien zwar ein Normsetzungsrecht, aber kein Normsetzungsmonopol.** Der Gesetzgeber bleibe befugt, das Arbeitsrecht zu regeln. Der Gesetzgeber hat von dieser Befugnis Gebrauch gemacht, indem er bestimmte tarifdispositive Mindestarbeitsbedingungen für Leiharbeitnehmer festgesetzt hat. Das mag man rechtspolitisch für verfehlt halten. Aber nicht alles, was aus der Sicht eines arbeitsrechtlichen Lagers bedenklich erscheint, ist auch verfassungsrechtlich unzulässig. Ob mit Hilfe der in § 9 Nr. 2 und § 10 Abs. 5 AÜG angeordneten dynamischen Erstreckung der jeweiligen beim Entleiher geltenden Arbeitsbedingungen auf die Leiharbeitnehmer ein Eingriff in die negative Koalitionsfreiheit der nicht organisierten Leiharbeitnehmer und der nicht organisierten Verleiher verbunden ist, wird sicherlich noch das Bundesverfassungsgericht beschäftigen. Bis dahin wird diese Rechtsfrage äußerst umstritten bleiben. Sie ist nicht einfach in dem Sinne zu beantworten, sie überschreite die verfassungsmäßigen Grenzen einer dynamischen Verweisung. Das dazu von den Kritikern angeführte Urteil des Bundesverfassungsgerichts vom 14. Juni 1983[249)] ist nicht einschlägig. Die Neuregelungen im AÜG führen nämlich nicht dazu, dass die Leiharbeitnehmer schrankenlos der normsetzenden Gewalt der Tarifvertragsparteien der Entleiherbranchen ausgeliefert seien. Daran fehlt es schon deshalb, weil die Außenseiter durch Bezugnahme auf die Tarifverträge der Verleiherbranche ihre Arbeitsbedingungen abweichend regeln können.

---

247) Rieble/Klebeck, NZA 2003, 23, 28.

248) BVerfG 03.04.2001 – 1 BvL 32/97 – AP § 10 BUrlG Kur Nr. 2.

249) BVerfG – 2 BvR 488/80 – NJW 1984, 1525 = AP § 9 Bergmann-Versorgungsschein-Gesetz NRW Nr. 21.

V. Der Auskunftsanspruch gegen den Entleiher

Damit der Leiharbeitnehmer eine Ungleichbehandlung überhaupt feststellen kann, muss er wissen, was ein vergleichbarer Arbeitnehmer im Entleiherbetrieb verdient. Dazu räumt das Gesetz ihm in § 13 AÜG n. F. einen Auskunftsanspruch gegen den Entleiher ein, mit dem er ansonsten kein Rechtsverhältnis hat. Der Leiharbeitnehmer kann im Falle der Überlassung von seinem Entleiher Auskunft über die im Betrieb des Entleihers für einen vergleichbaren Arbeitnehmer des Entleihers geltenden wesentlichen Arbeitsbedingungen einschließlich des Arbeitsentgelts verlangen. Daneben hat er noch die Möglichkeit, die Sprechstunde des Entleiherbetriebsrats aufzusuchen und dort Auskünfte einzuziehen; denn dieser Betriebsrat ist insoweit auch für ihn zuständig (§ 14 Abs. 2 Satz 2 AÜG). 267

Praxis-Tipp:
Vertreten Sie den Leiharbeitnehmer, so machen Sie ihn auf diese Möglichkeit der Informationsbeschaffung aufmerksam. Denn:

- *Wer weiß besser als der Betriebsrat des Entleihers darüber Bescheid, welche Arbeitsbedingungen im Entleiherbetrieb bestehen?*

- *Die für die Sprechstunde in Anspruch genommene Arbeitszeit hat der Verleiher nach § 39 Abs. 3 BetrVG zu vergüten, weil ein individuelles Problem eines einzelnen Arbeitnehmers mit dem Betriebsrat zu klären ist*[250].

VI. Die Aufhebung gewerberechtlicher Beschränkungen im AÜG

Im Gegenzug zu dem eingeführten Lohngleichheitsgrundsatz entfallen künftig ab 1. Januar 2004 die in § 3 Abs. 1 Nr. 3 bis 6 AÜG a. F. geregelten Versagungsgründe für Erteilung oder Verlängerung der Verleiherlaubnis. Dazu gehören: 268

- das besondere arbeitnehmerüberlassungsrechtliche Befristungsverbot,
- das Wiedereinstellungsverbot,
- das Synchronisationsverbot
- und die Begrenzung der Überlassungsdauer auf 24 Monate.

Hinzu kommt die Streichung der zwölfmonatigen Höchstdauer der Überlassung für nicht gewerbsmäßige Verleiher in § 1 Abs. 2 AÜG a. F., nach der Arbeitsvermittlung vermutet wird. Dadurch werden die künftigen Rahmenbedingungen der gewerbsmäßigen und nichtgewerbsmäßigen Verleiher von Arbeitnehmern grundlegend verändert. Insbesondere ist das Tor für eine unbegrenzte Überlassungsdauer aufgestoßen. Die bisherige Unterscheidung zwischen Arbeitnehmerüberlas- 269

250) LAG Niedersachsen 01.07.1986 – 6 Sa 122/86 – NZA 1987, 33.

sung und Einsatz von fremden Arbeitnehmern im Rahmen von Werk- und Dienstverträgen wird bedeutungslos.

Die unternehmerische Vision, nur noch mit Leiharbeitnehmern eine Produktion oder Dienstleistung zu betreiben, stößt jetzt nicht mehr an rechtliche Grenzen.

VII. Lockerung des Verbots der Uberlassung in Baubetrieben

270 Durch den geänderten § 1b Satz 2 lit. a) AÜG n. F. erhalten Tarifvertragsparteien die Möglichkeit, durch Tarifvertrag zu regeln, Arbeitnehmer nicht nur aus Baubetrieben, sondern auch aus anderen Betrieben in Baubetriebe zur Verrichtung von Arbeitertätigkeiten zu überlassen. Eine Überlassung aus nicht zum Baugewerbe gehörenden Betrieben ist allerdings nur gestattet, soweit auch diese Betriebe von allgemeinverbindlichen Tarifverträgen erfasst werden und diese Tarifverträge die Überlassung ausdrücklich zulassen. Diese Tarifverträge müssen beiderseits für Verleiher und Entleiher gelten. Die Allgemeinverbindlichkeit ist erforderlich, weil im Baugewerbe Löhne und Arbeitsbedingungen durch für allgemeinverbindlich erklärte Tarifverträge geregelt und unter Einbeziehung gemeinsamer Einrichtungen der Tarifvertragsparteien (Sozialkassen) durchgeführt werden. Ein **Unterlaufen der bewährten tariflichen Sozialkassensysteme soll vermieden werden.**

271 Bei der **sog. Kollegenhilfe** nach § 1b Satz 2 lit. b) AÜG ist zur Vermeidung von Missbrauch eine Nachweispflicht neu eingeführt worden. Ein Arbeitgeber, der Arbeiter in Baubetriebe verleiht, muss nachweisen, dass er seit mindestens drei Jahren eine Tätigkeit überwiegend ausübt, die von den allgemeinverbindlichen Sozialkassentarifverträgen erfasst wird. Das gilt auch für ausländische Arbeitgeber, die Arbeitnehmer für Bauarbeitertätigkeiten in Baubetriebe überlassen.

272 Bei der Anwendung des § 1b Satz 2 AÜG sind Betriebe mit Geschäftssitz im Europäischen Wirtschaftsraum nur dann in Deutschland zur Überlassung an Baubetriebe berechtigt, wenn sie über eine deutsche Verleiherlaubnis verfügen. Zusätzlich ist auch die Erlaubnis ihres Heimatstaates nachzuweisen, sofern ein Erlaubnisvorbehalt in dem Mitgliedstaat des Europäischen Wirtschaftsraums besteht, in dem der Sitz des Verleihers liegt.

273 Nach der Übergangsvorschrift in § 19 AÜG ist § 1b Satz 2 in der vor dem 1. Januar 2003 geltenden Fassung auf Leiharbeitsverhältnisse, die vor dem 1. Januar 2004 begründet worden sind, bis zum 31. Dezember 2003 weiterhin anzuwenden. Dies gilt nicht für Leiharbeitsverhältnisse im Geltungsbereich eines nach dem 15. November 2002 in Kraft tretenden Tarifvertrages, der die wesentlichen Arbeitsbedingungen einschließlich des Arbeitsentgelts im Sinne des § 3 Abs. 1 Nr. 3 und des § 9 Nr. 2 regelt.

VIII. Abordnung zu inländischen Arbeitsgemeinschaften aus dem Ausland

Durch eine Anfügung des Satzes 3 an § 1 Abs. 1 AÜG **ist die Nichtanwendung des AÜG für Arbeitgeber mit Geschäftssitz in einem anderen Mitgliedstaat des Europäischen Wirtschaftsraums geregelt worden, sofern sie Arbeitnehmer zu einer inländischen Arbeitsgemeinschaft abordnen.** Die Neuregelung ist im Gesetzentwurf mit der Notwendigkeit begründet worden, das AÜG wegen des Urteils des Europäischen Gerichtshofs vom 25. Oktober 2001 anpassen zu müssen.[251)] Der EuGH hatte in dem herangezogenen Urteil entschieden: »Ein Mitgliedstaat verstößt gegen seine Verpflichtungen aus Artikel 59 EG-Vertrag (nach Änderung jetzt Artikel 49 EG), wenn er gesetzlich festlegt, dass in anderen Mitgliedstaaten niedergelassene Bauunternehmen im Rahmen einer Arbeitsgemeinschaft auf dem nationalen Markt nur dann grenzüberschreitende Dienstleistungen erbringen können, wenn sie über einen Sitz oder zumindest über eine Niederlassung im Inland verfügen, die eigenes Personal beschäftigen und für dieses Personal einen Firmentarifvertrag abschließen. Ein solches Niederlassungserfordernis behindert den freien Dienstleistungsverkehr und geht über das hinaus, was zum Erreichen des Zieles des sozialen Schutzes der Arbeitnehmer des Baugewerbes erforderlich ist«. 274

Die Abordnung von Arbeitnehmern aus dem Ausland zu einer Arbeitsgemeinschaft zur Herstellung eines Werkes in Deutschland gilt nach der Neuregelung dann nicht mehr als Arbeitnehmerüberlassung, wenn entsprechend § 1 Abs. 1 Satz 2 AÜG alle Mitglieder der Arbeitsgemeinschaft zur selbständigen Erbringung von Vertragsleistungen verpflichtet sind. **Weitere Voraussetzung** ist, dass die im Ausland ansässigen Arbeitgeber demselben Wirtschaftszweig wie die anderen Mitglieder der Arbeitsgemeinschaft angehören. Dabei kommt es nicht darauf an, welchem Wirtschaftszweig die ausländischen Betriebe nach ihrer Tätigkeit in Deutschland angehören. Maßgeblich ist, zu welchem Wirtschaftszweig sie nach ihrer Tätigkeit im gesamten Europäischen Wirtschaftsraum gehören. 275

Die vom EuGH gerügte Verletzung des freien Dienstleistungsverkehrs soll dadurch ausgeschlossen werden, dass auf das bisherige zusätzliche Erfordernis der Geltung eines Tarifvertrags für die in der EU oder in dem EWR ansässigen ausländischen Arbeitgeber verzichtet wird. 276

Für diese Regelung ist keine Übergangsbestimmung getroffen. Sie ist daher am 1. Januar 2003 in Kraft getreten.

251) Rechtssache C-493/99 NJW 2001, 3767-3769.

IX. Befristung des Leiharbeitsverhältnisses

277 Durch den Wegfall von § 3 Abs. 1 Nrn. 4 bis 6 in der vor dem 23. Dezember 2002 geltenden Fassung und die zum 1. Januar 2004 in Kraft tretende Neufassung von § 3 Abs. 1 Nr. 3 AÜG sind die gewerberechtlichen Beschränkungen für die Befristung von Leiharbeitsverträgen (Höchstfrist für einzelne Entsendung; Befristungsgrenzen für Leiharbeitsvertrag) und das Synchronisationsverbot ersatzlos aufgehoben. **Es gilt dann das allgemeine Befristungsrecht,** wie es insbesondere im Katalog der Befristungsgründe in § 14 TzBfG kodifiziert ist. Das ist der folgerichtige Schritt des Übergangs hin zu einer Regulierung der gewerblichen Überlassung durch das »Equal-Payment-Prinzip«, wie es auch in anderen europäischen Staaten gilt.[252] Er bedeutet »Weg von der Gewerbeaufsicht«. Damit kann nicht mehr durch Überwachung sichergestellt werden, dass Leiharbeitsverhältnisse auf Dauer abgeschlossen und während der »entleiherfreien Zeit« zwischen zwei Überlassungen Entgelt gezahlt wird.

1. Befristungsrecht nach Wegfall des Verbots der Synchronisation

278 Nach dem Wegfall des Synchronisationsverbots ist es gewerberechtlich ohne Gefahr für den Erhalt der Verleiherlaubnis zulässig, nur noch auf die Dauer der Überlassung befristete Leiharbeitsverträge abzuschließen und so Kosten zu sparen, die dann auf die Arbeitslosenversicherung verlagert werden. Rechtlich ist damit aber noch nicht geregelt, ob die Dauer eines Überlassungsauftrages ein sachlicher Befristungsgrund im Sinne von § 14 Abs. 1 Satz 2 TzBfG sein kann. Nach der Befristungsrechtsprechung kommt als Sachgrund nur ein vorübergehender betrieblicher Bedarf im Sinne von § 14 Abs. 1 Satz 2 Nr. 1 TzBfG in Betracht. Voraussetzung dafür ist, dass im Zeitpunkt der Befristung mit einiger Sicherheit aufgrund greifbarer Tatsachen der Wegfall des Bedarfs mit dem Auslaufen des befristeten Arbeitsvertrages zu erwarten ist. Der Arbeitgeber hat die Grundlagen der entsprechenden Prognose darzulegen.[253] Diese Voraussetzungen kann ein Verleiher nicht erfüllen, denn das Vorliegen eines Überlassungsauftrages rechtfertigt nicht die Prognose, nach dem Auslaufen des Auftrages sei kein Bedarf mehr vorhanden. Die bloße Ungewissheit, ob und wieviel Aufträge eingehen, rechtfertigt keine Befristung. Ansonsten würde das Wirtschaftsrisiko voll überwälzt.[254] Überraschend vertritt jedoch Ulber, ein Jurist der Hauptvorstandsverwaltung der IG Metall, eine andere Auffassung. Ulber sieht den Sachgrund des vorübergehenden betrieblichen Bedarfs nach § 14 Abs. 1 Satz 2 Nr. 1 TzBfG als gegeben an. Der Gesetzgeber habe die Synchronisation nach neuem Recht zuge-

252) Vgl. Wank, Der Richtlinienvorschlag der EG-Kommission zur Leiharbeit und das »erste Gesetz für moderne Dienstleistungen am Arbeitsmarkt«, NZA 2003, 14 ff.

253) BAG 14.01.1982 – 2 AZR 245/80 – AP Nr. 64 zu § 620 BGB, Befristeter Arbeitsvertrag und BAG 14.01.1982 – 2 AZR 254/81 – AP Nr. 65 zu § 620 BGB Befristeter Arbeitsvertrag.

254) Zutreffend: ErfK-Müller-Glöge § 14 TzBfG Rdnr. 36.

lassen.[255] Er übersieht, dass die Aufhebung des Synchronisationsverbots noch nicht gleichbedeutend mit der Zulassung eines neuen, spezifischen Befristungsgrundes abweichend vom allgemeinen Befristungsrecht im TzBfG ist.[256] Hanau hat auf dieses Problem die gesetzgebenden Körperschaften als Sachverständiger im Rahmen der Anhörung hingewiesen. Es hätte einer positiven Regelung bedurft. Das Schweigen des Gesetzes ist beredt. Hier zeigt sich ebenso wie bei der Altersbefristung, dass es ein Fehler war, in der Hartz-Kommission auf Heranziehung von arbeitsrechtlichem Sachverstand zu verzichten. Bis die Gerichte eine endgültige Klärung herbei führen können, werden mit Sicherheit noch viele Prozesse zu führen sein. Also: Ein Beschäftigungsprogramm für Anwalt- und Richterschaft.

> ***Praxis-Tipp:***
> *Beraten Sie als Anwalt ein Zeitarbeitsunternehmen, so ist Ihrem Mandaten dringend zu raten, stets vor Abschluss des Arbeitsvertrages zu prüfen, ob nicht ein Sachgrund aus dem Katalog des § 14 Abs.1 Satz 2 TzBfG zur Verfügung steht. Dann haben Sie den sichersten Weg gewählt.*

2. Überlassungsdauer ist kein Sachgrund

Zutreffend stellt nämlich das Schrifttum heraus: Der mit dem Entleiher abge- 279
schlossene Überlassungsvertrag eignet sich nicht als Sachgrund für die Befristung eines Arbeitsvertrags zwischen Verleiher und Leiharbeitnehmer.[257] Alle Sachgründe, die das Gesetz nennt, oder man zusätzlich erdenken könnte, mögen im Verhältnis zwischen Entleiher und Leiharbeitnehmer greifen können. Im Verhältnis zwischen Leiharbeitnehmer und Verleiher, dessen Gewerbe es ja gerade ist, neue Aufträge für die Entsendung von Arbeitnehmern hereinzubekommen, rechtfertigen sie jedoch keine Befristung.[258] Auch ein »normaler« Unternehmer kann Arbeitsverhältnisse nicht im Hinblick darauf befristen, dass er noch nicht genau weiß, wann er Anschlussaufträge bekommen wird, mit denen er seine Stammbelegschaft angemessen beschäftigen kann. Eine solche Überbürdung des Unternehmerrisikos auf einzustellende Arbeitnehmer zu Lasten des verfassungsrechtlich gebotenen Bestandsschutzes ist ausgeschlossen.

Sieht man einmal von der erstmaligen, für zwei Jahre vorgenommenen Befristung 280
des Leiharbeitsverhältnisses ab, innerhalb dessen aber schon Leerzeiten vorkommen können, **sind befristete Arbeitsverhältnisse im Leiharbeitsverhältnis ausgeschlossen.** Ist ein wirksam nach § 14 Abs. 2 Satz 1 TzBfG befristetes Leiharbeitsverhältnis ausgelaufen, kommt auch viele Jahre später eine neue sachgrundlos

255) Ulber, Personal-Service-Agenturen und Neuregelungen der Arbeitnehmerüberlassung, AiB 2003, 7, 9.
256) So auch Wank, NZA 2003, 14 f.
257) So im Einzelnen Wank, NZA 2003, 14 ff.
258) So auch Sievers, TzBfG § 23 Rdnr. 32.

befristete Beschäftigung zwischen denselben (Leih)Arbeitsvertragsparteien wegen § 14 Abs. 2 Satz 2 TzBfG nicht mehr in Betracht.

X. Tarifvertragsgeltung verkürzt Übergangszeit

281 Die Neuregelungen des AÜG treten erst nach einer Übergangszeit am 1. Januar 2004 in Kraft (§ 19 AÜG n. F.). Das ist geschehen, um den Tarifpartnern Zeit zu geben, bis dahin in Tarifverträgen angemessene Regelungen zu finden. Diese Regelungen sollen nicht nur die Zeiten des Verleihs, sondern auch die verleihfreien Zeiten umfassen, damit für eine hinreichende soziale Absicherung der Leiharbeitnehmer durch den Arbeitgeber gesorgt ist und nicht die BA mit Leistungen einspringen muss. Ob diese Erwartung des Gesetzgebers aufgeht, bleibt abzuwarten.

Die Tarifvertragsparteien können aber schon die sofortige Aufhebung dieser Beschränkungen veranlassen. Im Geltungsbereich eines nach dem 12. November 2002 in Kraft getretenen Tarifvertrages, der die wesentlichen Arbeitsbedingungen für Leiharbeitnehmer i. S. v. § 3 Abs. 1 Nr. 3 und § 9 Abs. 2 AÜG n. F. regelt, gilt schon seit dem 1. Januar 2003 das neue Recht. **Tritt der Tarifvertrag nach dem 1. Januar 2003 in Kraft, so gilt von da an das neue Recht.** Das heißt dann: **kein Befristungsverbot, kein Wiedereinstellungsverbot, kein Synchronisationsverbot, keine Beschränkung der Überlassungsdauer und mit Allgemeinverbindlichkeit der tarifvertraglichen Regelungen nach § 1b Satz 2 lit. a) AÜG auch Zulässigkeit der Überlassung aus baufremden Betrieben in Baubetriebe.**

Kapitel G: Existenzgründungszuschuss (Ich-AG und Familien-AG)

I. Allgemeines

282 Eine außerordentlich geringe Quote von selbständig Tätigen an der erwerbstätigen Bevölkerung ist seit geraumer Zeit kennzeichnend für die Bundesrepublik. Die anhaltend hohe Arbeitslosigkeit, die den Schritt in die Selbständigkeit nahe legt, hat daran kaum etwas geändert. Das mit der Aufnahme einer selbständigen Tätigkeit einhergehende wirtschaftliche Risiko veranlasst offenbar viele, den Schritt erst gar nicht in Erwägung zu ziehen. Auch die bisher von staatlicher Seite unterbreiteten Förderangebote haben keine hinreichende Anreizwirkung entfalten können. Stattdessen ist die »Schattenwirtschaft« deutlich gewachsen.

283 Um diesen Missständen abzuhelfen und die Zahl der Arbeitslosen zu verringern, hat der Gesetzgeber auf Anregung der Hartz-Kommission[259] ein **Maßnahmepa-**

259) Hartz u. a., a. a. O., S. 163.

ket verabschiedet, das den Weg in die Selbständigkeit durch finanzielle Zuschussleistungen in Kombination mit Steuervorteilen erleichtern soll.

Durch die unter dem etwas unglücklichen Begriff der Ich-AG zusammengefassten Regelungen sollen innerhalb von **drei Jahren** der Übergang in eine vollwertige selbständige Existenz ermöglicht werden. Die Regelungen zielen insbesondere darauf ab, Anreize zu setzen, damit Betroffene ihre alltagspraktischen Fähigkeiten und Fertigkeiten, insbesondere im Bereich **kostengünstiger Dienstleistungen oder handwerksähnlicher Arbeiten**, nutzen können. Zur sozialen Absicherung wurde eine **Rentenversicherungspflicht** für Existenzgründer eingeführt. Zugleich wurden die Vorschriften in § 7 Abs. 4 SGB IV, die Kriterien zur Vermutung einer Scheinselbständigkeit enthalten, einer Änderung unterzogen.

Auf die ursprünglich vorgesehene Betätigungsmöglichkeit der Ich-AG im **handwerklichen Bereich**, die ihr durch einen Verweis in der Handwerksordnung (HandwO) eröffnet werden sollte – das vom Bundestag verabschiedete Gesetz sah eine entsprechende Regelung in § 8 Abs. 1 Satz 3 HandwO vor[260] – wurde im Verlauf der Beratungen im Vermittlungsausschuss verzichtet. Vor einer entsprechenden gesetzlichen Regelung sollen zudem weitere politische »Spitzengespräche« vor allem mit den Vertretern des Handwerks geführt werden.[261] Darüber hinaus wurde im Vermittlungsverfahren in einer Protokollerklärung festgehalten, dass über den Bereich der Ich-AG hinaus ein vereinfachtes Steuerrecht und vereinfachte Buchführungsvorschriften entwickelt werden sollen.[262] 284

II. Förderung

1) Überblick

Nach § 421l SGB III **haben Arbeitnehmer Anspruch auf einen besonderen Existenzgründungszuschuss gegen die Bundesanstalt für Arbeit**, wenn sie folgende Voraussetzungen erfüllen: 285

- Sie müssen in »einem engen Zusammenhang« mit der Aufnahme der selbständigen Tätigkeit Entgeltersatzleistungen nach dem SGB III bezogen oder eine Beschäftigung ausgeübt haben, die als Arbeitsbeschaffungsmaßnahme oder Strukturanpassungsmaßnahme gefördert worden ist,
- das Arbeitseinkommen darf inklusive der Einkünfte aus Nebentätigkeiten voraussichtlich den Betrag von 25.000 € im Jahr nicht überschreiten und
- sie dürfen – mit Ausnahme von Familienangehörigen – keine weiteren Arbeitnehmer beschäftigen.

260) BT-Drucks. 15/25, S. 26.
261) Gaul/Otto, DB 2003, 94 (96).
262) Gaul/Otto, DB 2003, 94 (96).

- Schließlich darf – ebenfalls als Negativvoraussetzung – die Aufnahme der selbständigen Tätigkeit nicht durch Überbrückungsgeld gefördert worden sein.

2) Voraussetzungen im Einzelnen

a) Aufnahme einer selbständigen Tätigkeit

286 Im **Regelfall setzt die Förderung voraus,** dass dem Schritt in die Selbständigkeit der Bezug von Entgeltersatzleistungen oder die Beschäftigung in einer geförderten Stelle **unmittelbar vorausgeht;** die Arbeitslosigkeit muss durch die Aufnahme der selbständigen Tätigkeit beendet werden, die Arbeitslosenversicherung, aus deren Beitragsmittel die Förderung finanziert wird, soll durch die Aufnahme einer selbständigen Tätigkeit entlastet werden. § 421l Abs. 1 Nr. 1 SGB III relativiert diesen Zusammenhang aber dadurch, dass ein »enger Zusammenhang« zwischen dem Bezug von Entgeltersatzleistungen etc. und der Aufnahme der selbständigen Tätigkeit genügt. Die selbständige Tätigkeit muss daher nicht unmittelbar zu Beginn der Zuschussperiode aufgenommen werden.[263] Auf diese Weise soll auch die Vorbereitung auf die Selbständigkeit möglich werden, zum Beispiel durch die Teilnahme an Existenzgründungsseminaren.[264]

287 Was noch den Voraussetzungen des zeitlich engen Zusammenhangs genügt, lässt sich § 421l SGB III nicht entnehmen. Eine gleichlautende Formulierung findet sich aber in **§ 57 Abs. 2 Nr. 1 SGB III,** der das Überbrückungsgeld für die Aufnahme einer selbständigen Tätigkeit zum Gegenstand hat. Nach den Vorstellungen des Gesetzgebers zu dieser Vorschrift, liegt ein enger zeitlicher Zusammenhang noch nach einer Übergangsphase von **einem Monat** vor.[265] Von daher ist davon auszugehen, dass diese Monatsfrist auch bei § 421l SGB III die Grenze setzt.

b) Arbeitseinkommen

288 **Für die** erste Bewilligung **des Existenzgründungszuschusses ist entscheidend, dass das** Arbeitseinkommen **gem. § 15 SGB IV** im ersten Jahr 25.000 € nicht übersteigt, **wobei naturgemäß nur eine Prognose vorgenommen werden kann.** Bei dem Einkommen nach § 15 SGB IV handelt es sich um den nach den allgemeinen Gewinnermittlungsvorschriften des Einkommenssteuerrechts zu ermittelnden Gewinn aus **selbstständiger Tätigkeit.** Das Spektrum der Einkünfte aus selbständiger Tätigkeit ist den §§ 13 – 24 EStG zu entnehmen, die Gewinnermittlungsvorschriften ergeben sich aus §§ 3 – 7 EStG. Das Arbeitseinkommen nach § 15 SGB IV ist danach der (steuerliche) Gewinn, der dem Steuerbescheid des selbständig Tätigen zu entnehmen ist. Außerdem ist das Einkommen aus **unselbständiger Tätigkeit** zu berücksichtigen. Werden also eine oder mehrere zusätzli-

263) Bauer/Krets, NJW 2003, 537 (544).
264) BT-Drucks. 15/25, S. 47.
265) BT-Drucks. 14/873, S. 14.

che, abhängige Beschäftigungen aufgenommen, so werden die daraus erzielten Einkünfte mit dem Einkommen der Ich-AG zusammengerechnet und bei der Überprüfung der **Obergrenze von 25.000 €** berücksichtigt.

Ergibt die Prognose, dass der Existenzgründer während eines Kalenderjahres tatsächlich mehr als 25.000 € an Einkommen erzielen wird, kann eine Förderung durch das Überbrückungsgeld nach § 57 SGB III in Betracht kommen. Für diese Leistung ist das zu erwartende Einkommen nicht zu berücksichtigen.

c) Keine Beschäftigung von Arbeitnehmern

Der Existenzgründer darf – mit Ausnahme mithelfender Familienangehöriger – 289
keine Arbeitnehmer beschäftigen. Auf den Umfang der Arbeitsleistung von abhängig Beschäftigten kommt es dabei nicht an; auch die Tätigkeit einer Aushilfskraft führt zu einem Ausschlussgrund für eine (weitere) Förderung.

Eine Mitarbeit eines Familienangehörigen ist zwar erlaubt, jedoch ausgeschlossen, wenn und soweit es sich bei der Tätigkeit des Familienangehörigen um ein sozialversicherungspflichtiges Arbeitsverhältnis handelt. Eine **familienhafte Mitarbeit** wird dadurch gekennzeichnet, **dass kein der Hilfe entsprechender Entgeltanspruch begründet wird.** Der Familienangehörige hat lediglich Anteil an dem vom Familienverband erarbeiten Ertrag; ihm wird freier Unterhalt, Kost, Wohnung, Bekleidung und gegebenenfalls Taschengeld gewährt.

In dieser Begrenzung wird zu Recht ein konzeptionelles Dilemma gesehen.[266] Von der Gründung einer Ich-AG kann deshalb unmittelbar nicht die durchaus intendierte Schaffung weiterer Arbeitsplätze erwartet werden.

d) Überbrückungsgeld

Als **Alternative** zum Existenzgründungszuschuss kann die Aufnahme einer selb- 290
ständigen Tätigkeit – wie schon in der Vergangenheit – durch Gewährung eines Überbrückungsgelds unterstützt werden (§ 57 SGB III). Beide Leistungen haben unterschiedliche Zwecke und Fördervoraussetzungen – während der Existenzgründungszuschuss zur sozialen Sicherung während einer bis zu dreijährigen »Startphase« verwendet werden soll, dient das Überbrückungsgeld der Sicherung des Lebensunterhaltes während der ersten sechs Monate der Selbstständigkeit[267] – haben aber die gleiche Zielsetzung. Eine Doppelförderung aus Beitragsmitteln der Arbeitslosenversicherung verbietet sich deshalb: Nach § 421l Abs. 4 SGB III kann ein Existenzgründungszuschuss nicht gewährt werden, wenn dem Existenzgründer die Aufnahme einer selbständigen Tätigkeit **bereits durch ein Überbrückungsgeld nach § 57 SGB III** gefördert wurde.

266) Koch/Wießner, Die »Ich-AG« – ein neuer Weg aus der Arbeitslosigkeit, BArbBl. 3/2003, S. 4(6); Bauer/Krets, NJW 2003, 537 (544).

267) Zum Regelungszweck der Leistung vgl. auch Koch/Wießner, BArbBl. 3/2003, S. 4 (6 f.).

291 Im Einzelfall ist deshalb zu fragen, welche Förderleistung – Existenzgründungszuschuss oder Überbrückungsgeld – vorzugswürdig ist. Das Überbrückungsgeld, das in der Zeit nach der Existenzgründung für die Dauer von sechs Monaten in Höhe des Arbeitslosengeldes bzw. der Arbeitslosenhilfe und den darauf entfallenden pauschalierten Sozialversicherungsbeiträgen gezahlt wird, hat zur Voraussetzung

dass:

- der Arbeitnehmer hat **im engen zeitlichen Zusammenhang** mit der Aufnahme der selbständigen Tätigkeit Entgeltersatzleistungen nach dem SGB III bezogen oder hätte einen Anspruch darauf oder eine Beschäftigung ausgeübt, die als ABM- oder als Strukturanpassungsmaßnahme gefördert worden ist und
- es ist eine **Stellungnahme einer fachkundigen Stelle** über die Tragfähigkeit der Existenzgründung vorgelegt wird (IHK, Handwerkskammer usw.).

292 Es gleicht damit in seinen Voraussetzungen dem Existenzgründungszuschuss. Im Unterschied zu diesem kann es aber auch gewährt werden, wenn der Arbeitnehmer durch die Aufnahme einer selbständigen Tätigkeit **Arbeitslosigkeit vermeiden** will. Andererseits ist der Existenzgründungszuschuss nach § 421l SGB III nicht von einer Evaluation der Qualität des Existenzgründungsvorhabens abhängig. Damit wird im Übrigen auf ein wichtiges Planungsinstrument des Existenzgründers, das ihn vor einem wirtschaftlichen Scheitern schützen soll, verzichtet.[268)]

> ***Praxis-Tipp***
> *Die im Einzelfall anzustellende Berechnung hat verschiedene Aspekte der beiden Förderinstrumente, insbesondere Leistungsumfang, -dauer und -ausschluss, zu berücksichtigen. Im Regelfall aber ist die Ich-AG (nur) für Existenzgründer mit geringem Arbeitslosengeld (gering Qualifizierte mit niedrigem Erwerbseinkommen, Teilzeitbeschäftigte) dem Überbrückungsgeld vorzuziehen.*[269)]

3. Existenzgründungszuschuss

a) Höhe und Dauer

293 Der Existenzgründungszuschuss ist darauf angelegt, dem Gründungswilligen den Weg in die Selbständigkeit zu ermöglichen. Dieser soll nach einer Übergangsphase von drei Jahren auf »eigenen Beinen stehen«.

268) Kritisch deshalb auch Koch/Wießner, BArbBl. 3/2003, S. 4 (8).
269) Ähnlich die Empfehlung bei Koch/Wießner, BArbBl. 3/2003, S. 4 (7).

Der Zuschuss wird deshalb **grundsätzlich für eine Dauer** von **drei Jahren** gezahlt und jeweils längstens für ein Jahr bewilligt (§ 421m Abs. 2 Satz 1 SGB III). Er beträgt im **ersten Jahr** nach Beendigung der Arbeitslosigkeit bzw. der geförderten Beschäftigung **600 € monatlich**, sinkt im **zweiten Jahr** auf **360 € monatlich** und im **dritten Jahr** auf **240 € monatlich** (§ 421m Abs. 2 Satz 2 SGB III).[270] 294

Überschreitet das Arbeitseinkommen im Jahr die 25.000 € Grenze, so entfällt der Anspruch (erst) nach Ablauf des bewilligten Zeitraums. Eine Rückzahlung des bezogenen Zuschusses ist ausgeschlossen. Dies gilt auch dann, wenn das Überschreiten der Höchstgrenze bereits **unterjährig eingetreten** ist. Mit dieser Regelung soll einerseits das Vertrauen der geförderten Person geschützt, andererseits unnötiger Verwaltungsaufwand vermieden werden.[271] 295

b) Steuerfreiheit

Der Existenzgründungszuschuss ist wie alle Leistungen der Bundesanstalt für Arbeit nicht als ein Einkommen im Sinne des Einkommenssteuerrechts zu verstehen. Er ist deshalb mit Wirkung zum 1. Januar 2003 in den Katalog der **steuerfreien Einnahmen** des § 3 EStG aufgenommen worden. 296

Sie steht aber auch im Zusammenhang mit dem Vorhaben der Bundesregierung, ein Gesetz für Gründer einer »Ich-AG« und für Kleingewerbetreibende (»Small Business Act«) auf den Weg zu bringen, das neben vereinfachten Buchführungspflichten und Vereinfachungen der Handwerksordnung Regelungen **zur pauschalen Besteuerung** des Einkommens von Existenzgründern enthalten soll.

III. Ich-AG und Sozialversicherung

1. Pflichtversicherung

Der Gründer einer Ich-AG unterliegt nach dem neu in das SGB VI eingeführten **§ 2 Satz 1 Nr. 10** für die Dauer der Gewährung des Existenzgründungszuschusses als **Selbständiger** der Versicherungspflicht in der **Rentenversicherung.** Die Versicherungspflicht bleibt allerdings auf die Rentenversicherung beschränkt. Nicht eingeschlossen sind die Kranken-, Pflege- und Arbeitslosenversicherung. In der Kranken- und Pflegeversicherung ist eine freiwillige Mitgliedschaft möglich. 297

Die **Berechnung des Rentenversicherungsbeitrags** ist – parallel zur Gewährung des Existenzgründerzuschusses – bis zum Ablauf des dritten Kalenderjahres nach Aufnahme der Tätigkeit privilegiert. Für diesen Zeitraum berechnet sich der Beitrag grundsätzlich nach der Hälfte der Bezugsgröße. Die Bezugsgröße beträgt ab dem 1. Januar 2003 in den alten Bundesländern 1.190 € monatlich, in den neuen 298

270) Gaul/Otto, DB 2002, 2004.
271) BT-Drucks. 15/26, S. 48.

Bundesländern 1.000 €. Daraus ergibt sich bei einem Beitragsatz von 19,5 % in den alten Bundesländern eine Beitragspflicht von 232,50 €, in den neuen Bundesländern von 195 €.

2. Freiwillige Mitgliedschaft in Kranken- und Pflegeversicherung

299 In der **gesetzlichen Kranken- und Pflegeversicherung** wird dem Existenzgründer das Recht auf eine **freiwillige Mitgliedschaft** eingeräumt. Auch in diesen Versicherungen wird für die Dauer des Existenzgründerzuschusses eine **reduzierte Beitragspflicht** angesetzt. Auch insoweit wird eine Bezugsgröße in Höhe von 50 % der üblichen Bemessungsgrenze herangezogen. Daraus ergibt sich in der Krankenversicherung ein Beitragssatz von monatlich 167,50 €, in der Pflegeversicherung von monatlich 19 €.

300 Zudem ist für Existenzgründer durch die Neufassung des § 240 Abs. 4 Satz 2 SGB V ein **neuer Mindestbeitrag** eingeführt worden. Danach gilt für freiwillige Mitglieder, die Anspruch auf einen monatlichen Existenzgründungszuschuss nach § 421l SGB III haben, der 60. Teil der monatlichen Beitragsbemessungsgrenze. Der 60. Teil der monatlichen Bezugsgröße beträgt im Jahr 2003 in Westdeutschland 39,67 €, in Ostdeutschland 33,25 €. Da für den Kalendermonat jeweils 30 Tage als Bemessungsgrundlage anzusetzen sind, ergibt dies bei einem Beitragssatz von 14,4 % einen Monatsbeitrag.

3. Leistungen der Arbeitslosenversicherung

301 In den Schutz der Arbeitslosenversicherung wird der Existenzgründer nicht unmittelbar einbezogen. Und wie nach den sonstigen Voraussetzungen des Arbeitsförderungsrechts begründen Zeiten einer selbstständigen Tätigkeit keine Ansprüche auf Arbeitslosengeld oder andere beitragsabhängige Leistungen.

Damit stellt sich die Frage nach dem sozialen Schutz für den nicht auszuschließenden, vielfach sogar wahrscheinlichen Fall des wirtschaftlichen Scheiterns. Für diesen Fall belässt es das SGB III bei seinen herkömmlichen Instrumentarien: Der Existenzgründer, dem nach einem wirtschaftlichen Misserfolg eine erneute Arbeitslosigkeit droht, kann er aber auf eine **begrenzte Aufrechterhaltung** des Versicherungsschutzes zurückgreifen.

302 Dies gilt zunächst für den Anspruch auf **Arbeitslosengeld.** Da dieser erst nach vier Jahren erlischt (§ 147 SGB III), kann die Restdauer des Anspruchs auf Arbeitslosengeld bis zur Dauer von vier Jahren nach der Entstehung des Leistungsanspruchs wieder geltend gemacht werden.

Auch Bezieher von **Arbeitslosenhilfe,** die eine selbstständige Tätigkeit aufnehmen, können den Leistungsanspruch bis zu drei Jahren nach dem letzten Bezugstag wieder geltend machen.

IV. Zeitraum der Maßnahme

Da die Auswirkungen des in dieser Form erstmals entwickelten Existenzgründerzuschusses auf das Gründungsverhalten von Arbeitslosen sowie die Folgewirkungen der Regelungen für den Haushalt der BA und das Sozialversicherungssystem einer Evaluation unterzogen werden sollen, **wurde die Förderung bis zum 31. Dezember 2005 befristet.** Ab dem 1. Januar 2006 kann der Anspruch auf den Zuschuss nur noch geltend gemacht werden, wenn die Voraussetzungen für die Gewährung des Zuschusses vor diesem Tag gegeben waren, § 421l SGB III. Ob und gegebenenfalls mit welchen Modifikationen die Förderung fortgesetzt wird, dürfte von den Erfahrungen der dreijährigen Förderungsphase abhängig sein. 303

V. Existenzgründung und selbständige Tätigkeit

Korrespondierend zur Einführung des § 421l SGB III wurde **§ 7 Abs. 4 SGB IV** neu gefasst. Danach wird bei Personen, die einen Antrag auf Gewährung eines Existenzgründerzuschusses gestellt haben, widerlegbar eine selbständige Tätigkeit vermutet. Satz 2 der Vorschrift geht noch einmal darüber hinaus und bestimmt, dass die Leistungsempfänger für die Dauer des Bezugs unwiderlegbar als Selbständige gelten. Wird also einem Antrag auf Zuschuss stattgegeben, obwohl die Voraussetzungen hierfür nicht vorliegen, weil die Tätigkeit weisungsgebunden und er damit sozial abhängig tätig ist, gilt der Arbeitnehmer sozialversicherungsrechtlich als Selbständiger. Dadurch soll für alle Zweige der Sozialversicherung Rechtsklarheit geschaffen und divergierende Entscheidungen vermieden werden. 304

In **arbeitsrechtlicher Hinsicht** ist diese Vermutungsregelung jedoch ohne Wirkung. Insoweit gelten die allgemeinen Abgrenzungskriterien.[272] Besteht danach ein Arbeitsverhältnis zwischen den Vertragsparteien, hat der Arbeitgeber die arbeitsrechtlichen Schutzbestimmungen, insbesondere den Kündigungsschutz zu beachten.[273] 305

> ***Praxis-Tipp***
> *Arbeitgeber sind deshalb gut beraten, die »Ich-AG« jeweils anhand der herkömmlichen arbeitsrechtlichen Kriterien der auf ihre Arbeitnehmereigenschaft zu überprüfen.*

272) Bauer/Krets, NJW 2003, 537 (544); Däubler, AiB 2002, 729 (734).
273) Vgl. insoweit auch Bauer/Krets, NJW 2003, 537 (544).

VI. Übersicht

306 Daraus ergibt sich hinsichtlich der Voraussetzungen der Förderung und der Leistung der Bundesanstalt für Arbeit folgende Übersicht:

Voraussetzungen:

- Bezieher von Arbeitslosengeld oder -hilfe, Beschäftigte in Arbeitsbeschaffungs- und Strukturanpassungsmaßnahmen
- Arbeitseinkommen (inkl. Nebentätigkeit) der Ich-AG nicht über 25.000 € im Jahr
- Existenzgründer dürfen nur mitarbeitende Familienangehörige, keine Arbeitnehmer beschäftigen

Förderung:

- Zuschuss wird längstens drei Jahre gewährt und ist steuerfrei. Monatlicher Zuschuss:

im ersten Jahr	600 €
im zweiten Jahr	360 €
im dritten Jahr	240 €

Sozialversicherungspflicht:

- Sozialversicherungsbeiträge müssen vom Existenzgründer selbst entrichtet werden.
- Gesetzliche Rentenversicherung: Existenzgründer sind als Selbstständige versicherungspflichtig. Reduzierter Beitragssatz derzeit monatlich ca. 230 € in den alten und 195 € in den neuen Bundesländern
- Gesetzliche Kranken-/Pflegeversicherung: freiwillige Mitgliedschaft möglich. Reduzierter Beitragsatz derzeit monatlich ca. 167 €, Pflegeversicherung ca. 20 €

bei Misserfolg:

- Wer noch Anspruch auf Arbeitslosenunterstützung hat, kann diesen vor Ablauf der dreijährigen Förderdauer wieder geltend machen.

306 Die Bundesanstalt für Arbeit ist in § 421l Abs. 6 SGB III ermächtigt worden, durch eine Anordnung weitere Bestimmungen über Voraussetzungen, Umfang und Verfahren der Förderung zu regeln. Dies ist bisher nicht geschehen.

Auszug der Änderungen durch das erste und zweite Gesetz für moderne Dienstleistungen am Arbeitsmarkt

Inkrafttreten: 1. Januar 2003
Wenn einzelne Regelungen erst später in Kraft treten, ist dies jeweils vermerkt.

1. Drittes Buch Sozialgesetzbuch Altfassung

durchgestrichen: ~~weggefallen~~[1]

§ 2 Zusammenwirken von Arbeitgebern und Arbeitnehmern mit den Arbeitsämtern

(...)

(2) Die Arbeitgeber haben bei ihren Entscheidungen verantwortungsvoll deren Auswirkungen auf die Beschäftigung der Arbeitnehmer und von Arbeitslosen und damit die Inanspruchnahme von Leistungen der Arbeitsförderung einzubeziehen. Sie sollen dabei insbesondere
1. im Rahmen ihrer Mitverantwortung für die Entwicklung der beruflichen Leistungsfähigkeit der Arbeitnehmer zur Anpassung an sich ändernde Anforderungen sorgen,
2. vorrangig durch betriebliche Maßnahmen die Inanspruchnahme von Leistungen der Arbeitsförderung sowie Entlassungen von Arbeitnehmern vermeiden.

1. Drittes Buch Sozialgesetzbuch Neufassung

kursiv: *neu*[1]

§ 2 Zusammenwirken von Arbeitgebern und Arbeitnehmern mit den Arbeitsämtern

(...)

(2) Die Arbeitgeber haben bei ihren Entscheidungen verantwortungsvoll deren Auswirkungen auf die Beschäftigung der Arbeitnehmer und von Arbeitslosen und damit die Inanspruchnahme von Leistungen der Arbeitsförderung einzubeziehen. Sie sollen dabei insbesondere
1. im Rahmen ihrer Mitverantwortung für die Entwicklung der beruflichen Leistungsfähigkeit der Arbeitnehmer zur Anpassung an sich ändernde Anforderungen sorgen,
2. vorrangig durch betriebliche Maßnahmen die Inanspruchnahme von Leistungen der Arbeitsförderung sowie Entlassungen von Arbeitnehmern vermeiden.
3. *Arbeitnehmer vor der Beendigung des Arbeitsverhältnisses frühzeitig über die Notwendigkeit eigener Aktivitäten bei der Suche nach einer anderen Beschäftigung sowie über die Verpflich-*

[1] Die Hervorhebungen gelten für die gesamte Übersicht der im Folgenden den ausgeführten Gesetzesänderungen; (...): kennzeichnet Auslassungen (z. B. nicht geänderte Absätze eines Paragraphen, die nicht ausgeführt sind).

(...)

(5) Die Arbeitnehmer haben zur Vermeidung oder zur Beendigung von Arbeitslosigkeit insbesondere
1. ein zumutbares Beschäftigungsverhältnis fortzusetzen,
2. eigenverantwortlich nach Beschäftigung zu suchen,
3. eine zumutbare Beschäftigung aufzunehmen und
4. an einer beruflichen Eingliederungsmaßnahme teilzunehmen.

---

§ 3 Leistungen der Arbeitsförderung
(1) Arbeitnehmer erhalten folgende Leistungen:
1. Berufsberatung sowie Ausbildungs- und Arbeitsvermittlung und diese unterstützende Leistungen,
2. Maßnahmen der Eignungsfeststellung, Trainingsmaßnahmen zur Verbesserung der Eingliederungsaussichten,
3. Mobilitätshilfen und Arbeitnehmerhilfe zur Aufnahme einer Beschäftigung,
4. Überbrückungsgeld zur Aufnahme einer selbständigen Tätigkeit,
5. Berufsausbildungsbeihilfe während einer beruflichen Ausbildung oder einer berufsvorbereitenden Bildungsmaßnahme,
6. Übernahme der Weiterbildungskosten und Unterhaltsgeld während

tung unverzüglicher Meldung beim Arbeitsamt informieren, sie hierzu freistellen und die Teilnahme an erforderlichen Qualifizierungsmaßnahmen ermöglichen.

(...)

(5) Die Arbeitnehmer haben zur Vermeidung oder zur Beendigung von Arbeitslosigkeit insbesondere
1. ein zumutbares Beschäftigungsverhältnis fortzusetzen,
2. eigenverantwortlich nach Beschäftigung zu suchen, *bei bestehendem Beschäftigungsverhältnis frühzeitig vor dessen Beendigung*
3. eine zumutbare Beschäftigung aufzunehmen und
4. an einer beruflichen Eingliederungsmaßnahme teilzunehmen.

---

§ 3 Leistungen der Arbeitsförderung
(1) Arbeitnehmer erhalten folgende Leistungen:
1. Berufsberatung sowie Ausbildungs- und Arbeitsvermittlung und diese unterstützende Leistungen,
2. Maßnahmen der Eignungsfeststellung, Trainingsmaßnahmen zur Verbesserung der Eingliederungsaussichten,
3. Mobilitätshilfen und Arbeitnehmerhilfe zur Aufnahme einer Beschäftigung,
4. Überbrückungsgeld zur Aufnahme einer selbständigen Tätigkeit,
5. Berufsausbildungsbeihilfe während einer beruflichen Ausbildung oder einer berufsvorbereitenden Bildungsmaßnahme,
6. Übernahme der Weiterbildungskosten und Unterhaltsgeld während

der Teilnahme an einer beruflichen Weiterbildung ~~sowie Anschlussunterhaltsgeld während Arbeitslosigkeit im Anschluss an eine abgeschlossene berufliche Weiterbildung,~~	der Teilnahme an einer beruflichen Weiterbildung,
(...)	(...)
(4) Leistungen der aktiven Arbeitsförderung sind alle Leistungen der Arbeitsförderung mit Ausnahme von ~~Anschlussunterhaltsgeld,~~ Arbeitslosengeld, Teilarbeitslosengeld, Arbeitslosenhilfe und Insolvenzgeld.	(4) Leistungen der aktiven Arbeitsförderung sind alle Leistungen der Arbeitsförderung mit Ausnahme von Arbeitslosengeld, Teilarbeitslosengeld, Arbeitslosenhilfe und Insolvenzgeld.
(...)	(...)
§ 9 Ortsnahe Leistungserbringung (...)	§ 9 Ortsnahe Leistungserbringung (...)
(2) Die Arbeitsämter sollen die Vorgänge am Arbeitsmarkt besser durchschaubar machen. Sie haben zum Ausgleich von Angebot und Nachfrage auf dem örtlichen und überörtlichen Arbeitsmarkt beizutragen.	(2) Die Arbeitsämter sollen die Vorgänge am Arbeitsmarkt besser durchschaubar machen. Sie haben zum Ausgleich von Angebot und Nachfrage auf dem örtlichen und überörtlichen Arbeitsmarkt beizutragen. *Der Einsatz der aktiven Arbeitsmarktpolitik ist zur Verbesserung der Wirksamkeit und Steuerung regelmäßig durch die Arbeitsämter zu überprüfen. Dazu ist ein regionales Arbeitsmarktmonitoring einzurichten. Arbeitsmarktmonitoring ist ein System wiederholter Beobachtungen, Bilanzierungen, Trendbeschreibungen und Bewertungen der Vorgänge auf dem Arbeitsmarkt einschließlich der den Arbeitsmarktausgleich unterstützenden Maßnahmen.*
(...)	(...)

§ 11 Eingliederungsbilanz

(...)

(3) Die Eingliederungsbilanz ist mit den Beteiligten des örtlichen Arbeitsmarktes zu erörtern. Dazu ist sie um einen Teil zu ergänzen, der weiteren Aufschluss über die Leistungen und ihre Wirkungen auf den örtlichen Arbeitsmarkt, Aufschluss über die Konzentration der Maßnahmen auf einzelne Träger ~~sowie~~ über die Einschaltung Dritter bei der Vermittlung gibt.

(...)

§ 11 Eingliederungsbilanz

(...)

(3) Die Eingliederungsbilanz ist mit den Beteiligten des örtlichen Arbeitsmarktes zu erörtern. Dazu ist sie um einen Teil zu ergänzen, der weiteren Aufschluss über die Leistungen und ihre Wirkungen auf den örtlichen Arbeitsmarkt, Aufschluss über die Konzentration der Maßnahmen auf einzelne Träger über die Einschaltung Dritter bei der Vermittlung *sowie Aufschluss über die Zahl der in Personal-Service-Agenturen vermittelten Arbeitnehmer und deren weiteren Eingliederung in den Arbeitsmarkt gibt.*

(...)

§ 37 a Beauftragung Dritter mit der Vermittlung

(1) Das Arbeitsamt kann zu seiner Unterstützung Dritte mit der Vermittlung ~~Ausbildungssuchender oder Arbeitssuchender~~ oder mit Teilaufgaben ihrer Vermittlung beauftragen. ~~Der Ausbildungssuchende oder Arbeitsuchende kann der Beauftragung aus wichtigem Grund widersprechen.~~ Der Ausbildungssuchende oder Arbeitsuchende ist über das Widerspruchsrecht zu belehren. ~~Ein Arbeitsloser kann vom Arbeitsamt die Beauftragung eines Dritten mit seiner Vermittlung verlangen, wenn er sechs Monate nach Eintritt seiner Arbeitslosigkeit noch arbeitslos ist.~~

(2) Das Arbeitsamt kann Träger von Arbeitsbeschaffungs- und Strukturanpassungsmaßnahmen sowie Arbeitge-

§ 37 a Beauftragung Dritter mit der Vermittlung

(1) Das Arbeitsamt kann zu seiner Unterstützung Dritte mit der Vermittlung oder mit Teilaufgaben *der* Vermittlung beauftragen. *Das Arbeitsamt kann dem beauftragten Dritten Ausbildungssuchende oder Arbeitssuchende zuweisen, wenn diese der Zuweisung nicht aus wichtigem Grund widersprechen.* Der Ausbildungssuchende oder Arbeitsuchende ist über das Widerspruchsrecht zu belehren.

(2) *Ein Arbeitsloser kann vom Arbeitsamt die Beauftragung eines Dritten mit seiner Vermittlung verlangen, wenn er sechs Monate nach Eintritt seiner Arbeitslosigkeit noch arbeitslos ist.*

(3) Das Arbeitsamt kann Träger von Arbeitsbeschaffungs- und Strukturanpassungsmaßnahmen sowie Arbeitge-

ber, deren Arbeitnehmer Anspruch auf Kurzarbeitergeld in einer betriebsorganisatorisch eigenständigen Einheit haben, mit der Vermittlung der geförderten Arbeitnehmer beauftragen.	ber, deren Arbeitnehmer Anspruch auf Kurzarbeitergeld in einer betriebsorganisatorisch eigenständigen Einheit haben, mit der Vermittlung der geförderten Arbeitnehmer beauftragen.
(3) Für die Vermittlungstätigkeit des Dritten kann ein Honorar vereinbart werden. Eine Pauschalierung ist zulässig.	(4) Für die Vermittlungstätigkeit des Dritten kann ein Honorar vereinbart werden. Eine Pauschalierung ist zulässig.
	37 b Frühzeitige Arbeitssuche *Inkrafttreten: 1. Juli 2003* *Personen deren Versicherungspflichtverhältnis endet, sind verpflichtet, sich unverzüglich nach Kenntnis des Beendigungszeitpunkts persönlich beim Arbeitsamt arbeitsuchend zu melden. Im Fall eines befristeten Arbeitsverhältnisses hat die Meldung jedoch frühestens drei Monate vor dessen Beendigung zu erfolgen. Die Pflicht zur Meldung besteht unabhängig davon, ob der Fortbestand des Arbeits- oder Ausbildungsverhältnisses gerichtlich geltend gemacht wird. Die Pflicht zur Meldung gilt nicht bei einem betrieblichen Ausbildungsverhältnis.*
	37 c Personal-Service-Agentur *(1) Jedes Arbeitsamt hat die Einrichtung mindestens einer Personal-Service-Agentur sicher zu stellen. Aufgabe der Personal-Service-Agentur ist insbesondere, eine Arbeitnehmerüberlassung zur Vermittlung von Arbeitslosen in Arbeit durchzuführen sowie ihre Beschäftigten in verleihfreien Zeiten zu qualifizieren und weiterzubilden.*

(2) Zur Einrichtung von Personal-Service-Agenturen schließt das Arbeitsamt namens der Bundesanstalt mit erlaubt tätigen Verleihern Verträge. Für die Verträge mit den Personal-Service-Agenturen gilt das Vergaberecht. Kommen auf diese Weise Verträge nicht zustande, ist das ursprüngliche Vergabeverfahren aufzuheben und ein neues Vergabeverfahren über denselben Leistungsgegenstand durchzuführen. Das Arbeitsamt kann für die Tätigkeit der Personal-Service-Agenturen ein Honorar vereinbaren. Eine Pauschalierung ist zulässig. Werden Arbeitnehmer von der Personal-Service-Agentur an einen früheren Arbeitgeber, bei dem sie während der letzten vier Jahre mehr als drei Monate versicherungspflichtig beschäftigt waren, überlassen, ist das Honorar entsprechend zu kürzen.

(3) Sind Verträge nach Absatz 2 nicht zustande gekommen, kann sich das Arbeitsamt namens der Bundesanstalt an Verleihunternehmen beteiligen, Kreditaufnahmen von Mehrheitsbeteiligungen sind nur in Form von Gesellschafterdarlehen der Bundesanstalt zulässig. Der Bundesrechnungshof prüft die Haushalts- und Wirtschaftsführung der Personal-Service-Agenturen, an denen die Arbeitsämter namens der Bundesanstalt mehrheitlich beteiligt sind. Die nach § 373 erforderliche Zustimmung ist entbehrlich. Absatz 2 Satz 6 gilt entsprechend.

(4) Kommt auch eine Beteiligung nach Absatz 3 nicht zustande, kann das Arbeitsamt namens der Bundesanstalt eigene Personal-Service-Agenturen

gründen. Absatz 3 Satz 2, 3 und 4 gelten entsprechend.

(5) In den Fällen der Absätze 3 oder 4 hat das Arbeitsamt mindestens einmal jährlich zu prüfen, ob zu einem späteren Zeitpunkt Verträge nach Absatz 2 geschlossen werden können.

---

§ 45 Leistungen
Arbeitslose und von Arbeitslosigkeit bedrohte Arbeitsuchende sowie Ausbildungssuchende können zur Beratung und Vermittlung unterstützende Leistungen erhalten, soweit der Arbeitgeber gleichartige Leistungen nicht oder voraussichtlich nicht erbringen wird ~~und sie die erforderlichen Mittel nicht selbst aufbringen können.~~ Als unterstützende Leistungen können Kosten
1. für die Erstellung und Versendung von Bewerbungsunterlagen (Bewerbungskosten),
2. im Zusammenhang mit Fahrten zur Berufsberatung, Vermittlung, Eignungsfeststellung und zu Vorstellungsgesprächen (Reisekosten) übernommen werden.

§ 45 Leistungen
Arbeitslose und von Arbeitslosigkeit bedrohte Arbeitsuchende sowie Ausbildungssuchende können zur Beratung und Vermittlung unterstützende Leistungen erhalten, soweit der Arbeitgeber gleichartige Leistungen nicht oder voraussichtlich nicht erbringen wird. Als unterstützende Leistungen können Kosten
1. für die Erstellung und Versendung von Bewerbungsunterlagen (Bewerbungskosten),
2. im Zusammenhang mit Fahrten zur Berufsberatung, Vermittlung, Eignungsfeststellung und zu Vorstellungsgesprächen (Reisekosten) übernommen werden.

---

§ 50 Maßnahmekosten
Maßnahmekosten sind
1. erforderliche und angemessene Lehrgangskosten und Prüfungsgebühren,
2. berücksichtigungsfähige Fahrkosten für die tägliche Hin- und Rückfahrt des Teilnehmers zwischen Wohnung und Maßnahmestätte und
3. Kosten für die Betreuung der aufsichtsbedürftigen Kinder des Arbeitslosen ~~bis zu~~ 130 Euro monatlich je Kind.

§ 50 Maßnahmekosten
Maßnahmekosten sind
1. erforderliche und angemessene Lehrgangskosten und Prüfungsgebühren
2. berücksichtigungsfähige Fahrkosten für die tägliche Hin- und Rückfahrt des Teilnehmers zwischen Wohnung und Maßnahmestätte und
3. Kosten für die Betreuung der aufsichtsbedürftigen Kinder des Arbeitslosen *in Höhe von* 130 Euro monatlich je Kind.

§ 53 Mobilitätshilfen (1) Arbeitslose und von Arbeitslosigkeit bedrohte Arbeitssuchende, die eine versicherungspflichtige Beschäftigung aufnehmen, können durch Mobilitätshilfen gefördert werden, ~~soweit~~ ~~1. dies zur Aufnahme der Beschäftigung notwendig ist und~~ ~~2. sie die erforderlichen Mittel nicht selbst aufbringen können.~~	§ 53 Mobilitätshilfen (1) Arbeitslose und von Arbeitslosigkeit bedrohte Arbeitssuchende, die eine versicherungspflichtige Beschäftigung aufnehmen, können durch Mobilitätshilfen gefördert werden, *soweit dies zur Aufnahme der Beschäftigung notwendig ist*
(...)	(...)
§ 54 Mobilitätshilfen bei Aufnahme einer Beschäftigung (1) Als Übergangsbeihilfe kann ein ~~Darlehen bis zur Höhe von 80 Prozent des bis zur ersten Entgeltabrechnung voraussichtlich zu beanspruchenden Bruttoarbeitsentgelts erbracht werden.~~	§ 54 Mobilitätshilfen bei Aufnahme einer Beschäftigung (1) Als Übergangsbeihilfe kann ein *zinsloses Darlehen in Höhe von bis zu 1000 Euro erbracht werden. Dieses ist zwei Monate nach der Auszahlung und grundsätzlich in zehn gleich hohen Raten zurückzuzahlen.*
(...)	(...)
(6) Als Umzugskostenbeihilfe ~~kann ein Darlehen~~ für das Befördern des Umzugsguts im Sinne des § 6 Abs. 3 Satz 1 des Bundesumzugskostengesetzes von der bisherigen zur neuen Wohnung ~~geleistet~~ werden, wenn der Umzug innerhalb von zwei Jahren nach Aufnahme der Beschäftigung stattfindet.	(6) Als Umzugskostenbeihilfe *können die Kosten* für das Befördern des Umzugsguts im Sinne des § 6 Abs. 3 Satz 1 des Bundesumzugskostengesetzes von der bisherigen zur neuen Wohnung übernommen werden, wenn der Umzug innerhalb von zwei Jahren nach Aufnahme der Beschäftigung stattfindet *und der Umzug durch die Aufnahme einer Beschäftigung bedingt ist, die außerhalb des nach § 121 Abs. 4 zumutbaren Tagespendelbereichs liegt.*
§ 57 Überbrückungsgeld (1) Arbeitnehmer, die durch Aufnahme einer selbständigen Tätigkeit die Arbeitslosigkeit beenden oder vermeiden, können zur Sicherung des Lebens-	§ 57 Überbrückungsgeld (1) Arbeitnehmer, die durch Aufnahme einer selbständigen Tätigkeit die Arbeitslosigkeit beenden oder vermeiden, können zur Sicherung des Lebens-

unterhalts und zur sozialen Sicherung in der Zeit nach der Existenzgründung Überbrückungsgeld erhalten.	unterhalts und zur sozialen Sicherung in der Zeit nach der Existenzgründung Überbrückungsgeld erhalten.
(...)	(...)
(3) Das Überbrückungsgeld wird für die Dauer von sechs Monaten geleistet. Überbrückungsgeld kann nicht gewährt werden, solange Ruhenstatbestände nach den ~~§§ 142 bis 145~~ vorliegen.	(3) Das Überbrückungsgeld wird für die Dauer von sechs Monaten geleistet. Überbrückungsgeld kann nicht gewährt werden, solange Ruhenstatbestände nach den *§§ 142 bis 143a* vorliegen. *Liegen die Voraussetzungen für eine Minderung des Anspruchs auf Arbeitslosengeld nach § 140 vor, so mindert sich das Überbrückungsgeld um die entsprechende Höhe für die Zahl der Tage, die in den Zeitraum der Förderung mit Überbrückungsgeld hineinragen. Liegen die Voraussetzungen für ein Ruhen des Anspruchs bei Sperrzeit nach § 144 oder Säumniszeit nach § 145 vor, verkürzt sich die Dauer der Förderung entsprechend der Dauer der Sperrzeit oder der Dauer der Säumniszeit unter Berücksichtigung der bereits verstrichenen Sperr- oder Säumniszeiten.*
	(...)
§ 67 Fahrkosten	§ 67 Fahrkosten
(...)	(...)
(2) Die Fahrkosten werden in Höhe des Betrages zugrunde gelegt, der bei Benutzung eines regelmäßig verkehrenden öffentlichen Verkehrsmittels der niedrigsten Klasse des zweckmäßigsten öffentlichen Verkehrsmittels zu zahlen ist, bei Benutzung sonstiger Verkehrsmittel in Höhe der Wegstreckenentschädigung nach § 6 Abs. 1 des Bundesreisekostengesetzes.	(2) Die Fahrkosten werden in Höhe des Betrages zugrunde gelegt, der bei Benutzung eines regelmäßig verkehrenden öffentlichen Verkehrsmittels der niedrigsten Klasse des zweckmäßigsten öffentlichen Verkehrsmittels zu zahlen ist, bei Benutzung sonstiger Verkehrsmittel in Höhe der Wegstreckenentschädigung nach § 6 Abs. 1 des Bundesreisekostengesetzes. Bei nicht ge-

~~Für Pendelfahrten wird für den Bewilligungszeitraum eine monatliche Pauschale in Höhe der Fahrkosten zugrunde gelegt, die im ersten Monat des Bewilligungszeitraums anfallen.~~ Bei nicht geringfügigen Fahrpreiserhöhungen ~~ist die Pauschale auf Antrag anzupassen,~~ wenn der Bewilligungszeitraum noch mindestens ~~drei~~ weitere Monate andauert. Kosten für Pendelfahrten werden nur bis zur Höhe des Betrages übernommen, der nach ~~§ 84~~ insgesamt erbracht werden kann.

ringfügigen Fahrpreiserhöhungen *hat auf Antrag eine Anpassung zu erfolgen,* wenn der Bewilligungszeitraum noch mindestens *zwei* weitere Monate andauert. Kosten für Pendelfahrten werden nur bis zur Höhe des Betrages übernommen, der nach *§ 82* insgesamt erbracht werden kann.

---

§ 68 Sonstige Aufwendungen
(...)

(3) Bei einer beruflichen Ausbildung und einer berufsvorbereitenden Bildungsmaßnahme wird als Bedarf für sonstige Aufwendungen eine Pauschale für Kosten der Arbeitskleidung in Höhe von 11 Euro monatlich zugrunde gelegt. Außerdem können sonstige Kosten anerkannt werden, soweit sie durch die Ausbildung oder Teilnahme an der berufsvorbereitenden Bildungsmaßnahme unvermeidbar entstehen, die Ausbildung oder Teilnahme an der Maßnahme andernfalls gefährdet ist und wenn die Aufwendungen vom Auszubildenden oder seinen Erziehungsberechtigten zu tragen sind. Darüber hinaus können Kosten für die Betreuung der aufsichtsbedürftigen Kinder des Auszubildenden ~~bis zu~~ 130 Euro monatlich je Kind übernommen werden.

§ 68 Sonstige Aufwendungen
(...)

(3) Bei einer beruflichen Ausbildung und einer berufsvorbereitenden Bildungsmaßnahme wird als Bedarf für sonstige Aufwendungen eine Pauschale für Kosten der Arbeitskleidung in Höhe von 11 Euro monatlich zugrunde gelegt. Außerdem können sonstige Kosten anerkannt werden, soweit sie durch die Ausbildung oder Teilnahme an der berufsvorbereitenden Bildungsmaßnahme unvermeidbar entstehen, die Ausbildung oder Teilnahme an der Maßnahme andernfalls gefährdet ist und wenn die Aufwendungen vom Auszubildenden oder seinen Erziehungsberechtigten zu tragen sind. Darüber hinaus können Kosten für die Betreuung der aufsichtsbedürftigen Kinder des Auszubildenden *in Höhe von* 130 Euro monatlich je Kind übernommen werden.

Sechster Abschnitt
Förderung der beruflichen Weiterbildung

§ 77 Grundsatz

(1) Arbeitnehmer können bei Teilnahme an Maßnahmen der beruflichen Weiterbildung durch Übernahme der Weiterbildungskosten und Leistung von Unterhaltsgeld gefördert werden, wenn

1. die Weiterbildung notwendig ist, um sie bei Arbeitslosigkeit beruflich einzugliedern, eine ihnen drohende Arbeitslosigkeit abzuwenden, oder weil bei ihnen wegen fehlenden Berufsabschlusses die Notwendigkeit der Weiterbildung anerkannt ist,

2. die Vorbeschäftigungszeit erfüllt ist,

3. vor Beginn der Teilnahme eine Beratung durch das Arbeitsamt erfolgt ist ~~und das Arbeitsamt der Teilnahme zugestimmt hat~~ und

4. die Maßnahme ~~für die Weiterbildungsförderung durch das Arbeitsamt anerkannt ist.~~

(2) Anerkannt wird die Notwendigkeit der Weiterbildung bei Arbeitnehmern wegen fehlenden Berufsabschlusses, wenn sie

~~1. nicht über einen Berufsabschluss verfügen, für den nach bundes- oder landesrechtlichen Vorschriften eine Ausbildungsdauer von mindestens zwei Jahren festgelegt ist, oder~~

Sechster Abschnitt
Förderung der beruflichen Weiterbildung

§ 77 Grundsatz

(1) Arbeitnehmer können bei Teilnahme an Maßnahmen der beruflichen Weiterbildung durch Übernahme der Weiterbildungskosten und Leistung von Unterhaltsgeld gefördert werden, wenn

1. die Weiterbildung notwendig ist um sie bei Arbeitslosigkeit beruflich einzugliedern, eine ihnen drohende Arbeitslosigkeit abzuwenden *bei Ausübung einer Teilzeitbeschäftigung eine Vollzeitbeschäftigung zu erlangen* oder weil bei ihnen wegen fehlenden Berufsabschlusses die Notwendigkeit der Weiterbildung anerkannt ist,

2. die Vorbeschäftigungszeit erfüllt ist,

3. vor Beginn der Teilnahme eine Beratung durch das Arbeitsamt erfolgt ist und

4. die Maßnahme *und der Träger der Maßnahme für die Förderung zugelassen sind.*

Arbeitnehmer, die die Vorbeschäftigungszeit nicht erfüllen, können durch Übernahme der Weiterbildungskosten gefördert werden.

(2) Anerkannt wird die Notwendigkeit der Weiterbildung bei Arbeitnehmern wegen fehlenden Berufsabschlusses, wenn sie

1. *über einen Berufsabschluss verfügen, jedoch auf Grund einer mehr als vier Jahre ausgeübten Beschäftigung in an- oder ungelernter Tätigkeit eine entsprechende Beschäftigung voraussichtlich nicht mehr ausüben können,* oder

~~2. über einen Berufsabschluss verfügen, jedoch auf Grund einer mehr als sechs Jahre ausgeübten Beschäftigung in an- oder ungelernter Tätigkeit eine entsprechende Beschäftigung voraussichtlich nicht mehr ausüben können.~~	2. *nicht über einen Berufsabschluss verfügen, für den nach bundes- oder landesrechtlichen Vorschriften eine Ausbildungsdauer von mindestens zwei Jahren festgelegt ist.* Arbeitnehmer ohne Berufsabschluss, die noch nicht drei Jahre beruflich tätig gewesen sind, können nur gefördert werden, wenn eine berufliche Ausbildung oder eine berufsvorbereitende Bildungsmaßnahme aus in der Person des Arbeitnehmers liegenden Gründen nicht möglich oder nicht zumutbar ist.
(3) Arbeitnehmer ohne Berufsabschluss, die noch nicht drei Jahre beruflich tätig gewesen sind, können nur gefördert werden, wenn eine berufliche Ausbildung oder eine berufsvorbereitende Bildungsmaßnahme aus in der Person des Arbeitnehmers liegenden Gründen nicht möglich oder nicht zumutbar ist.	(3) *Dem Arbeitnehmer wird das Vorliegen der Voraussetzungen für eine Förderung bescheinigt (Bildungsgutschein). Der Bildungsgutschein kann zeitlich befristet sowie regional und auf bestimmte Bildungsziele beschränkt werden. Der vom Arbeitnehmer ausgewählte Träger hat dem Arbeitsamt den Bildungsgutschein vor Beginn der Maßnahme vorzulegen.*
~~(4) Arbeitnehmer können auch durch Übernahme der Weiterbildungskosten gefördert werden, wenn die Voraussetzung nach Absatz 1 Nr. 1 nicht erfüllt ist und sie bei Teilnahme an einer Teilzeitmaßnahme durch Leistung von Teilunterhaltsgeld gefördert werden, weil die Teilnahme an der Maßnahme zur Aufnahme einer Vollzeitbeschäftigung notwendig ist.~~	
§ 79 ~~Ergänzende Förderung~~	§ 79 *Weiterbildungskosten*
~~(1) Ist der Arbeitnehmer innerhalb der letzten drei Jahre vor Beginn der Teilnahme bereits als Teilnehmer an einer Maßnahme der beruflichen Weiterbildung durch das Arbeitsamt gefördert worden, so kann er erneut nur gefördert werden, wenn wegen der besonde-~~	*(1) Weiterbildungskosten sind die durch die Weiterbildung unmittelbar entstehenden* *1. Lehrgangskosten und Kosten für die Eignungsfeststellung,* *2. Fahrkosten,*

~~ren Schwierigkeiten einer beruflichen Eingliederung die Teilnahme an einer weiteren Maßnahme der beruflichen Weiterbildung unerlässlich ist Diese Einschränkung gilt nicht, wenn der Arbeitnehmer bei der vorherigen Förderung~~
~~1. an einem für die Weiterbildungsförderung anerkannten Maßnahmeteil teilgenommen hat,~~
~~2. an einer Maßnahme zur Feststellung beruflicher Kenntnisse, Fertigkeiten und Fähigkeiten (Feststellungsmaßnahme) teilgenommen hat oder~~
~~3. die Maßnahme aus einem wichtigen Grund nicht beenden und nicht fortsetzen konnte.~~

~~(2) Der Arbeitnehmer wird bei Wiederholung eines Teils einer Maßnahme nur gefördert, wenn~~
~~1. die Wiederholung erforderlich ist, um das Bildungsziel zu erreichen,~~
~~2. der Arbeitnehmer den Grund für die Wiederholung nicht zu vertreten hat und~~
~~3. der zu wiederholende Teil insgesamt nicht länger als sechs Monate dauert.~~
~~Der zu wiederholende Teil darf bis zur Hälfte der Dauer der Maßnahme, längstens jedoch zwölf Monate dauern, wenn in bundes- oder landesgesetzlichen Regelungen eine längere Dauer als sechs Monate für die Zulassung zu einer Wiederholungsprüfung vorgeschrieben ist.~~

3. Kosten für auswärtige Unterbringung und Verpflegung,
4. Kosten für die Betreuung von Kindern.

(2) *Leistungen können unmittelbar an den Träger der Maßnahme ausgezahlt werden, soweit Kosten bei dem Träger unmittelbar entstehen. Soweit ein Bescheid über die Bewilligung von unmittelbar an den Träger erbrachten Leistungen aufgehoben worden ist, sind diese Leistungen ausschließlich von dem Träger zu erstatten.*

~~§ 80 Personen ohne Vorbeschäftigungszeit~~
~~Arbeitnehmer, die die Vorbeschäftigungszeit nicht erfüllen, können durch~~

§ 80 *Lehrgangskosten*
Lehrgangskosten sind Lehrgangsgebühren einschließlich der Kosten für erforderliche Lernmittel, Arbeitskleidung, Prüfungsstücke und der Prü-

~~Übernahme der Weiterbildungskosten gefördert werden.~~	*fungsgebühren für gesetzlich geregelte oder allgemein anerkannte Zwischen- und Abschlussprüfungen sowie Kosten für eine notwendige Eignungsfeststellung. Lehrgangskosten können auch für die Zeit vom Ausscheiden eines Teilnehmers bis zum planmäßigen Ende der Maßnahme übernommen werden, wenn der Teilnehmer wegen Arbeitsaufnahme vorzeitig ausgeschieden, das Arbeitsverhältnis durch Vermittlung des Trägers der Maßnahme zustande gekommen und eine Nachbesetzung des frei gewordenen Platzes in der Maßnahme nicht möglich ist.*
§ 81 ~~Weiterbildungskosten~~ ~~(1) Weiterbildungskosten sind die durch die Weiterbildung unmittelbar entstehenden~~ ~~1. Lehrgangskosten und Kosten für die Eignungsfeststellung,~~ ~~2. Fahrkosten,~~ ~~3. Kosten für auswärtige Unterbringung und Verpflegung,~~ ~~4. Kosten für die Betreuung von Kindern.~~	§ 81 *Fahrkosten* *(1) Fahrkosten können übernommen werden* *1. für Fahrten zwischen Wohnung und Bildungsstätte (Pendelfahrten),* *2. bei einer erforderlichen auswärtigen Unterbringung für die An- und Abreise und für eine monatliche Familienheimfahrt oder anstelle der Familienheimfahrt für eine monatliche Fahrt eines Angehörigen zum Aufenthaltsort des Arbeitnehmers.*
~~(2) Leistungen können unmittelbar an den Träger der Maßnahme ausgezahlt werden, soweit Kosten bei dem Träger unmittelbar entstehen. Soweit ein Bescheid über die Bewilligung von unmittelbar an den Träger erbrachten Leistungen aufgehoben worden ist, sind diese Leistungen ausschließlich von dem Träger zu erstatten.~~	(2) *Die Fahrkosten können bis zur Höhe des Betrages übernommen werden, der bei Benutzung eines regelmäßig verkehrenden öffentlichen Verkehrsmittels der niedrigsten Klasse des zweckmäßigsten öffentlichen Verkehrsmittels anfällt, bei Benutzung sonstiger Verkehrsmittel bis zur Höhe der Wegstreckenentschädigung nach § 6 Abs. 1 des Bundesreisekostengesetzes. Bei nicht geringfügigen Fahrpreiserhöhungen hat auf Antrag eine Anpassung zu erfolgen, wenn die Maß-*

nahme mindestens zwei weitere Monate andauert.

(3) *Kosten für Pendelfahrten können nur bis zu der Höhe des Betrags übernommen werden, der bei auswärtiger Unterbringung für Unterbringung und Verpflegung zu leisten wäre.*

---

§ 82 ~~Lehrgangskosten~~
~~Als Lehrgangskosten können Lehrgangsgebühren einschließlich der Kosten für erforderliche Lernmittel, Arbeitskleidung, Prüfungsstücke und der Prüfungsgebühren für gesetzlich geregelte oder allgemein anerkannte Zwischen- und Abschlussprüfungen übernommen werden. Lehrgangskosten können auch für die Zeit vom Ausscheiden eines Teilnehmers bis zum planmäßigen Ende der Maßnahme übernommen werden, wenn der Teilnehmer wegen Arbeitsaufnahme vorzeitig ausgeschieden, das Arbeitsverhältnis durch Vermittlung des Trägers der Maßnahme zustande gekommen und eine Nachbesetzung des frei gewordenen Platzes in der Maßnahme nicht möglich ist.~~

~~Es können auch die Kosten für eine notwendige Eignungsfeststellung übernommen werden.~~

§ 82 *Kosten für auswärtige Unterbringung und Verpflegung*
Ist eine auswärtige Unterbringung erforderlich, so können
1. für die Unterbringung je Tag ein Betrag in Höhe von 31 Euro, je Kalendermonat jedoch höchstens ein Betrag in Höhe von 340 Euro und
2. für die Verpflegung je Tag ein Betrag in Höhe in 18 Euro, je Kalendermonat jedoch höchstens ein Betrag in Höhe von 136 Euro erbracht werden.

---

§ 83 ~~Fahrkosten~~
~~(1) Fahrkosten können übernommen werden~~
~~1. für Fahrten zwischen Wohnung und Bildungsstätte (Pendelfahrten),~~
~~2. bei einer erforderlichen auswärtigen Unterbringung für die An- und Abreise und für eine monatliche Familienheimfahrt oder anstelle der Familienheim-~~

§ 83 *Kinderbetreuungskosten*
Kosten für die Betreuung der aufsichtsbedürftigen Kinder des Arbeitnehmers können in Höhe von 130 Euro monatlich je Kind übernommen werden.

~~fahrt für eine monatliche Fahrt eines Angehörigen zum Aufenthaltsort des Arbeitnehmers.~~

~~(2) Die Fahrkosten können bis zur Höhe des Betrages übernommen werden, der bei Benutzung eines regelmäßig verkehrenden öffentlichen Verkehrsmittels der niedrigsten Klasse des zweckmäßigsten öffentlichen Verkehrsmittels anfällt, bei Benutzung sonstiger Verkehrsmittel bis zur Höhe der Wegstreckenentschädigung nach § 6 Abs. 1 des Bundesreisekostengesetzes. Werden Kosten für Pendelfahrten übernommen, sind die Kosten monatlich in Höhe der zu Beginn der Teilnahme anfallenden Kosten zu übernehmen. Bei nicht geringfügigen Fahrpreiserhöhungen hat auf Antrag eine Anpassung zu erfolgen, wenn die Maßnahme mindestens drei weitere Monate andauert.~~

~~(3) Kosten für Pendelfahrten können nur bis zu der Höhe des Betrags übernommen werden, der bei auswärtiger Unterbringung für Unterbringung und Verpflegung zu leisten wäre.~~

---

§ 84 ~~Kosten für auswärtige Unterbringung und Verpflegung~~
~~Ist eine auswärtige Unterbringung erforderlich, so können~~
~~1. für die Unterbringung je Tag ein Betrag in Höhe von 31 Euro, je Kalendermonat jedoch höchstens ein Betrag in Höhe von 340 Euro und~~
~~2. für die Verpflegung je Tag ein Betrag in Höhe von 18 Euro, je Kalendermonat höchstens ein Betrag in Höhe von 136 Euro erbracht werden.~~

§ 84 *Anforderungen an Träger*
Zugelassen für die Förderung sind Träger, bei denen eine fachkundige Stelle festgestellt hat, dass
1. der Träger der Maßnahme die erforderliche Leistungsfähigkeit besitzt,
2. der Träger in der Lage ist, durch eigene Vermittlungsbemühungen die Eingliederung von Teilnehmern zu unterstützen,
3. Aus- und Fortbildung sowie Berufserfahrung des Leiters und der

	Lehrkräfte eine erfolgreiche berufliche Weiterbildung erwarten lassen und *4. der Träger ein System zur Sicherung der Qualität anwendet.*
§ 85 ~~Kinderbetreuungskosten~~ ~~Kosten für die Betreuung der aufsichtsbedürftigen Kinder des Arbeitnehmers können bis zu 130 Euro monatlich je Kind übernommen werden.~~	*§ 85 Anforderungen an Maßnahmen* *(1) Zugelassen für die Förderung sind Maßnahmen, bei denen eine fachkundige Stelle festgestellt hat, dass die Maßnahme* *1. nach Gestaltung der Inhalte der Maßnahme sowie der Methoden und Materialien ihrer Vermittlung eine erfolgreiche berufliche Bildung erwarten lässt und nach Lage und Entwicklung des Arbeitsmarktes zweckmäßig ist,* *2. angemessene Teilnahmebedingungen bietet,* *3. mit einem Zeugnis abschließt, das Auskunft über den Inhalt des vermittelten Lehrstoffs gibt,* *4. nach den Grundsätzen der Wirtschaftlichkeit und Sparsamkeit geplant und durchgeführt wird, insbesondere die Kosten und die Dauer angemessen sind.* *Sofern es dem Wiedereingliederungserfolg förderlich ist, sollen Maßnahmen nach Möglichkeit betriebliche Lernphasen vorsehen.* *(2) Die Dauer der Maßnahme ist angemessen, wenn sie sich auf den für das Erreichen des Bildungsziels erforderlichen Umfang beschränkt. Die Dauer einer Vollzeitmaßnahme, die zu einem Abschluss in einem allgemein anerkannten Ausbildungsberuf führt, ist angemessen, wenn sie gegenüber einer entsprechenden Berufsausbildung um mindestens ein Drittel der Ausbildungszeit verkürzt ist. Ist eine Verkürzung um mindestens ein Drittel der*

Ausbildungszeit auf Grund bundes- oder landesgesetzlicher Regelungen ausgeschlossen, so ist die Förderung eines Maßnahmeteils von bis zu zwei Dritteln der Maßnahme nicht ausgeschlossen, wenn bereits zu Beginn der Maßnahme die Finanzierung für die gesamte Dauer der Maßnahme gesichert ist.

(3) *Zugelassen werden kann eine Maßnahme nur, wenn sie das Ziel hat,*
1. berufliche Kenntnisse, Fertigkeiten und Fähigkeiten festzustellen, zu erhalten, zu erweitern, der technischen Entwicklung anzupassen oder einen beruflichen Aufstieg zu ermöglichen,
2. einen beruflichen Abschluss zu vermitteln oder
3. zu einer anderen beruflichen Tätigkeit zu befähigen.
Eine Maßnahme, die im Ausland durchgeführt wird, kann nur zugelassen werden. wenn die Weiterbildung im Ausland für das Erreichen des Bildungsziels besonders dienlich ist.

(4) Ausgeschlossen von der Zulassung sind Maßnahmen, wenn überwiegend
1. Wissen vermittelt wird, das dem von allgemeinbildenden Schulen angestrebten Bildungsziel oder den berufsqualifizierenden Studiengängen an Hochschulen oder ähnlichen Bildungsstätten entspricht oder
2. nicht berufsbezogene Inhalte vermittelt werden.

(5) *Zeiten einer der beruflichen Weiterbildung folgenden Beschäftigung, die der Erlangung der staatlichen Anerkennung oder der staatlichen Erlaubnis zur Ausübung des Berufes dienen,*

sind nicht berufliche Weiterbildung im Sinne dieses Buches.

---

§ 86 ~~Anerkennung für die Weiterbildungsförderung~~

~~(1) Die Anerkennung einer Maßnahme für die Weiterbildungsförderung setzt voraus, dass das Arbeitsamt vor Beginn festgestellt hat, dass~~

~~1. die Maßnahme den Zielen der Weiterbildungsförderung entspricht,~~

~~2. die Dauer der Maßnahme angemessen ist,~~

~~3. der Träger der Maßnahme die erforderliche Leistungsfähigkeit besitzt und sich verpflichtet, durch eigene Vermittlungsbemühungen die berufliche Eingliederung der Teilnehmer zu unterstützen,~~

~~4. die Maßnahme nach~~

~~a) Ausbildung und Berufserfahrung des Leiters und der Lehrkräfte und~~

~~b) Gestaltung des Lehrplans, Unterrichtsmethode und der Güte der zum Einsatz vorgesehenen Lehr- und Lernmittel eine erfolgreiche berufliche Bildung erwarten lässt,~~

~~5. die Maßnahme angemessene Teilnahmebedingungen bietet,~~

~~6. die Maßnahme mit einem Zeugnis abschließt, das Auskunft über den Inhalt des vermittelten Lehrstoffs gibt,~~

~~7. die Maßnahme nach den Grundsätzen der Wirtschaftlichkeit und Sparsamkeit geplant und durchgeführt wird und die Kosten angemessen sind und~~

~~8. die Maßnahme nach Lage und Entwicklung des Arbeitsmarktes zweckmäßig ist.~~

~~(2) Soweit andere fachkundige Stellen das Vorliegen einzelner Voraussetzungen, die für die Anerkennung erheblich~~

§ 86 *Qualitätsprüfung*

(1) Das Arbeitsamt hat durch geeignete Maßnahmen die Durchführung der Maßnahme zu überwachen sowie den Erfolg zu beobachten. Es kann insbesondere

1. von dem Träger der Maßnahme und den Teilnehmern Auskunft über den Verlauf der Maßnahme und den Eingliederungserfolg verlangen und

2. die Einhaltung der Voraussetzungen, die für die Zulassung des Trägers und der Maßnahme erfüllt sein müssen, durch Einsicht in alle die Maßnahme betreffenden Unterlagen des Trägers prüfen.

Das Arbeitsamt ist berechtigt, zu diesem Zwecke Grundstücke, Geschäfts- und Unterrichtsräume des Trägers während der Geschäfts- oder Unterrichtszeit zu betreten. Wird die Maßnahme bei einem Dritten durchgeführt, ist das Arbeitsamt berechtigt, die Grundstücke, Geschäfts- und Unterrichtsräume des Dritten während dieser Zeit zu betreten. Stellt das Arbeitsamt bei der Prüfung der Maßnahme hinreichende Anhaltspunkte für Verstöße gegen datenschutzrechtliche Vorschriften fest, soll es die zuständige Kontrollbehörde für den Datenschutz hiervon unterrichten.

(2) *Das Arbeitsamt kann vom Träger die Beseitigung festgestellter Mängel innerhalb angemessener Frist verlangen. Kommt der Träger diesem Verlangen nicht nach, hat das Arbeitsamt schwerwiegende und kurzfristig nicht behebbare Mängel festgestellt, werden*

~~sind, festgestellt haben, kann das Arbeitsamt insoweit von eigenen Feststellungen absehen. Das Arbeitsamt kann von der Prüfung einzelner maßnahmebezogener Voraussetzungen absehen, soweit der Träger bereits eine Maßnahme mit dem gleichen Bildungsziel erfolgreich durchgeführt hat und nach Lage und Entwicklung des Arbeitsmarktes eine berufliche Eingliederung der Teilnehmer mindestens in gleichem Umfang zu erwarten ist.~~

~~(3) Die Anerkennung für die Weiterbildungsförderung ist ausgeschlossen, wenn eine Förderung von Arbeitnehmern bei Teilnahme an dieser Maßnahme nicht zu erwarten ist.~~

die in Absatz 1 genannten Auskünfte nicht, nicht rechtzeitig oder nicht vollständig erteilt oder die Prüfungen oder das Betreten der Grundstücke, Geschäfts- und Unterrichtsräume durch das Arbeitsamt nicht geduldet, kann das Arbeitsamt die Geltung des Bildungsgutscheins für diesen Träger ausschließen und die Entscheidung über die Förderung insoweit aufheben.

(3) *Das Arbeitsamt und der Träger der Maßnahme erstellen nach Ablauf der Maßnahme gemeinsam eine Bilanz, die Aufschluss über die Eingliederung der Teilnehmer und die Wirksamkeit der Maßnahme gibt.*

(4) Das Arbeitsamt teilt der fachkundigen Stelle die nach den Absätzen 1 bis 3 gewonnenen Erkenntnisse mit.

~~§ 87 Ziele der Weiterbildungsförderung~~

~~(1) Eine Maßnahme entspricht den Zielen der Weiterbildungsförderung nur, wenn sie das Ziel hat,~~

~~1. berufliche Kenntnisse, Fertigkeiten und Fähigkeiten festzustellen, zu erhalten, zu erweitern, der technischen Entwicklung anzupassen oder einen beruflichen Aufstieg zu ermöglichen,~~

~~2. einen beruflichen Abschluss zu vermitteln oder~~

~~3. zu einer anderen beruflichen Tätigkeit zu befähigen.~~

~~(2) Den Zielen der Weiterbildungsförderung entspricht eine Maßnahme nicht, in der überwiegend~~

~~1. Wissen vermittelt wird, das dem von allgemeinbildenden Schulen angestrebten Bildungsziel oder den berufsqualifi-~~

§ 87 Verordnungsermächtigung

Das Bundesministerium für Wirtschaft und Arbeit wird ermächtigt, im Einvernehmen mit dem Bundesministerium für Bildung und Forschung durch Rechtsverordnung, die nicht der Zustimmung des Bundesrates bedarf, das Nähere über fachkundige Stellen, das Verfahren der Zulassung von Trägern und Maßnahmen durch fachkundige Stellen und deren Zulassung zu bestimmen.

~~zierenden Studiengängen an Hochschulen oder ähnlichen Bildungsstätten entspricht,~~ ~~2. nicht berufsbezogene Inhalte vermittelt werden oder~~ ~~3. Inhalte vermittelt werden, die zur Vorbereitung der Aufnahme einer selbständigen Tätigkeit dienen.~~	
	§§ 88-96 sind weggefallen.
§ 121 Zumutbare Beschäftigungen (1) Einem Arbeitslosen sind alle seiner Arbeitsfähigkeit entsprechenden Beschäftigungen zumutbar, soweit allgemeine oder personenbezogene Gründe der Zumutbarkeit einer Beschäftigung nicht entgegenstehen.	§ 121 Zumutbare Beschäftigungen (1) Einem Arbeitslosen sind alle seiner Arbeitsfähigkeit entsprechenden Beschäftigungen zumutbar, soweit allgemeine oder personenbezogene Gründe der Zumutbarkeit einer Beschäftigung nicht entgegenstehen.
(2) Aus allgemeinen Gründen ist eine Beschäftigung einem Arbeitslosen insbesondere nicht zumutbar, wenn die Beschäftigung gegen gesetzliche, tarifliche oder in Betriebsvereinbarungen festgelegte Bestimmungen über Arbeitsbedingungen oder gegen Bestimmungen des Arbeitsschutzes verstößt.	(2) Aus allgemeinen Gründen ist eine Beschäftigung einem Arbeitslosen insbesondere nicht zumutbar, wenn die Beschäftigung gegen gesetzliche, tarifliche oder in Betriebsvereinbarungen festgelegte Bestimmungen über Arbeitsbedingungen oder gegen Bestimmungen des Arbeitsschutzes verstößt.
(3) Aus personenbezogenen Gründen ist eine Beschäftigung einem Arbeitslosen insbesondere nicht zumutbar, wenn das daraus erzielbare Arbeitsentgelt erheblich niedriger ist als das der Bemessung des Arbeitslosengeldes zugrunde liegende Arbeitsentgelt. In den ersten drei Monaten der Arbeitslosigkeit ist eine Minderung um mehr als 20 Prozent und in den folgenden drei Monaten um mehr als 30 Prozent dieses Arbeitsentgelts nicht zumutbar. Vom siebten Monat der Arbeitslosigkeit an ist dem Arbeitslosen eine Beschäftigung nur dann nicht zumut-	(3) Aus personenbezogenen Gründen ist eine Beschäftigung einem Arbeitslosen insbesondere nicht zumutbar, wenn das daraus erzielbare Arbeitsentgelt erheblich niedriger ist als das der Bemessung des Arbeitslosengeldes zugrunde liegende Arbeitsentgelt. In den ersten drei Monaten der Arbeitslosigkeit ist eine Minderung um mehr als 20 Prozent und in den folgenden drei Monaten um mehr als 30 Prozent dieses Arbeitsentgelts nicht zumutbar. Vom siebten Monat der Arbeitslosigkeit an ist dem Arbeitslosen eine Beschäftigung nur dann nicht zumut-

bar, wenn das daraus erzielbare Nettoeinkommen unter Berücksichtigung der mit der Beschäftigung zusammenhängenden Aufwendungen niedriger ist als das Arbeitslosengeld.

(4) Aus personenbezogenen Gründen ist einem Arbeitslosen eine Beschäftigung auch nicht zumutbar, wenn die täglichen Pendelzeiten zwischen seiner Wohnung und der Arbeitsstätte im Vergleich zur Arbeitszeit unverhältnismäßig lang sind. Als unverhältnismäßig lang sind im Regelfall Pendelzeiten von insgesamt mehr als zweieinhalb Stunden bei einer Arbeitszeit von mehr als sechs Stunden und Pendelzeiten von mehr als zwei Stunden bei einer Arbeitszeit von sechs Stunden und weniger anzusehen. Sind in einer Region unter vergleichbaren Arbeitnehmern längere Pendelzeiten üblich, bilden diese den Maßstab.

(...)

(...)

bar, wenn das daraus erzielbare Nettoeinkommen unter Berücksichtigung der mit der Beschäftigung zusammenhängenden Aufwendungen niedriger ist als das Arbeitslosengeld.

(4) Aus personenbezogenen Gründen ist einem Arbeitslosen eine Beschäftigung auch nicht zumutbar, wenn die täglichen Pendelzeiten zwischen seiner Wohnung und der Arbeitsstätte im Vergleich zur Arbeitszeit unverhältnismäßig lang sind. Als unverhältnismäßig lang sind im Regelfall Pendelzeiten von insgesamt mehr als zweieinhalb Stunden bei einer Arbeitszeit von mehr als sechs Stunden und Pendelzeiten von mehr als zwei Stunden bei einer Arbeitszeit von sechs Stunden und weniger anzusehen. Sind in einer Region unter vergleichbaren Arbeitnehmern längere Pendelzeiten üblich, bilden diese den Maßstab. *Ein Umzug zur Aufnahme einer Beschäftigung außerhalb des zumutbaren Pendelbereichs ist einem Arbeitslosen zumutbar, wenn nicht zu erwarten ist, dass der Arbeitslose innerhalb der ersten drei Monate der Arbeitslosigkeit eine Beschäftigung innerhalb des zumutbaren Pendelbereichs aufnehmen wird. Vom vierten Monat der Arbeitslosigkeit an ist einem Arbeitslosen ein Umzug zur Aufnahme einer Beschäftigung außerhalb des zumutbaren Pendelbereichs in der Regel zumutbar. Die Sätze 4 und 5 sind nicht anzuwenden, wenn dem Umzug ein wichtiger Grund entgegensteht. Ein wichtiger Grund kann sich insbesondere aus familiären Bindungen ergeben.*

(...)

§ 128 Minderung der Anspruchsdauer
(1) Die Dauer des Anspruchs auf Arbeitslosengeld mindert sich um
1. die Anzahl von Tagen, für die der Anspruch auf Arbeitslosengeld erfüllt worden ist,
2. jeweils einen Tag für jeweils zwei Tage, für die ein Anspruch auf Teilarbeitslosengeld innerhalb der letzten zwei Jahre vor der Entstehung des Anspruchs erfüllt worden ist,
3. die Anzahl von Tagen einer Sperrzeit wegen Arbeitsablehnung, Ablehnung oder Abbruchs einer beruflichen Eingliederungsmaßnahme,
4. die Anzahl von Tagen einer Sperrzeit wegen Arbeitsaufgabe; in Fällen einer Sperrzeit von zwölf Wochen mindestens jedoch um ein Viertel der Anspruchsdauer, die dem Arbeitslosen bei erstmaliger Erfüllung der Voraussetzungen für den Anspruch auf Arbeitslosengeld nach dem Ereignis, das die Sperrzeit begründet, zusteht,
5. die Anzahl von Tagen einer Säumniszeit, höchstens um acht Wochen,
6. die Anzahl von Tagen, für die dem Arbeitslosen das Arbeitslosengeld wegen fehlender Mitwirkung (§ 66 Erstes Buch) ~~oder wegen Nichtbefolgen einer Aufforderung zur Hinterlegung des Sozialversicherungsausweises (§ 100 Abs. 1 Satz 4 Viertes Buch)~~ versagt oder entzogen worden ist,
7. die Anzahl von Tagen der Beschäftigungslosigkeit nach der Erfüllung der Voraussetzungen für den Anspruch auf Arbeitslosengeld, an denen der Arbeitslose nicht arbeitsbereit ist, ohne für sein Verhalten einen wichtigen Grund zu haben,

§ 128 Minderung der Anspruchsdauer
(1) Die Dauer des Anspruchs auf Arbeitslosengeld mindert sich um
1. die Anzahl von Tagen, für die der Anspruch auf Arbeitslosengeld erfüllt worden ist,
2. jeweils einen Tag für jeweils zwei Tage, für die ein Anspruch auf Teilarbeitslosengeld innerhalb der letzten zwei Jahre vor der Entstehung des Anspruchs erfüllt worden ist,
3. die Anzahl von Tagen einer Sperrzeit wegen Arbeitsablehnung, Ablehnung oder Abbruchs einer beruflichen Eingliederungsmaßnahme,
4. die Anzahl von Tagen einer Sperrzeit wegen Arbeitsaufgabe; in Fällen einer Sperrzeit von zwölf Wochen mindestens jedoch um ein Viertel der Anspruchsdauer, die dem Arbeitslosen bei erstmaliger Erfüllung der Voraussetzungen für den Anspruch auf Arbeitslosengeld nach dem Ereignis, das die Sperrzeit begründet, zusteht,
5. die Anzahl von Tagen einer Säumniszeit, höchstens um acht Wochen,
6. die Anzahl von Tagen, für die dem Arbeitslosen das Arbeitslosengeld wegen fehlender Mitwirkung (§ 66 Erstes Buch) versagt oder entzogen worden ist,
7. die Anzahl von Tagen der Beschäftigungslosigkeit nach der Erfüllung der Voraussetzungen für den Anspruch auf Arbeitslosengeld, an denen der Arbeitslose nicht arbeitsbereit ist, ohne für sein Verhalten einen wichtigen Grund zu haben,

8. ~~die Anzahl von Tagen, für die Unterhaltsgeld auf Grund einer vorläufigen Entscheidung zu Unrecht bezogen worden, aber nach § 328 Abs. 3 Satz 3 nicht zu erstatten ist.~~

8. *jeweils einen Tag für jeweils zwei Tage, für die ein Anspruch auf Unterhaltsgeld erfüllt worden ist.*

(2) In den Fällen des Absatzes 1 Nr. 6 und 7 mindert sich die Dauer des Anspruchs auf Arbeitslosengeld höchstens um vier Wochen. In den Fällen des Absatzes 1 Nr. 3 und 4 entfällt die Minderung bei Sperrzeiten wegen Abbruchs einer beruflichen Eingliederungsmaßnahme oder wegen Arbeitsaufgabe, wenn das Ereignis, das die Sperrzeit begründet, bei Erfüllung der Voraussetzungen für den Anspruch auf Arbeitslosengeld länger als ein Jahr zurückliegt.

(2) In den Fällen des Absatzes 1 Nr. 6 und 7 mindert sich die Dauer des Anspruchs auf Arbeitslosengeld höchstens um vier Wochen. In den Fällen des Absatzes 1 Nr. 3 und 4 entfällt die Minderung bei Sperrzeiten wegen Abbruchs einer beruflichen Eingliederungsmaßnahme oder wegen Arbeitsaufgabe, wenn das Ereignis, das die Sperrzeit begründet, bei Erfüllung der Voraussetzungen für den Anspruch auf Arbeitslosengeld länger als ein Jahr zurückliegt. *In den Fällen des Absatzes 1 Nr. 8 unterbleibt eine Minderung, soweit sich dadurch eine Anspruchsdauer von weniger als einem Monat ergibt. Ist ein neuer Anspruch entstanden (§ 117), erstreckt sich die Minderung nur auf die Restdauer des erloschenen Anspruches (§ 127 Abs. 4).*

---

§ 136 Leistungsentgelt

§ 136 Leistungsentgelt
In-Kraft-Treten: 01.04.2003

(1) Leistungsentgelt ist das um die gesetzlichen Entgeltabzüge, die bei Arbeitnehmern gewöhnlich anfallen, verminderte Bemessungsentgelt.

(1) Leistungsentgelt ist das um die gesetzlichen Entgeltabzüge, die bei Arbeitnehmern gewöhnlich anfallen, verminderte Bemessungsentgelt.

(2) Entgeltabzüge sind Steuern, die Beiträge zur Sozialversicherung und zur Arbeitsförderung sowie die sonstigen gewöhnlich anfallenden Abzüge, die zu Beginn des Kalenderjahres maßgeblich sind, soweit in Satz 2 Nr. 2 und 3 nichts Abweichendes bestimmt ist. Dabei ist zugrunde zu legen (...)

(2) Entgeltabzüge sind Steuern, die Beiträge zur Sozialversicherung und zur Arbeitsförderung sowie die sonstigen gewöhnlich anfallenden Abzüge, die zu Beginn des Kalenderjahres maßgeblich sind, soweit in Satz 2 Nr. 2 und 3 nichts Abweichendes bestimmt ist. Dabei ist zugrunde zu legen (...)

1. für die Lohnsteuer die Steuer, die sich nach der für den Arbeitslosen maßgeblichen Leistungsgruppe ergibt, (...) 8. als Leistungsbemessungsgrenze die für den Beitrag zur Arbeitsförderung geltende Beitragsbemessungsgrenze. (...)	1. für die Lohnsteuer die Steuer, die sich nach der für den Arbeitslosen maßgeblichen Leistungsgruppe ergibt, (...) 8. als Leistungsbemessungsgrenze die für den Beitrag zur Arbeitsförderung geltende Beitragsbemessungsgrenze. *Besonderheiten zu den Entgeltabzügen in der Gleitzone nach § 20 Abs. 2 des Vierten Buches sind nicht zu berücksichtigen.* (...)
	§ 138 ist weggefallen.
Achter Abschnitt **Entgeltersatzleistungen** **Zweiter Unterabschnitt** **Arbeitslosengeld** **Fünfter Titel** Zusammentreffen des Anspruchs mit sonstigem Einkommen und Ruhen des Anspruchs	**Achter Abschnitt** **Entgeltersatzleistungen** **Zweiter Unterabschnitt** **Arbeitslosengeld** **Fünfter Titel** *Minderung des Arbeitslosengeldes,* Zusammentreffen des Anspruchs mit sonstigem Einkommen und Ruhen des Anspruchs
~~§ 140 (weggefallen)~~	*§ 140 Minderung wegen verspäteter Meldung* *Inkrafttreten: 1. Juli 2003* *Hat sich der Arbeitslose entgegen § 37b nicht unverzüglich arbeitsuchend gemeldet, so mindert sich das Arbeitslosengeld, das dem Arbeitslosen auf Grund des Anspruchs zusteht, der nach der Pflichtverletzung entstanden ist. Die Minderung beträgt* *1. bei einem Bemessungsentgelt bis zu 400 Euro sieben Euro,* *2. bei einem Bemessungsentgelt bis zu 700 Euro*

35 Euro und
3. bei einem Bemessungsentgelt über 700 Euro
50 Euro
für jeden Tag der verspäteten Meldung. Die Minderung ist auf den Betrag begrenzt, der sich bei einer Verspätung von 30 Tagen errechnet. Die Minderung erfolgt, indem der Minderungsbetrag, der sich nach den Sätzen 2 und 3 ergibt, auf das halbe Arbeitslosengeld angerechnet wird.

---

§ 144 Ruhen des Anspruchs bei Sperrzeit

(1) Hat der Arbeitslose

1. das Beschäftigungsverhältnis gelöst oder durch ein arbeitsvertragswidriges Verhalten Anlass für die Lösung des Beschäftigungsverhältnisses gegeben und hat er dadurch vorsätzlich oder grobfahrlässig die Arbeitslosigkeit herbeigeführt (Sperrzeit wegen Arbeitsaufgabe),
2. trotz Belehrung über die Rechtsfolgen eine vom Arbeitsamt unter Benennung des Arbeitgebers und der Art der Tätigkeit angebotene Beschäftigung nicht angenommen oder nicht angetreten oder die Anbahnung eines solchen Beschäftigungsverhältnisses, insbesondere das Zustandekommen eines Vorstellungsgespräches, durch sein Verhalten verhindert (Sperrzeit wegen Arbeitsablehnung),
3. sich trotz Belehrung über die Rechtsfolgen geweigert, an einer Maßnahme der Eignungsfeststellung, einer Trainingsmaßnahme oder einer Maßnahme zur beruflichen Ausbildung oder Weiterbildung oder einer Maßnahme zur Teilhabe am Arbeitsleben teilzunehmen (Sperrzeit wegen Ableh-

§ 144 Ruhen des Anspruchs bei Sperrzeit

(1) Hat der Arbeitslose

1. das Beschäftigungsverhältnis gelöst oder durch ein arbeitsvertragswidriges Verhalten Anlass für die Lösung des Beschäftigungsverhältnisses gegeben und hat er dadurch vorsätzlich oder grobfahrlässig die Arbeitslosigkeit herbeigeführt (Sperrzeit wegen Arbeitsaufgabe),
2. trotz Belehrung über die Rechtsfolgen eine vom Arbeitsamt unter Benennung des Arbeitgebers und der Art der Tätigkeit angebotene Beschäftigung nicht angenommen oder nicht angetreten oder die Anbahnung eines solchen Beschäftigungsverhältnisses, insbesondere das Zustandekommen eines Vorstellungsgespräches, durch sein Verhalten verhindert (Sperrzeit wegen Arbeitsablehnung),
3. sich trotz Belehrung über die Rechtsfolgen geweigert, an einer Maßnahme der Eignungsfeststellung, einer Trainingsmaßnahme oder einer Maßnahme zur beruflichen Ausbildung oder Weiterbildung oder einer Maßnahme zur Teilhabe am Arbeitsleben teilzunehmen (Sperrzeit wegen Ableh-

nung einer beruflichen Eingliederungsmaßnahme), oder 4. die Teilnahme an einer in Nummer 3 genannten Maßnahme abgebrochen oder durch maßnahmewidriges Verhalten Anlass für den Ausschluss aus einer dieser Maßnahmen gegeben (Sperrzeit wegen Abbruchs einer beruflichen Eingliederungsmaßnahme), ohne für sein Verhalten einen wichtigen Grund zu haben, so tritt eine Sperrzeit ~~von zwölf Wochen~~ ein.	nung einer beruflichen Eingliederungsmaßnahme), oder 4. die Teilnahme an einer in Nummer 3 genannten Maßnahme abgebrochen oder durch maßnahmewidriges Verhalten Anlass für den Ausschluss aus einer dieser Maßnahmen gegeben (Sperrzeit wegen Abbruchs einer beruflichen Eingliederungsmaßnahme), ohne für sein Verhalten einen wichtigen Grund zu haben, so tritt eine Sperrzeit ein. *Der Arbeitslose hat die für die Beurteilung eines wichtigen Grundes maßgebenden Tatsachen darzulegen und nachzuweisen, wenn diese in seiner Sphäre oder in seinem Verantwortungsbereich liegen.*
(2) Die Sperrzeit beginnt mit dem Tag nach dem Ereignis, das die Sperrzeit begründet oder, wenn dieser Tag in eine Sperrzeit fällt, mit dem Ende dieser Sperrzeit. Während der Sperrzeit ruht der Anspruch auf Arbeitslosengeld.	(2) Die Sperrzeit beginnt mit dem Tag nach dem Ereignis, das die Sperrzeit begründet, oder wenn dieser Tag in eine Sperrzeit fällt, mit dem Ende dieser Sperrzeit. Während der Sperrzeit ruht der Anspruch auf Arbeitslosengeld.
(3) ~~Würde eine Sperrzeit von zwölf Wochen für den Arbeitslosen nach den für den Eintritt der Sperrzeit maßgebenden Tatsachen eine besondere Härte bedeuten, so umfasst die Sperrzeit sechs Wochen. Die Sperrzeit umfasst drei Wochen~~ ~~1. im Falle einer Sperrzeit wegen Arbeitsaufgabe oder wegen Abbruchs einer beruflichen Eingliederungsmaßnahme, wenn das Arbeitsverhältnis oder die Maßnahme innerhalb von sechs Wochen nach dem Ereignis, das die Sperrzeit begründet, ohne eine Sperrzeit geendet hätte,~~ ~~2. im Falle einer Sperrzeit wegen Arbeitsablehnung oder wegen Ableh-~~	(3) *Die Dauer der Sperrzeit wegen Arbeitsaufgabe beträgt zwölf Wochen. Sie verkürzt sich* *1. auf drei Wochen, wenn das Arbeitsverhältnis innerhalb von sechs Wochen nach dem Ereignis, das die Sperrzeit begründet, ohne eine Sperrzeit geendet hätte,* *2. auf sechs Wochen, wenn* *a) das Arbeitsverhältnis innerhalb von zwölf Wochen nach dem Ereignis, das die Sperrzeit begründet, ohne eine Sperrzeit geendet hätte* *oder* *b) eine Sperrzeit von zwölf Wochen für den Arbeitslosen nach den für den Eintritt der Sperrzeit maßgebenden Tatsa-*

~~nung einer beruflichen Eingliederungsmaßnahme, wenn der Arbeitslose eine bis zu sechs Wochen befristete Arbeit oder Maßnahme nicht angenommen oder nicht angetreten hat.~~

chen eine besondere Härte bedeuten würde.

(4) *Die Dauer der Sperrzeit wegen Arbeitsablehnung, wegen Ablehnung einer beruflichen Eingliederungsmaßnahme oder wegen Abbruchs einer beruflichen Eingliederungsmaßnahme beträgt*
1. drei Wochen
a) im Falle des Abbruchs einer beruflichen Eingliederungsmaßnahme, wenn die Maßnahme innerhalb von sechs Wochen nach dem Ereignis, das die Sperrzeit begründet, ohne eine Sperrzeit geendet hätte,
b) im Falle der Ablehnung einer Arbeit oder einer beruflichen Eingliederungsmaßnahme, wenn die Beschäftigung oder Maßnahme bis zu sechs Wochen befristet war oder
c) im Falle der erstmaligen Ablehnung einer Arbeit oder einer beruflichen Eingliederungsmaßnahme oder des erstmaligen Abbruchs einer beruflichen Eingliederungsmaßnahme nach Entstehung des Anspruchs,
2. sechs Wochen
a) im Falle des Abbruchs einer beruflichen Eingliederungsmaßnahme, wenn die Maßnahme innerhalb von zwölf Wochen nach dem Ereignis, das die Sperrzeit begründet, ohne eine Sperrzeit geendet hätte,
b) im Falle der Ablehnung einer Arbeit oder einer beruflichen Eingliederungsmaßnahme, wenn die Beschäftigung oder Maßnahme bis zu zwölf Wochen befristet war oder
c) im Falle der zweiten Ablehnung einer Arbeit oder beruflichen Eingliederungsmaßnahme oder des zweiten Abbruchs einer beruflichen Eingliede-

	rungsmaßnahme nach Entstehung des Anspruchs *3. zwölf Wochen in den übrigen Fällen.*
§ 147 Erlöschen des Anspruchs (1) Der Anspruch auf Arbeitslosengeld erlischt 1. mit der Entstehung eines neuen Anspruchs, 2. wenn der Arbeitslose nach der Entstehung des Anspruchs Anlass für den Eintritt von Sperrzeiten mit einer Dauer von insgesamt mindestens ~~24~~ Wochen gegeben hat, der Arbeitslose über den Eintritt der Sperrzeiten nach Entstehung des Anspruchs schriftliche Bescheide erhalten hat und auf die Rechtsfolgen des Eintritts von Sperrzeiten mit einer Dauer von insgesamt mindestens ~~24~~ Wochen hingewiesen worden ist. (2) Der Anspruch auf Arbeitslosengeld kann nicht mehr geltend gemacht werden, wenn nach seiner Entstehung vier Jahre verstrichen sind.	§ 147 Erlöschen des Anspruchs (1) Der Anspruch auf Arbeitslosengeld erlischt 1. mit der Entstehung eines neuen Anspruchs, 2. wenn der Arbeitslose nach der Entstehung des Anspruchs Anlass für den Eintritt von Sperrzeiten mit einer Dauer von insgesamt mindestens *21* Wochen gegeben hat, der Arbeitslose über den Eintritt der Sperrzeiten nach Entstehung des Anspruchs schriftliche Bescheide erhalten hat und auf die Rechtsfolgen des Eintritts von Sperrzeiten mit einer Dauer von insgesamt mindestens *21* Wochen hingewiesen worden ist. (2) Der Anspruch auf Arbeitslosengeld kann nicht mehr geltend gemacht werden, wenn nach seiner Entstehung vier Jahre verstrichen sind.
§ 151 Verordnungsermächtigung (1) Das Bundesministerium für Arbeit und Sozialordnung wird ermächtigt, durch Rechtsverordnung das Nähere zur Abgrenzung des Personenkreises der Saisonarbeitnehmer zu bestimmen. (2) Das Bundesministerium für Arbeit und Sozialordnung wird ermächtigt, durch Rechtsverordnung ~~1. jeweils zum 30. Juni eines Kalenderjahres den Anpassungsfaktor festzusetzen, der für die folgenden zwölf Monate maßgebend ist,~~ (...)	§ 151 Verordnungsermächtigung (1) Das Bundesministerium für Arbeit und Sozialordnung wird ermächtigt, durch Rechtsverordnung das Nähere zur Abgrenzung des Personenkreises der Saisonarbeitnehmer zu bestimmen. (2) Das Bundesministerium für Arbeit und Sozialordnung wird ermächtigt, durch Rechtsverordnung (...)

~~§ 156 Anschlußunterhaltsgeld~~ ~~(1) Anspruch auf Anschlußunterhaltsgeld haben Arbeitnehmer, die~~ ~~1. im Anschluß an eine abgeschlossene Maßnahme mit Bezug von Unterhaltsgeld arbeitslos sind,~~ ~~2. sich beim Arbeitamt arbeitslos gemeldet haben und~~ ~~3. nicht einen Anspruch auf Arbeitslosengeld von mindestens drei Monaten geltend machen können.~~ ~~(2) Die Dauer des Anspruchs beträgt drei Monate. Sie mindert sich um~~ ~~1. die Anzahl von Tagen, für die der Arbeitslose einen Anspruch auf Arbeitslosengeld geltend machen kann,~~ ~~2. die Anzahl von Tagen nach der Maßnahme bis vor den Tag, an dem Arbeitslosenmeldung unwirksam wird,~~ ~~3. die Anzahl von Tagen, an denen nach der Entstehung dse Anspruchs auf Anschlussunterhaltsgeld die Voraussetzungen für den Anspruch nicht vorgelegen haben.~~ ~~Der Anspruch auf Anschlussunterhaltsgeld geht einem Anspruch auf Arbeitslosengeld voraus.~~	*§ 156 ist weggefallen.*
§ 157 Grundsatz ~~(1)~~ Auf das Unterhaltsgeld sind die Vorschriften über das Arbeitslosengeld hinsichtlich 1. der Leistungsfortzahlung bei Arbeitsunfähigkeit, 2. der Höhe, 3. der Anrechnung von Nebeneinkommen, 4. des Ruhens des Anspruchs bei anderen Sozialleistungen und 5. des Ruhens des Anspruchs bei Urlaubsabgeltung entsprechend anzu-	§ 157 Grundsatz Auf das Unterhaltsgeld sind die Vorschriften über das Arbeitslosengeld hinsichtlich 1. der Leistungsfortzahlung bei Arbeitsunfähigkeit, 2. der Höhe, 3. der Anrechnung von Nebeneinkommen, 4. des Ruhens des Anspruchs bei anderen Sozialleistungen und 5. des Ruhens des Anspruchs bei Urlaubsabgeltung entsprechend anzu-

wenden, soweit nachfolgend nichts Abweichendes bestimmt ist.	wenden, soweit nachfolgend nichts Abweichendes bestimmt ist.
(2) ~~Der Anspruch auf Arbeitslosengeld und der Anspruch auf Anschlussunterhaltsgeld gelten als einheitlicher Anspruch. Auf das Anschlussunterhaltsgeld sind die Vorschriften über das Arbeitslosengeld und für Bezieher dieser Leistung entsprechend anzuwenden, soweit die Besonderheiten des Anschlussunterhaltsgeldes nicht entgegenstehen.~~	
§ 158 Besonderheiten bei der Höhe (1) Hat der Arbeitnehmer innerhalb der letzten drei Jahre vor Beginn der Teilnahme Arbeitslosengeld ~~oder Arbeitslosenhilfe im Anschluss an den Bezug von Arbeitslosengeld~~ bezogen und ~~hat er~~ danach nicht erneut die Anwartschaftszeit für einen Anspruch auf Arbeitslosengeld erfüllt, so ist dem Unterhaltsgeld das Bemessungsentgelt zugrunde zu legen, nach dem das Arbeitslosengeld ~~oder die Arbeitslosenhilfe~~ zuletzt bemessen worden ist. ~~Zwischenzeitliche Anpassungen sind zu berücksichtigen.~~	§ 158 Besonderheiten bei der Höhe (1) Hat der Arbeitnehmer innerhalb der letzten drei Jahre vor Beginn der Teilnahme Arbeitslosengeld bezogen und danach nicht erneut die Anwartschaftszeit für einen Anspruch auf Arbeitslosengeld erfüllt, so ist dem Unterhaltsgeld das Bemessungsentgelt zu Grunde zu legen, nach dem das Arbeitslosengeld zuletzt bemessen worden ist. *An Arbeitnehmer, die zuletzt Arbeitslosenhilfe bezogen haben, wird Unterhaltsgeld in Höhe des Betrages geleistet, den sie als Arbeitslosenhilfe zuletzt bezogen haben. Hätte sich die Höhe der Arbeitslosenhilfe in der Zeit der Teilnahme an der Maßnahme verändert, so verändert sich das Unterhaltsgeld vom selben Tage an entsprechend.*
(2) Wäre es mit Rücksicht auf den durchschnittlichen wöchentlichen Umfang der Maßnahme unbillig hart, von dem im Bemessungszeitraum erzielten Entgelt oder dem für das Arbeitslosengeld ~~oder die Arbeitslosenhilfe im Anschluss an den Bezug von Arbeitslosengeld~~ maßgeblichen Bemessungsent-	(2) Wäre es mit Rücksicht auf den durchschnittlichen wöchentlichen Umfang der Maßnahme unbillig hart, von dem im Bemessungszeitraum erzielten Entgelt oder dem für das Arbeitslosengeld maßgeblichen Bemessungsentgelt auszugehen, ist als Entgelt das tarifliche Arbeitsentgelt derjenigen Beschäf-

gelt auszugehen, ist als Entgelt das tarifliche Arbeitsentgelt derjenigen Beschäftigung zugrunde zu legen, auf die das Arbeitsamt die Vermittlungsbemühungen zu Beginn der Teilnahme an der Maßnahme in erster Linie zu erstrecken hätte. (...)	tigung zugrunde zu legen, auf die das Arbeitsamt die Vermittlungsbemühungen zu Beginn der Teilnahme an der Maßnahme in erster Linie zu erstrecken hätte. (...)
(4) ~~Dem Anschlussunterhaltsgeld ist das Bemessungsentgelt zugrunde zu legen, nach dem das Unterhaltsgeld zuletzt bemessen worden ist~~	
~~(5)~~ Für die Änderung der Leistungsgruppe gelten der Anspruch auf Arbeitslosengeld oder Arbeitslosenhilfe und die Inanspruchnahme von Unterhaltsgeld als ein Anspruch, wenn der Arbeitnehmer nach dem Bezug von Arbeitslosengeld oder Arbeitslosenhilfe nicht mindestens zwölf Monate in einem Versicherungspflichtverhältnis gestanden hat.	*(4)* Für die Änderung der Leistungsgruppe gelten der Anspruch auf Arbeitslosengeld oder Arbeitslosenhilfe und die Inanspruchnahme von Unterhaltsgeld als ein Anspruch, wenn der Arbeitnehmer nach dem Bezug von Arbeitslosengeld oder Arbeitslosenhilfe nicht mindestens zwölf Monate in einem Versicherungspflichtverhältnis gestanden hat.
§ 192 Vorfrist Die Vorfrist beträgt ein Jahr und beginnt mit dem Tag vor der Erfüllung aller sonstigen Voraussetzungen für den Anspruch auf Arbeitslosenhilfe. Sie verlängert sich um Zeiten, in denen der Arbeitslose innerhalb der letzten drei Jahre vor dem Tag, an dem die sonstigen Voraussetzungen für den Anspruch auf Arbeitslosenhilfe erfüllt sind, 1. nur deshalb einen Anspruch auf Arbeitslosenhilfe nicht hatte, weil er nicht bedürftig war, oder (...) 5. von einem Rehabilitationsträger Übergangsgeld wegen einer Leistung	§ 192 Vorfrist Die Vorfrist beträgt ein Jahr und beginnt mit dem Tag vor der Erfüllung aller sonstigen Voraussetzungen für den Anspruch auf Arbeitslosenhilfe. Sie verlängert sich um Zeiten, in denen der Arbeitslose innerhalb der letzten drei Jahre vor dem Tag, an dem die sonstigen Voraussetzungen für den Anspruch auf Arbeitslosenhilfe erfüllt sind, 1. nur deshalb einen Anspruch auf Arbeitslosenhilfe nicht hatte, weil er nicht bedürftig war, oder (...) 5. von einem Rehabilitationsträger Übergangsgeld wegen einer Leistung

zur Teilhabe am Arbeitsleben bezogen hat, längstens jedoch um zwei Jahre. Sie verlängert sich in den Sonderfällen des ~~§ 92 Abs. 2 Satz 2~~ längstens um drei Jahre. Satz 2 Nr. 3 gilt nur für Kinder und pflegebedürftige Angehörige des Arbeitslosen, seines nicht dauernd getrennt lebenden Ehegatten oder Lebenspartners oder einer Person, die mit dem Arbeitslosen in eheähnlicher Gemeinschaft lebt.	zur Teilhabe am Arbeitsleben bezogen hat, längstens jedoch um zwei Jahre. Sie verlängert sich in den Sonderfällen des *§ 85 Abs. 2 Satz 3* längstens um drei Jahre. Satz Nr. 3 gilt nur für Kinder und pflegebedürftige Angehörige des Arbeitslosen, seines nicht dauernd getrennt lebenden Ehegatten oder Lebenspartners oder einer Person, die mit dem Arbeitslosen in eheähnlicher Gemeinschaft lebt.
§ 194 Zu berücksichtigendes Einkommen (1) Zu berücksichtigendes Einkommen sind das 1. Einkommen des Arbeitslosen, soweit es nicht als Nebeneinkommen anzurechnen ist, 2. Einkommen des vom Arbeitslosen nicht dauernd getrennt lebenden Ehegatten oder Lebenspartners oder einer Person, die mit dem Arbeitslosen in eheähnlicher Gemeinschaft lebt, soweit es den Freibetrag übersteigt. Freibetrag ist ein Betrag in Höhe der Arbeitslosenhilfe, die dem Einkommen des vom Arbeitslosen nicht dauernd getrennt lebenden Ehegatten oder Lebenspartners oder der Person, die mit dem Arbeitslosen in eheähnlicher Gemeinschaft lebt, entspricht, mindestens aber in Höhe des Betrags, bis zu dem auf Erwerbsbezüge eines Alleinstehenden Einkommensteuer nicht festzusetzen wäre (§ 32a Abs. 1 Satz 2 Nr. 1 des Einkommensteuergesetzes). Der Freibetrag erhöht sich um Unterhaltsleistungen, die der Ehegatte, der Lebenspartner oder die Person, die mit dem Arbeitslosen in eheähnlicher Gemeinschaft lebt, Dritten auf Grund	§ 194 Zu berücksichtigendes Einkommen (1) Zu berücksichtigendes Einkommen sind das 1. Einkommen des Arbeitslosen, soweit es nicht als Nebeneinkommen anzurechnen ist, 2. Einkommen des vom Arbeitslosen nicht dauernd getrennt lebenden Ehegatten oder Lebenspartners oder einer Person, die mit dem Arbeitslosen in eheähnlicher Gemeinschaft lebt, soweit es den Freibetrag übersteigt. Freibetrag ist ein Betrag in Höhe der Arbeitslosenhilfe, die dem Einkommen des vom Arbeitslosen nicht dauernd getrennt lebenden Ehegatten oder Lebenspartners oder der Person, die mit dem Arbeitslosen in eheähnlicher Gemeinschaft lebt, entspricht, mindestens aber in Höhe *von 80 Prozent* des Betrags, bis zu dem auf Erwerbsbezüge eines Alleinstehenden Einkommensteuer nicht festzusetzen wäre (§ 32a Abs. 1 Satz 2 Nr. 1 des Einkommensteuergesetzes). Der Freibetrag erhöht sich um Unterhaltsleistungen, die der Ehegatte, der Lebenspartner oder die Person, die mit dem Arbeitslosen in eheähnlicher Gemeinschaft lebt, Drit-

einer rechtlichen Pflicht zu erbringen hat.

(2) Einkommen im Sinne der Vorschriften über die Arbeitslosenhilfe sind alle Einnahmen in Geld oder Geldeswert einschließlich der Leistungen, die von Dritten beansprucht werden können. Abzusetzen sind
1. die auf das Einkommen entfallenden Steuern,
2. Pflichtbeiträge zur Sozialversicherung und zur Arbeitsförderung sowie Beiträge zu öffentlichen oder privaten Versicherungen oder ähnlichen Einrichtungen, soweit diese Beiträge gesetzlich vorgeschrieben oder nach Grund und Höhe angemessen sind,
3. die notwendigen Aufwendungen für den Erwerb, zur Sicherung und Erhaltung der Einnahmen ~~und~~
~~4. ein Betrag in angemessener Höhe von den Erwerbsbezügen des vom Arbeitslosen nicht dauernd getrennt lebenden Ehegatten oder Lebenspartners oder der Person, die mit dem Arbeitslosen in eheähnlicher Gemeinschaft lebt~~

(...)

ten auf Grund einer rechtlichen Pflicht zu erbringen hat.

(2) Einkommen im Sinne der Vorschriften über die Arbeitslosenhilfe sind alle Einnahmen in Geld oder Geldeswert einschließlich der Leistungen, die von Dritten beansprucht werden können. Abzusetzen sind
1. die auf das Einkommen entfallenden Steuern,
2. Pflichtbeiträge zur Sozialversicherung und zur Arbeitsförderung sowie Beiträge zu öffentlichen oder privaten Versicherungen oder ähnlichen Einrichtungen, soweit diese Beiträge gesetzlich vorgeschrieben oder nach Grund und Höhe angemessen sind, *und*
3. die notwendigen Aufwendungen für den Erwerb, zur Sicherung und Erhaltung der Einnahmen.

(...)

---

§ 196 Erlöschen des Anspruchs
Der Anspruch auf Arbeitslosenhilfe erlischt, wenn
1. der Arbeitslose durch Erfüllung der Anwartschaftszeit einen Anspruch auf Arbeitslosengeld erwirbt,
2. seit dem letzten Tag des Bezugs von Arbeitslosenhilfe ein Jahr vergangen ist oder
3. der Arbeitslose nach der Entstehung des Anspruchs auf Arbeitslosengeld oder Arbeitslosenhilfe Anlass für

§ 196 Erlöschen des Anspruchs
Der Anspruch auf Arbeitslosenhilfe erlischt, wenn
1. der Arbeitslose durch Erfüllung der Anwartschaftszeit einen Anspruch auf Arbeitslosengeld erwirbt,
2. seit dem letzten Tag des Bezugs von Arbeitslosenhilfe ein Jahr vergangen ist oder
3. der Arbeitslose nach der Entstehung des Anspruchs auf Arbeitslosengeld oder Arbeitslosenhilfe Anlass für

den Eintritt von Sperrzeiten mit einer Dauer von insgesamt 21 Wochen gegeben hat, der Arbeitslose über den Eintritt der ersten Sperrzeit nach Entstehung des Anspruchs einen schriftlichen Bescheid erhalten hat und auf die Rechtsfolgen des Eintritts von Sperrzeiten von insgesamt ~~24~~ Wochen hingewiesen worden ist. (...)	den Eintritt von Sperrzeiten mit einer Dauer von insgesamt 21 Wochen gegeben hat, der Arbeitslose über den Eintritt der ersten Sperrzeit nach Entstehung des Anspruchs einen schriftlichen Bescheid erhalten hat und auf die Rechtsfolgen des Eintritts von Sperrzeiten von insgesamt *21* Wochen hingewiesen worden ist. (...)
§ 198 Grundsatz Der Anspruch auf Arbeitslosengeld, ~~der Anspruch auf Anschlussunterhaltsgeld~~ und der Anspruch auf Arbeitslosenhilfe gelten, soweit nichts anderes bestimmt ist, als einheitlicher Anspruch auf Entgeltersatzleistungen (...) 4. des Leistungsentgelts und der Leistungsgruppe, 5. der Anpassung und Zahlung, 6. des Zusammentreffens des Anspruchs mit sonstigem Einkommen und des Ruhens des Anspruchs und 7. der Erstattungspflichten für Arbeitgeber entsprechend anzuwenden, soweit die Besonderheiten der Arbeitslosenhilfe nicht entgegenstehen. § 119 Abs. 4 Satz 1 Nr. 4 gilt nicht. § 121 Abs. 3 gilt mit der Maßgabe, dass an die Stelle des Arbeitslosengeldes die Arbeitslosenhilfe tritt.	§ 198 Grundsatz Der Anspruch auf Arbeitslosengeld und der Anspruch auf Arbeitslosenhilfe gelten, soweit nichts anderes bestimmt ist, als einheitlicher Anspruch auf Entgeltersatzleistungen (...) 4. des Leistungsentgelts und der Leistungsgruppe, 5. der Anpassung und Zahlung, 6. des Zusammentreffens des Anspruchs mit sonstigem Einkommen und des Ruhens des Anspruchs und 7. der Erstattungspflichten für Arbeitgeber entsprechend anzuwenden, soweit die Besonderheiten der Arbeitslosenhilfe nicht entgegenstehen. § 119 Abs. 4 Satz 1 Nr. 4 gilt nicht. § 121 Abs. 3 gilt mit der Maßgabe, dass an die Stelle des Arbeitslosengeldes die Arbeitslosenhilfe tritt.
§ 200 Besonderheiten zum Bemessungsentgelt (1) Bemessungsentgelt für die Arbeitslosenhilfe ist das Bemessungsentgelt, nach dem das Arbeitslosengeld zuletzt bemessen worden ist oder ohne § 133 Abs. 3 bemessen worden wäre, vermindert um den Betrag, der auf einmalig gezahltem Arbeitsentgelt beruht.	§ 200 Besonderheiten zum Bemessungsentgelt (1) Bemessungsentgelt für die Arbeitslosenhilfe ist das Bemessungsentgelt, nach dem das Arbeitslosengeld zuletzt bemessen worden ist oder ohne § 133 Abs. 3 bemessen worden wäre, vermindert um den Betrag, der auf einmalig gezahltem Arbeitsentgelt beruht.

(...)

(...)

(3) *Das Bemessungsentgelt für die Arbeitslosenhilfe, das sich vor der Rundung ergibt, wird jeweils nach Ablauf eines Jahres seit dem Entstehen des Anspruchs auf Arbeitslosenhilfe um drei Prozent abgesenkt. Das Bemessungsentgelt darf durch die Absenkung nicht 50 Prozent der Bezugsgröße unterschreiten. Für eine Teilzeitbeschäftigung wird der in Satz 2 genannte Betrag entsprechend gemindert.*

(4) *Die Absenkung des Bemessungsentgelts nach Absatz 3 unterbleibt für die Dauer eines Jahres nach der erneuten Bewilligung der Arbeitslosenhilfe, wenn der Arbeitslose innerhalb des letzten Jahres vor der erneuten Bewilligung*
1. *an einer vom Arbeitsamt geförderten, mindestens sechs Monate dauernden Maßnahme zur Förderung der Berufsausbildung oder der beruflichen Weiterbildung oder an einer von einem Rehabilitationsträger geförderten, mindestens sechs Monate dauernden Leistung zur Teilhabe behinderter Menschen am Arbeitsleben erfolgreich teilgenommen hat, oder*
2. *eine mindestens sechs Monate dauernde versicherungspflichtige, mindestens 15 Stunden wöchentlich umfassende Beschäftigung ununterbrochen ausgeübt hat.*

Zeiten, auf Grund derer die Absenkung unterblieben ist, können nicht erneut berücksichtigt werden.

§ 201 Besonderheiten zur Anpassung

(1) Das Bemessungsentgelt für die Arbeitslosenhilfe, das sich vor der Rundung ergibt, wird jeweils nach Ablauf eines Jahres seit dem Entstehen des Anspruchs auf Arbeitslosenhilfe mit einem um 0,03 verminderten Anpassungsfaktor angepasst. Das Arbeitsentgelt darf nicht durch die Anpassung 50 Prozent der Bezugsgröße unterschreiten. Für eine Teilzeitbeschäftigung wird der in Satz 2 genannte Betrag entsprechend gemindert. Die Anpassung des für die Arbeitslosenhilfe maßgebenden Arbeitsentgelts unterbleibt, wenn der nach Satz 1 verminderte Anpassungsfaktor zwischen 0,99 und 1,01 beträgt

(2) Hat der Arbeitslose innerhalb des letzten Jahres vor dem Tag, für den die Arbeitslosenhilfe erneut bewilligt wird,
1. an einer vom Arbeitsamt geförderten, mindestens sechs Monate dauernden Maßnahme zur Förderung der Berufsausbildung oder der beruflichen Weiterbildung oder an einer von einem Rehabilitationsträger geförderten, mindestens sechs Monate dauernden Leistung zur Teilhabe behinderter Menschen am Arbeitsleben erfolgreich teilgenommen oder
2. eine mindestens sechs Monate dauernde versicherungspflichtige, mindestens 15 Stunden wöchentlich umfassende Beschäftigung ununterbrochen ausgeübt,
unterbleibt die Minderung des Anpassungsfaktors nach Absatz 1 Satz 1 an dem nächsten auf die erneute Bewilligung folgenden Anpassungstag oder, falls das Bemessungsentgelt an dem Tag anzupassen ist, für den die

§ 201 (weggefallen)

~~Arbeitslosenhilfe erneut bewilligt wird, zu diesem Anpassungstag. Ist das Bemessungsentgelt bei der Entscheidung über die erneute Bewilligung auch zu einem Zeitpunkt anzupassen, der vor dem Tag liegt, für den die Arbeitslosenhilfe erneut bewilligt wird, unterbleibt die Minderung des Anpassungsfaktors auch zu diesem Anpassungstag. Zeiten, auf Grund derer die Minderung des Anpassungsfaktors unterblieben ist, können nicht erneut berücksichtigt werden.~~

---

§ 274 Förderungsbedürftige Arbeitnehmer

Arbeitnehmer sind förderungsbedürftig, wenn sie

1. arbeitslos oder von Arbeitslosigkeit bedroht sind und allein durch eine Förderung in einer Strukturanpassungs- oder Arbeitsbeschaffungsmaßnahme eine Beschäftigung aufnehmen können und
2. vor der Zuweisung die Voraussetzungen für einen Anspruch auf Arbeitslosengeld oder Arbeitslosenhilfe erfüllt haben oder bei Arbeitslosigkeit erfüllt hätten oder die Voraussetzungen ~~für Anschlussunterhaltsgeld oder~~ Übergangsgeld im Anschluss an eine abgeschlossene Leistung zur Teilhabe am Arbeitsleben erfüllen.

Arbeitnehmer, die unmittelbar vor der Zuweisung Arbeitslosenhilfe bezogen haben, sollen in angemessenem Umfang gefördert werden.

§ 274 Förderungsbedürftige Arbeitnehmer

Arbeitnehmer sind förderungsbedürftig, wenn sie

1. arbeitslos oder von Arbeitslosigkeit bedroht sind und allein durch eine Förderung in einer Strukturanpassungs- oder Arbeitsbeschaffungsmaßnahme eine Beschäftigung aufnehmen können und
2. vor der Zuweisung die Voraussetzungen für einen Anspruch auf Arbeitslosengeld oder Arbeitslosenhilfe erfüllt haben oder bei Arbeitslosigkeit erfüllt hätten oder die Voraussetzungen für Übergangsgeld im Anschluss an eine abgeschlossene Leistung zur Teilhabe am Arbeitsleben erfüllen.

Arbeitnehmer, die unmittelbar vor der Zuweisung Arbeitslosenhilfe bezogen haben, sollen in angemessenem Umfang gefördert werden.

§ 282 Arbeitsmarkt- und Berufsforschung (...) (7) Die Bundesanstalt übermittelt wissenschaftlichen Einrichtungen auf Antrag oder Ersuchen anonymisierte Daten, die für Zwecke der Arbeitsmarkt- und Berufsforschung erforderlich sind. ~~§ 282a Abs. 5~~ gilt entsprechend. Für Sozialdaten gilt § 75 des Zehnten Buches.	§ 282 Arbeitsmarkt- und Berufsforschung (...) (7) Die Bundesanstalt übermittelt wissenschaftlichen Einrichtungen auf Antrag oder Ersuchen anonymisierte Daten, die für Zwecke der Arbeitsmarkt- und Berufsforschung erforderlich sind. *§ 282a Abs. 6* gilt entsprechend. Für Sozialdaten gilt § 75 des Zehnten Buches.
§ 330 Sonderregelung für die Aufhebung von Verwaltungsakten (...) (3) Liegen die in § 48 Abs. 1 Satz 2 des Zehnten Buches genannten Voraussetzungen für die Aufhebung eines Verwaltungsaktes mit Dauerwirkung vor, ist dieser mit Wirkung vom Zeitpunkt der Änderung der Verhältnisse aufzuheben. Abweichend von § 48 Abs. 1 Satz 1 des Zehnten Buches ist mit Wirkung vom Zeitpunkt der Änderung der Verhältnisse an ein Verwaltungsakt auch aufzuheben, soweit sich das Leistungsentgelt auf Grund einer Rechtsverordnung nach § 151 Abs. 2 Nr. 2 oder das Bemessungsentgelt auf Grund ~~einer Anpassung nach § 201~~ zu Ungunsten des Betroffenen ändert. (...)	§ 330 Sonderregelung für die Aufhebung von Verwaltungsakten (...) (3) Liegen die in § 48 Abs. 1 Satz 2 des Zehnten Buches genannten Voraussetzungen für die Aufhebung eines Verwaltungsaktes mit Dauerwirkung vor, ist dieser mit Wirkung vom Zeitpunkt der Änderung der Verhältnisse aufzuheben. Abweichend von § 48 Abs. 1 Satz 1 des Zehnten Buches ist mit Wirkung vom Zeitpunkt der Änderung der Verhältnisse an ein Verwaltungsakt auch aufzuheben, soweit sich das Leistungsentgelt auf Grund einer Rechtsverordnung nach § 151 Abs. 2 Nr. 2 oder das Bemessungsentgelt auf Grund *einer Absenkung nach § 200 Abs. 3* zu Ungunsten des Betroffenen ändert. (...)
§ 336a Wirkung von Widerspruch und Klage Die aufschiebende Wirkung von Widerspruch und Klage entfällt 1. bei Entscheidungen auf Erstattung von Arbeitslosengeld durch Arbeitgeber nach den §§ 147a, 147b, 148,	§ 336a Wirkung von Widerspruch und Klage Die aufschiebende Wirkung von Widerspruch und Klage entfällt 1. bei Entscheidungen auf Erstattung von Arbeitslosengeld durch Arbeitgeber nach den §§ 147a, 147b, 148,

2. bei Entscheidungen, die Arbeitserlaubnisse nach § 285 oder Arbeitsberechtigungen nach § 286 aufheben oder ändern,
3. bei Entscheidungen, die die Berufsberatung nach § 288a untersagen,
~~4. in Angelegenheiten der privaten Ausbildungs- und Arbeitsvermittlung einschließlich der Aufhebung der Erlaubnis zur Ausbildungs- oder Arbeitsvermittlung nach § 295,~~
~~5.~~ bei Aufforderungen nach § 309, sich beim Arbeitsamt oder einer sonstigen Dienststelle der Bundesanstalt persönlich zu melden.
Bei Entscheidungen über die Herabsetzung oder Entziehung laufender Leistungen gelten die Vorschriften des Sozialgerichtsgesetzes (§ 86a Abs. 2 Nr. 2).

2. bei Entscheidungen, die Arbeitserlaubnisse nach § 285 oder Arbeitsberechtigungen nach § 286 aufheben oder ändern,
3. bei Entscheidungen, die die Berufsberatung nach § 288a untersagen,
4. bei Aufforderungen nach § 309, sich beim Arbeitsamt oder einer sonstigen Dienststelle der Bundesanstalt persönlich zu melden.
Bei Entscheidungen über die Herabsetzung oder Entziehung laufender Leistungen gelten die Vorschriften des Sozialgerichtsgesetzes (§ 86a Abs. 2 Nr. 2).

---

§ 339 Berechnung von Zeiten
Für die Berechnung von Leistungen wird ein Monat mit 30 Tagen und eine Woche mit sieben Tagen berechnet. Bei der Anwendung der Vorschriften über die Erfüllung der für einen Anspruch auf Arbeitslosengeld erforderlichen Anwartschaftszeit sowie der Vorschriften über die Dauer eines Anspruchs auf Arbeitslosengeld nach dem Zweiten Unterabschnitt des Achten Abschnitts des Vierten Kapitels dieses Buches entspricht ein Monat 30 Kalendertagen. Satz 2 gilt entsprechend bei der Anwendung
1. der Vorschriften über die Erfüllung der erforderlichen Vorbeschäftigungszeiten sowie der Vorschrift über die Dauer ~~des Anspruchs auf Anschlussunterhaltsgeld und~~ des Anspruchs auf Übergangsgeld im Anschluss an eine

§ 339 Berechnung von Zeiten
Für die Berechnung von Leistungen wird ein Monat mit 30 Tagen und eine Woche mit sieben Tagen berechnet. Bei der Anwendung der Vorschriften über die Erfüllung der für einen Anspruch auf Arbeitslosengeld erforderlichen Anwartschaftszeit sowie der Vorschriften über die Dauer eines Anspruchs auf Arbeitslosengeld nach dem Zweiten Unterabschnitt des Achten Abschnitts des Vierten Kapitels dieses Buches entspricht ein Monat 30 Kalendertagen. Satz 2 gilt entsprechend bei der Anwendung
1. der Vorschriften über die Erfüllung der erforderlichen Vorbeschäftigungszeiten sowie der Vorschrift über die Dauer des Anspruchs auf Übergangsgeld im Anschluss an eine abgeschlossene Leistung zur Teilhabe am Arbeitsleben,

abgeschlossene Leistung zur Teilhabe am Arbeitsleben,
2. der Vorschriften über die Erfüllung der besonderen Anspruchsvoraussetzungen sowie der Vorschriften über die Anspruchsdauer und des Erlöschens des Anspruchs auf Arbeitslosenhilfe nach dem Siebten Unterabschnitt des Achten Abschnitts des Vierten Kapitels dieses Buches.

2. der Vorschriften über die Erfüllung der besonderen Anspruchsvoraussetzungen sowie der Vorschriften über die Anspruchsdauer und des Erlöschens des Anspruchs auf Arbeitslosenhilfe nach dem Siebten Unterabschnitt des Achten Abschnitts des Vierten Kapitels dieses Buches.

§ 344 Sonderregelungen für beitragspflichtige Einnahmen Beschäftigter

(...)

§ 344 Sonderregelungen für beitragspflichtige Einnahmen Beschäftigter
Inkrafttreten: 1. April 2003

(...)

(4) *Bei Arbeitnehmern, die gegen ein monatliches Arbeitsentgelt bis zum oberen Grenzbetrag der Gleitzone (§ 20 Abs. 2 Viertes Buch) mehr als geringfügig beschäftigt sind, ist beitragspflichtige Einnahme der Betrag, der sich aus folgender Formel ergibt:*
F x 400 + (2 - F) x (AE - 400).
Dabei ist AE das Arbeitsentgelt und F der Faktor. der sich ergibt, wenn der Wert 25 vom Hundert durch den durchschnittlichen Gesamtsozialversicherungsbeitragssatz (§ 163 Abs. 10 Sechstes Buch) des Kalenderjahres, in dem der Anspruch auf das Arbeitsentgelt entstanden ist, geteilt wird. Dies gilt nicht für Personen, die zu ihrer Berufsausbildung beschäftigt sind.

§ 346 Beitragstragung bei Beschäftigten

(1) Die Beiträge werden von den versicherungspflichtig Beschäftigten und den Arbeitgebern je zur Hälfte getra-

§ 346 Beitragstragung bei Beschäftigten
Inkrafttreten: 1. April 2003

(1) Die Beiträge werden von den versicherungspflichtig Beschäftigten und den Arbeitgebern je zur Hälfte getra-

gen. Arbeitgeber im Sinne der Vorschriften dieses Titels sind auch die Auftraggeber von Heimarbeitern sowie Träger außerbetrieblicher Ausbildung.	gen. Arbeitgeber im Sinne der Vorschriften dieses Titels sind auch die Auftraggeber von Heimarbeitern sowie Träger außerbetrieblicher Ausbildung.
	(1a) Bei versicherungspflichtig Beschäftigten, deren beitragspflichtige Einnahme sich nach § 344 Abs. 4 bestimmt, werden die Beiträge abweichend von Absatz 1 Satz 1 getragen *1. von den Arbeitgebern in Höhe der Hälfte des Betrages, der sich ergibt, wenn der Beitragssatz auf das der Beschäftigung zugrunde liegende Arbeitsentgelt angewendet wird.* *2. im Übrigen von den versicherungspflichtig Beschäftigten.*
(2) Der Arbeitgeber trägt die Beiträge allein für 1. im Rahmen betrieblicher Berufsbildung Beschäftigte deren monatliches Arbeitsentgelt ~~325~~ Euro nicht übersteigt, (...)	(2) Der Arbeitgeber trägt die Beiträge allein für 1. im Rahmen betrieblicher Berufsbildung Beschäftigte, deren monatliches Arbeitsentgelt *400* Euro nicht übersteigt, (...)
(...)	(...)
§ 347 Beitragstragung bei sonstigen Versicherten	§ 347 Beitragstragung bei sonstigen Versicherten *Inkrafttreten: 1. April 2003*
Die Beiträge werden getragen (...) 5. für Personen, die Krankengeld oder Verletztengeld beziehen, von den Beziehern der Leistung und den Leistungsträgern je zur Hälfte, soweit sie auf die Leistung entfallen, im Übrigen von den Leistungsträgern; die Leistungsträger tragen die Beiträge auch allein, soweit sie folgende Leistungen zahlen: a) Versorgungskrankengeld oder Übergangsgeld,	Die Beiträge werden getragen (...) 5. für Personen, die Krankengeld oder Verletztengeld beziehen, von den Beziehern der Leistung und den Leistungsträgern je zur Hälfte, soweit sie auf die Leistung entfallen, im Übrigen von den Leistungsträgern; die Leistungsträger tragen die Beiträge auch allein, soweit sie folgende Leistungen zahlen: a) Versorgungskrankengeld oder Übergangsgeld,

b) Krankengeld oder Verletztengeld in Höhe der Entgeltersatzleistungen nach diesem Buch oder
c) eine Leistung, die nach einem monatlichen Arbeitsentgelt bemessen wird, das ~~325~~ Euro nicht übersteigt,
6. für Personen, die Krankentagegeld beziehen, von privaten Krankenversicherungsunternehmen.

b) Krankengeld oder Verletztengeld in Höhe der Entgeltersatzleistungen nach diesem Buch oder
c) eine Leistung, die nach einem monatlichen Arbeitsentgelt bemessen wird, das *400* Euro nicht übersteigt,
6. für Personen, die Krankentagegeld beziehen, von privaten Krankenversicherungsunternehmen.

---

§ 400a Leistungsgerechte Bezahlung

~~Die Bundesanstalt soll alle besoldungs- und tarifrechtlichen Möglichkeiten nutzen, um die Leistungen der Mitarbeiterinnen und Mitarbeiten, insbesondere in der Vermittlung, durch leistungsorientierte Bezahlung zu steigern. Sie hat dem Deutschen Bundestag über die Bundesregierung bis Ende des Jahres 2003 über die Erfahrungen mit den Instrumenten der leistungsorientierten Bezahlung zu berichten.~~

§ 400a Leistungsgerechte Bezahlung *im Bereich der Vermittlung, Verordnungsermächtigung*

(1) Das Bundesministerium für Wirtschaft und Arbeit wird ermächtigt, im Einvernehmen mit dem Bundesministerium des Innern zur verbesserten Erfüllung der Aufgaben in der Vermittlung im Sinne des Zweiten Abschnitts des Dritten Kapitels dieses Buches durch Rechtsverordnung die Festsetzung von Stufen und Gewährung von Leistungszulagen für einzelne Beamtinnen und Beamte oder für Beamtinnen und Beamte einer Organisationseinheit der Bundesanstalt für besondere Leistungen zu regeln. Abweichend von § 27 Abs. 2 Bundesbesoldungsgesetzes ist das Aufsteigen in den Stufen von der Feststellung abhängig, dass die Leistung der einzelnen Beamtin oder des Beamten den mit dem Amt verbundenen durchschnittlichen Anforderungen entspricht. Bei dauerhaft herausragenden Leistungen kann abweichend von § 27 Absatz 3 Satz 1 Bundesbesoldungsgesetzes bestimmt werden, dass auch die übernächste Stufe des Grundgehalts vorweg festgesetzt wird. Die Leistungszulagen sind entsprechend dem Grad der Leistungen zu staffeln und dürfen 100 Prozent des Unterschiedsbetrages zwischen dem End-

grundgehalt der jeweiligen Besoldungsgruppe und dem Endgrundgehalt der nächsthöheren Besoldungsgruppe nicht übersteigen. Bei der Berechnung der Leistungszulagen bleiben Amtszulagen unberücksichtigt.

(2) *Das Bundesministerium für Wirtschaft und Arbeit kann im Einvernehmen mit dem Bundesministerium des Innern die Befugnis nach Absatz 1 Satz 1 auf den Vorstand der Bundesanstalt durch Rechtsverordnung übertragen. Rechtsverordnungen, die auf Grund von Satz 1 vom Vorstand der Bundesanstalt erlassen werden, bedürfen des Einvernehmens mit dem Bundesministerium für Wirtschaft und Arbeit und dem Bundesministerium des Innern.*

(3) *Die Bundesanstalt hat dem Deutschen Bundestag über die Bundesregierung bis Ende des Jahres 2004 über die Erfahrungen mit den Instrumenten der leistungsorientierten Bezahlung im tarif- und besoldungsrechtlichen Bereich und der Gewährung von Leistungszulagen und der Festsetzung von Stufen nach Absatz 1 zu berichten.*

---

§ 400b Obergrenzen für Beförderungsämter
Bei der Bundesanstalt können die nach § 26 Abs. 1 des Bundesbesoldungsgesetzes zulässigen Obergrenzen für Beförderungsämter nach Maßgabe sachgerechter Bewertung überschritten werden, soweit dies zur Vermeidung von Verschlechterungen der Beförderungsverhältnisse infolge einer Verminderung von Planstellen erforderlich ist.

§ 402 Erhebung, Verarbeitung und Nutzung von Daten durch die Bundesanstalt (1) Die Bundesanstalt darf Sozialdaten nur erheben, verarbeiten und nutzen, soweit dies zur Erfüllung ihrer gesetzlich vorgeschriebenen oder zugelassenen Aufgaben erforderlich ist. Ihre Aufgaben nach diesem Buch sind	§ 402 Erhebung, Verarbeitung und Nutzung von Daten durch die Bundesanstalt (1) Die Bundesanstalt darf Sozialdaten nur erheben, verarbeiten und nutzen, soweit dies zur Erfüllung ihrer gesetzlich vorgeschriebenen oder zugelassenen Aufgaben erforderlich ist. Ihre Aufgaben nach diesem Buch sind
(...)	(...)
	12. der Betrieb von Job-Centern, in denen Arbeitsuchende und Ausbildungssuchende mit dem Ziel der Eingliederung in das Erwerbsleben umfassend betreut werden; die Job-Center sollen eine gemeinsame Anlaufstelle des Arbeitsamtes und der örtlichen Träger der Sozialhilfe umfassen und die dem Arbeitsamt von den örtlichen Trägern der Sozialhilfe übertragenen Aufgaben wahrnehmen. *Soweit Arbeitsämter und örtliche Träger der Sozialhilfe Kooperationsvereinbarungen zum Betrieb einer gemeinsamen Anlaufstelle oder zur anderweitigen Übertragung von Aufgaben abgeschlossen haben, dürfen die Arbeitsämter die für die Erfüllung der Aufgaben der gemeinsamen Anlaufstelle und die für die Erfüllung der übertragenen Aufgaben erforderlichen Sozialdaten erheben, verarbeiten und nutzen.*
(...)	(...)
§ 406 Unerlaubte Auslandsvermittlung, Anwerbung und Beschäftigung von Ausländern ohne Genehmigung und zu ungünstigen Arbeitsbedingungen	§ 406 Unerlaubte Auslandsvermittlung, Anwerbung und Beschäftigung von Ausländern ohne Genehmigung und zu ungünstigen Arbeitsbedingungen

(1) Wer vorsätzlich eine in § 404 Abs. 2 Nr. 2 bezeichnete Handlung begeht, indem er einen Ausländer, der ~~eine Genehmigung nach § 284 Abs. 1 Satz 1~~ nicht besitzt, zu Arbeitsbedingungen beschäftigt, die in einem auffälligen Missverhältnis zu den Arbeitsbedingungen deutscher Arbeitnehmer stehen, die die gleiche oder eine vergleichbare Tätigkeit ausüben, wird mit Freiheitsstrafe bis zu drei Jahren oder mit Geldstrafe bestraft.	(1) Wer vorsätzlich eine in § 404 Abs. 2 Nr. 2 bezeichnete Handlung begeht, indem er einen Ausländer, der *einen Aufenthaltstitel nach § 4 Abs. 3 des Aufenthaltsgesetzes* nicht besitzt, zu Arbeitsbedingungen beschäftigt, die in einem auffälligen Missverhältnis zu den Arbeitsbedingungen deutscher Arbeitnehmer stehen, die die gleiche oder eine vergleichbare Tätigkeit ausüben, wird mit Freiheitsstrafe bis zu drei Jahren oder mit Geldstrafe bestraft.
(2) In besonders schweren Fällen ist die Strafe Freiheitsstrafe von sechs Monaten bis zu fünf Jahren. Ein besonders schwerer Fall liegt in der Regel vor; wenn der Täter gewerbsmäßig oder aus grobem Eigennutz handelt.	(2) In besonders schweren Fällen ist die Strafe Freiheitsstrafe von sechs Monaten bis zu fünf Jahren. Ein besonders schwerer Fall liegt in der Regel vor, wenn der Täter gewerbsmäßig oder aus großem Eigennutz handelt.
~~§ 411 Besonderer Anpassungsfaktor~~ ~~Bei der Anwendung des § 138 Abs. 2 ist bis zur Herstellung einheitlicher Entgeltverhältnisse im gesamten Bundesgebiet der Anpassungsfaktor jeweils gesondert für das Beitrittsgebiet und das übrige Bundesgebiet entsprechend der Entwicklung der Bruttoarbeitsentgelte in dem jeweiligen Gebiet zu bestimmen. Beruht das Bemessungsentgelt überwiegend auf Zeiten mit Entgelten aus dem Beitrittsgebiet, ist der Anpassungsfaktor dieses Gebietes, im Übrigen der Anpassungsfaktor des übrigen Bundesgebietes anzuwenden.~~	*§ 411 (weggefallen)*
§ 421 Anwendung von Vorschriften und Maßgaben (1) Auf die Eingliederungshilfe sind die Vorschriften dieses Buches, des Fünften, des Sechsten und des Elften Buches sowie sonstige Rechtsvorschriften über die Arbeitslosenhilfe oder Empfänger	§ 421 Anwendung von Vorschriften und Maßgaben (1) Auf die Eingliederungshilfe sind die Vorschriften dieses Buches, des Fünften, des Sechsten und des Elften Buches sowie sonstige Rechtsvorschriften über die Arbeitslosenhilfe oder Empfänger

von Arbeitslosenhilfe mit folgenden Maßgaben entsprechend anzuwenden:	von Arbeitslosenhilfe mit folgenden Maßgaben entsprechend anzuwenden:
(...)	(...)
2. Die Dauer des Anspruchs auf Eingliederungshilfe beträgt sechs Monate. Die Vorschrift über die Minderung der Anspruchsdauer beim Arbeitslosengeld gilt entsprechend. Die Vorschrift über die Minderung der Anspruchsdauer beim Arbeitslosengeld gilt entsprechend mit der Maßgabe dass sich die Anspruchsdauer auch um Tage mindert, an denen ein Anspruch nach ~~§ 418 Satz 2~~ nicht besteht.	2. Die Dauer des Anspruchs auf Eingliederungshilfe beträgt sechs Monate. Die Vorschrift über die Minderung der Anspruchsdauer beim Arbeitslosengeld gilt entsprechend mit der Maßgabe, dass sich die Anspruchsdauer auch um Tage mindert, an denen ein Anspruch nach *Absatz 2* nicht besteht.
(...)	(...)
(2) Der Anspruch auf Eingliederungshilfe entsteht für jeden Berechtigten nur einmal, ~~er erlischt auch, wenn der Berechtigte die Voraussetzungen für einen Anspruch auf Arbeitslosenhilfe erfüllt oder nur deshalb nicht erfüllt, weil er Arbeitslosenhilfe nicht beantragt hat~~	(2) Der Anspruch auf Eingliederungshilfe entsteht für jeden Berechtigten nur einmal. *Anspruch auf Eingliederungshilfe besteht nicht für Tage, an denen Personen nach § 418 oder § 420 Abs. 1 ohne wichtigen Grund an dem Integrationskurs oder der Maßnahme der beruflichen Weiterbildung nicht teilnehmen.*
(...)	(...)
	§ 421i Beauftragung von Trägern mit Eingliederungsmaßnahmen *(1) Das Arbeitsamt kann Träger nach einem wettbewerbsrechtlichen Vergabeverfahren mit der Durchführung von Maßnahmen beauftragen, wenn die Maßnahme* *1. nach ihrer Gestaltung geeignet ist, arbeitslose oder von Arbeitslosigkeit bedrohte Arbeitnehmer einzugliedern oder Auszubildende, die zu ihrer Berufsvorbereitung oder Ausbildung*

zusätzlicher Hilfen bedürfen, einzugliedern oder eine berufliche Ausbildung zu ermöglichen und
2. bis zum 31. Dezember 2005 begonnen hat.

(2) Die Maßnahme muss den Grundsätzen der sonstigen gesetzlichen Leistungen entsprechen, insbesondere darf sie nicht zu Wettbewerbsverfälschungen führen.

(3) Die Höhe des vertraglich vereinbarten Entgelts bemisst sich nach den Aufwendungen des Trägers für die Durchführung der Maßnahme und dem Eingliederungserfolg. Für eine erfolgreiche Eingliederung kann ein Honorar vereinbart werden.

(4) Die Bundesanstalt wird ermächtigt, durch Anordnung das Nähere über Voraussetzungen, Art, Umfang und Verfahren der Förderung zu bestimmen.

---

§ 421j Entgeltsicherung für ältere Arbeitnehmer
(1) Arbeitnehmer, die das 50. Lebensjahr vollendet haben und ihre Arbeitslosigkeit durch Aufnahme einer versicherungspflichtigen Beschäftigung beenden oder vermeiden, haben Anspruch auf Leistungen der Entgeltsicherung, wenn sie
1. einen Anspruch auf Arbeitslosengeld haben und bei Aufnahme der Beschäftigung noch über einen Restanspruch von mindestens 180 Tagen verfügen, oder einen Anspruch auf Arbeitslosengeld über mindestens die gleiche Dauer hätten,

2. ein Arbeitsentgelt beanspruchen können, das den tariflichen oder wenn eine tarifliche Regelung nicht besteht, ortsüblichen Bedingungen entspricht.

(2) *Die Entgeltsicherung für ältere Arbeitnehmer wird geleistet*
1. als Zuschuss zum Arbeitsentgelt und
2. als zusätzlicher Beitrag zur gesetzlichen Rentenversicherung.
Der Zuschuss zum Arbeitsentgelt beträgt 50 Prozent der monatlichen Nettoentgeltdifferenz. Die Nettoentgeltdifferenz entspricht dem Unterschiedsbetrag zwischen dem pauschalierten Nettoentgelt, das sich aus dem der Bemessung des Arbeitslosengeldes zugrunde liegenden Arbeitsentgelt ergibt, und dem pauschalierten Nettoentgelt der aufgenommenen Beschäftigung. Der zusätzliche Beitrag zur gesetzlichen Rentenversicherung wird nach §163 Abs. 9 des Sechsten Buches bemessen und wird von der Bundesanstalt für Arbeit entrichtet; § 207 gilt entsprechend. Bei der Feststellung der für die Leistungen der Entgeltsicherung maßgeblichen Tatsachen gilt § 313 entsprechend. Wesentliche Änderungen des Arbeitsentgelts während des Bezugs der Leistungen der Entgeltsicherung werden berücksichtigt.

(3) *Ist die regelmäßige vereinbarte Arbeitszeit der Beschäftigung während des Bezugs der Leistungen der Entgeltsicherung von der regelmäßigen vereinbarten Arbeitszeit der Beschäftigung vor Eintritt der Arbeitslosigkeit verschieden, so ist dieses Verhältnis auf die Höhe der Leistungen anzuwenden. Wird durch die Aufnahme einer mit*

Entgeltsicherung geförderten Beschäftigung Arbeitslosigkeit vermieden, so wird für das Verhältnis die regelmäßige vereinbarte Arbeitszeit aus der vorangegangenen Beschäftigung zu Grunde gelegt.

(4) *Die Entgeltsicherung wird für die Dauer des Anspruchs auf Arbeitslosengeld, der vor Aufnahme der Beschäftigung bestanden hat oder bestanden hätte, gewährt. Zeiten der Beschäftigung, in denen Leistungen der Entgeltsicherung bezogen werden, begründen keinen Anspruch nach Absatz 1.*

(5) *Die Entgeltsicherung ist ausgeschlossen, wenn*
1. *die Leistungen auf einer monatlichen Nettoentgeltdifferenz von weniger als 50 Euro beruhen würden,*
2. *die Aufnahme der Beschäftigung bei einem früheren Arbeitgeber erfolgt, bei dem der Arbeitnehmer während der letzten vier Jahre vor Antragstellung mehr als drei Monate versicherungspflichtig beschäftigt war; dies gilt nicht, wenn es sich um eine befristete Beschäftigung schwerbehinderter Menschen im Sinne des § 104 Abs. 1 Nr. 3 Buchstabe a bis d des Neunten Buches handelt,*
3. *zu vermuten ist, dass der Arbeitgeber die Beendigung eines Beschäftigungsverhältnisses veranlasst hat, um die Einstellung des älteren Arbeitnehmers, der einen Anspruch auf Entgeltsicherung besitzt, vorzunehmen,*
4. *bei einem Wechsel in eine betriebsorganisatorisch eigenständige Einheit nach § 175 ein geringeres Arbeitsentgelt als bisher vereinbart wurde,*

5. die Beschäftigung in einer Maßnahme nach dem Sechsten Kapitel dieses Buches oder in einer Personal-Service-Agentur erfolgt oder
6. der Arbeitnehmer eine Rente wegen Alters aus der gesetzlichen Rentenversicherung oder eine ähnliche Leistung öffentlich-rechtlicher Art bezieht.

(6) *In Zeiten, in denen der Arbeitnehmer Kurzarbeitergeld, Winterausfallgeld, Krankengeld, Versorgungskrankengeld, Verletztengeld, Übergangsgeld oder Krankentagegeld von einem privaten Krankenversicherungsunternehmen bezieht, werden die Leistungen der Entgeltsicherung unverändert erbracht.*

(7) *Vom 1. Januar 2006 an finden diese Regelungen nur noch Anwendung, wenn der Anspruch auf Entgeltsicherung vor diesem Tag entstanden ist. Bei erneuter Antragstellung können die Leistungen längstens bis zum 31. August 2008 bezogen werden.*

(8) *Die Bundesanstalt für Arbeit wird ermächtigt, durch Anordnung das Nähere über Umfang, Dauer und Verfahren der Leistungen zu bestimmen.*

---

§421k Tragung der Beiträge zur Arbeitsförderung bei Beschäftigung älterer Arbeitnehmer
(1) Arbeitgeber, die ein Beschäftigungsverhältnis mit einem zuvor Arbeitslosen, der das 55. Lebensjahr vollendet hat, erstmalig begründen, werden von der Beitragstragung befreit. Der versicherungspflichtig Beschäftigte trägt die Hälfte des Beitrages, der

ohne die Regelung des Satzes 1 zu zahlen wäre.

(2) Vom 1. Januar 2006 an ist Absatz 1 nur noch für Beschäftigungsverhältnisse anzuwenden, die vor dem 1. Januar 2006 begründet worden sind.

---

§ 421l Existenzgründungszuschuss

(1) Arbeitnehmer, die durch Aufnahme einer selbständigen Tätigkeit die Arbeitslosigkeit beenden, haben Anspruch auf einen monatlichen Existenzgründungszuschuss. Der Zuschuss wird geleistet, wenn der Existenzgründer

1. in einem engem Zusammenhang mit der Aufnahme der selbständigen Tätigkeit Entgeltersatzleistungen nach diesem Buch bezogen hat, oder eine Beschäftigung ausgeübt hat, die als Arbeitsbeschaffungsmaßnahme oder Strukturanpassungsmaßnahme gefördert worden ist,

2. nach Aufnahme der selbständigen Tätigkeit Arbeitseinkommen nach § 15 des Vierten Buches erzielen wird, das voraussichtlich 25 000 Euro im Jahr nicht überschreiten wird und

3. keinen Arbeitnehmer oder nur mitarbeitende Familienangehörige beschäftigt.

(2) Der Zuschuss wird bis zu drei Jahre erbracht und wird jeweils längstens für ein Jahr bewilligt. Er beträgt im ersten Jahr nach Beendigung der Arbeitslosigkeit monatlich 600 Euro, im zweiten Jahr monatlich 360 Euro und im dritten Jahr monatlich 240 Euro. Vor einer erneuten Bewilligung des Zuschusses hat der Existenzgründer das Vorliegen der Voraussetzungen

nach Absatz 1 darzulegen. Liegen die Voraussetzungen für ein Ruhen des Anspruchs bei Sperrzeit nach § 144 oder Säumniszeit nach § 145 dieses Buches vor, verkürzt sich die Dauer der Förderung entsprechend der Dauer der Sperrzeit oder der Dauer der Säumniszeit unter Berücksichtigung der bereits verstrichenen Sperr- oder Säumniszeiten.

(3) *Überschreitet das Arbeitseinkommen im Jahr 25000 Euro, so kann nach Ablauf des bewilligten Zeitraums der Zuschuss nicht mehr erbracht werden. Arbeitsentgelt nach § 14 des Vierten Buches, das im gleichen Zeitraum erzielt wird, wird bei der Ermittlung der für die Förderung maßgeblichen Obergrenze einbezogen.*

(4) *Der Zuschuss ist ausgeschlossen, wenn die Aufnahme einer selbständigen Tätigkeit durch Überbrückungsgeld nach § 57 gefördert wird.*

(5) Vom 1. Januar 2006 an finden diese Regelungen nur noch Anwendung. wenn der Anspruch auf Förderung vor diesem Tag bestanden hat.

(6) *Die Bundesanstalt für Arbeit wird ermächtigt, durch Anordnung das Nähere über Voraussetzungen, Umfang und Verfahren der Förderung zu bestimmen.*

---

§ 434g Erstes Gesetz für moderne Dienstleistungen am Arbeitsmarkt
(1) § 128 Abs. 1 Nr. 8 und Abs. 2 in der bis zum 31. Dezember 2002 geltenden Fassung ist weiterhin anzuwenden, wenn die Maßnahme, für die das

Unterhaltsgeld geleistet wird, vor dem l. Januar 2003 begonnen hat oder das Unterhaltsgeld vor dem 1. Januar 2003 zuerkannt worden ist,

(2) *§ 144 Abs. 1 in der bis zum 31. Dezember 2002 geltenden Fassung ist weiterhin anzuwenden, wenn das Ereignis. das die Sperrzeit begründet, vor dem 1. Januar 2003 liegt.*

(3) *§§ 156, 157 Abs. 2. § 158 Abs. 4, § 198 Satz 1, § 274 Satz 1 Nr. 2 und § 339 Satz 3 Nr. 1 in der bis zum 31. Dezember 2002 geltenden Fassung sind weiterhin anzuwenden, wenn der Anspruch auf Anschlussunterhaltsgeld vor dem 1. Januar 2003 entstanden ist.*

(4) § 194 Abs. 1 Satz 2, Abs. 2 Satz 2 gelten in der bis zum 31. Dezember 2002 geltenden Fassung für die Dauer der laufenden Bewilligung weiter, wenn die Voraussetzungen eines Anspruchs auf Arbeitslosenhilfe im Zeitraum vom 1. Oktober 2002 bis zum 31 Dezember 2002 vorgelegen haben.

(5) *Das Arbeitsamt darf einen Vertrag zur Einrichtung einer Personal-Service-Agentur nur schließen, wenn sich die Arbeitsbedingungen einschließlich des Arbeitsentgelts der in der Personal-Service-Agentur beschäftigten Arbeitnehmer bis zum 31. Dezember 2003 nach einem Tarifvertrag für Arbeitnehmerüberlassung richten.*

(6) *Wenn die Voraussetzungen eines Anspruchs auf Arbeitslosenhilfe im Zeitraum von l. Oktober 2002 bis zum 31. Dezember 2002 vorgelegen haben, sind auf Antrag des Arbeitslosen Arti-*

kel 1 Nr. 25 Buchstabe a und Buchstabe b in Verbindung mit Artikel 11 Nr. 2 des Ersten Gesetzes für moderne Dienstleistungen am Arbeitsmarkt bis zum 31. Dezember 2003 nicht anzuwenden. soweit
a) der Arbeitslose,
b) der nicht dauernd getrennt lebende Ehegatte, der Partner einer eheähnlichen Gemeinschaft oder der Lebenspartner des Arbeitslosen,
c) die im gemeinsamen Haushalt lebenden minderjährigen unverheirateten Kinder des Arbeitslosen oder seines Partners
dadurch hilfebedürftig im Sinne der Vorschriften des Bundessozialhilfegesetzes über die Hilfe zum Lebensunterhalt würden.

---

§ 434i Zweites Gesetz für moderne Dienstleistungen am Arbeitsmarkt
Inkrafttreten: 1. April 2003

Personen, die am 31. März 2003 in einer mehr als geringfügigen Beschäftigung versicherungspflichtig waren, die die Merkmale einer geringfügigen Beschäftigung in der ab dem 1. April 2003 geltenden Fassung von § 8 des Vierten Buches erfüllt, bleiben in dieser Beschäftigung versicherungspflichtig. Sie werden auf ihren Antrag von der Versicherungspflicht befreit. Die Befreiung wirkt vom 1. April 2003 an. Sie ist auf diese Beschäftigung beschränkt.

2. Arbeitslosenhilfe-Verordnung Altfassung

§ 1 Zu berücksichtigendes Vermögen
(1) Zu berücksichtigen ist das gesamte verwertbare Vermögen
1. des Arbeitslosen und
2. seines nicht dauernd getrennt lebenden Ehegatten, seines Lebenspartners oder einer Person, die mit dem Arbeitslosen in eheähnlicher Gemeinschaft lebt (Partner),
soweit der Wert des Vermögens den Freibetrag übersteigt.

(2) Freibetrag ist ein Betrag von ~~520 Euro~~ je vollendetem Lebensjahr des Arbeitslosen und seines Partners, dieser darf für den Arbeitslosen und seinen Partner jeweils ~~33800 Euro~~ nicht übersteigen. Der nach Satz 1 ermittelte Betrag mindert sich zu Beginn eines neuen Bewilligungsabschnittes in Höhe
1. des durch die Bescheinigung des Vorjahres nach § 92 Nr. 5 des Einkommensteuergesetzes nachgewiesenen Altersvorsorgevermögens,
2. der nach Absatz 3 Nr. 4 für die Alterssicherung bestimmten Sachen und Rechte,
höchstens jedoch in der Höhe, dass ein Betrag von jeweils 4 100 Euro nicht unterschritten wird.

(...)

§ 3 Pauschbeträge für die vom Einkommen abzusetzenden Beträge
~~(1) Als Pauschbetrag nach § 194 Abs. 2 Satz 2 Nr. 4 des Dritten Buches Sozialgesetzbuch sind von den Erwerbsbezügen des Partners des Arbeitslosen~~

2. Arbeitslosenhilfe-Verordnung Neufassung

§ 1 Zu berücksichtigendes Vermögen
(1) Zu berücksichtigen ist das gesamte verwertbare Vermögen
1. des Arbeitslosen und
2. seines nicht dauernd getrennt lebenden Ehegatten, seines Lebenspartners oder einer Person, die mit dem Arbeitslosen in eheähnlicher Gemeinschaft lebt (Partner),
soweit der Wert des Vermögens den Freibetrag übersteigt.

(2) Freibetrag ist ein Betrag von *200 Euro* je vollendetem Lebensjahr des Arbeitslosen und seines Partners; dieser darf für den Arbeitslosen und seinen Partner jeweils *13 000 Euro* nicht übersteigen. Der nach Satz 1 ermittelte Betrag mindert sich zu Beginn eines neuen Bewilligungsabschnittes in Höhe
1. des durch die Bescheinigung des Vorjahres nach § 92 Nr. 5 des Einkommensteuergesetzes nachgewiesenen Altersvorsorgevermögens,
2. der nach Absatz 3 Nr. 4 für die Alterssicherung bestimmten Sachen und Rechte,
höchstens jedoch in der Höhe, dass ein Betrag von jeweils 4 100 Euro nicht unterschritten wird.

(...)

§ 3 Pauschbeträge für die vom Einkommen abzusetzenden Beträge

~~monatlich 25 Prozent des durch zwölf geteilten Betrages nach § 32a Abs. 1 Satz 2 Nr. 1 des Einkommensteuergesetzes abzusetzen.~~	
~~(2)~~ Als Pauschbetrag für die nach § 194 Abs. 2 Satz 2 Nr. 2 des Dritten Buches Sozialgesetzbuch vom Einkommen abzusetzenden Beiträge zu öffentlichen oder privaten Versicherungen oder ähnlichen Einrichtungen, die gesetzlich vorgeschrieben oder nach Grund und Höhe angemessen sind, ist ein Betrag in Höhe von 3 Prozent des Einkommens abzusetzen, wenn der Arbeitslose und sein Partner in der gesetzlichen Sozialversicherung versicherungspflichtig sind, in den übrigen Fällen die tatsächlichen Aufwendungen.	*(1)* Pauschbetrag für die nach § 194 Abs. 2 Satz 2 Nr. 2 des Dritten Buches Sozialgesetzbuch vom Einkommen abzusetzenden Beiträge zu öffentlichen oder privaten Versicherungen oder ähnlichen Einrichtungen, die gesetzlich vorgeschrieben oder nach Grund und Höhe angemessen sind, ist ein Betrag in Höhe von 3 Prozent des Einkommens abzusetzen, wenn der Arbeitslose und sein Partner in der gesetzlichen Sozialversicherung versicherungspflichtig sind, in den übrigen Fällen die tatsächlichen Aufwendungen.
~~(3)~~ Als Pauschbetrag für vom Einkommen abzusetzende Fahrkosten ist ein Betrag in Höhe des als Entfernungspauschale nach § 9 Abs. 1 Satz 3 Nr.4 des Einkommensteuergesetzes anzusetzenden Betrages zu berücksichtigen.	*(2)* Als Pauschbetrag für vom Einkommen abzusetzende Fahrkosten ist ein Betrag in Höhe des als Entfernungspauschale nach §9 Abs. 1 Satz 3 Nr. 4 des Einkommensteuergesetzes anzusetzenden Betrages zu berücksichtigen.
§ 4 Übergangsvorschriften Haben die Voraussetzungen eines Anspruchs auf Arbeitslosenhilfe nach § 190 Abs. 1 des Dritten Buches Sozialgesetzbuch im Zeitraum vom 1. Oktober 2001 bis zum 31. Dezember 2001 vorgelegen, gelten mit Ausnahme des § 9 die Vorschriften der Arbeitslosenhilfe-Verordnung vom 7. August 1974 in der bis zum 31. Dezember 2001 geltenden Fassung für die Dauer der laufenden Bewilligung mit folgenden Maßgaben weiter:	§ 4 Übergangsvorschriften (1) Haben die Voraussetzungen eines Anspruchs auf Arbeitslosenhilfe nach 190 Abs. 1 des Dritten Buches Sozialgesetzbuch im Zeitraum vom 1. Oktober 2001 bis zum 31. Dezember 2001 vorgelegen, gelten mit Ausnahme des § 9 die Vorschriften der Arbeitslosenhilfe-Verordnung vom 7. August 1974 in der bis zum 31. Dezember 2001 geltenden Fassung für die Dauer der laufenden Bewilligung mit folgenden Maßgaben weiter:

1. In § 6 Abs. 1 tritt an die Stelle der Angabe „8.000 Deutsche Mark" die Angabe „4.100 Euro"
2. in § 6 Abs. 4 Nr. 2 tritt an die Stelle der Angabe „1.000 Deutsche Mark" die Angabe „520 Euro" und
3. in § 7 Abs. 1 tritt an die Stelle der Wörter „zehntausend Deutsche Mark" die Angabe „5120 Euro".

1. In § 6 Abs. 1 tritt an die Stelle der Angabe „8.000 Deutsche Mark" die Angabe „4.100 Euro"
2. in § 6 Abs. 4 Nr. 2 tritt an die Stelle der Angabe „1.000 Deutsche Mark" die Angabe „520 Euro" und
3. in § 7 Abs. 1 tritt an die Stelle der Wörter „zehntausend Deutsche Mark" die Angabe „5.120 Euro".

(2) *§ 1 Abs. 2 und § 3 Abs. 1 gelten in der bis zum 31. Dezember 2002 geltenden Fassung für die Dauer der laufenden Bewilligung weiter, wenn die Voraussetzungen eines Anspruchs auf Arbeitslosenhilfe im Zeitraum vom 1. Oktober 2002 bis zum 31. Dezember 2002 vorgelegen haben. Abweichend von Satz 1 ist § 1 Abs. 2 in der bis zum 31. Dezember 2002 geltenden Fassung für Personen weiterhin anzuwenden. die bis zum 1. Januar 1948 geboren sind.*

3. Viertes Buch Sozialgesetzbuch (ohne Meldevorschriften) Altfassung

§ 7 Beschäftigung

(1) Beschäftigung ist die nichtselbständige Arbeit, insbesondere in einem Arbeitsverhältnis. Anhaltspunkte für eine Beschäftigung sind eine Tätigkeit nach Weisungen und eine Eingliederung in die Arbeitsorganisation des Weisungsgebers.

(1a) Ist für Zeiten einer Freistellung von der Arbeitsleistung Arbeitsentgelt

3. Viertes Buch Sozialgesetzbuch (ohne Meldevorschriften) Neufassung

§ 7 Beschäftigung
Inkrafttreten: 1. April 2003

(1) Beschäftigung ist die nichtselbständige Arbeit, insbesondere in einem Arbeitsverhältnis. Anhaltspunkte für eine Beschäftigung sind eine Tätigkeit nach Weisungen und eine Eingliederung in die Arbeitsorganisation des Weisungsgebers.

(1a) Ist für Zeiten einer Freistellung von der Arbeitsleistung Arbeitsentgelt

fällig, das mit einer vor oder nach diesen Zeiten erbrachten Arbeitsleistung erzielt wird (Wertguthaben), besteht während der Freistellung eine Beschäftigung gegen Arbeitsentgelt, wenn 1. die Freistellung auf Grund einer schriftlichen Vereinbarung erfolgt und 2. die Höhe des für die Zeit der Freistellung und des für die vorausgegangenen zwölf Kalendermonate monatlich fälligen Arbeitsentgelts nicht unangemessen voneinander abweichen und diese Arbeitsentgelte 325 Euro übersteigen. Beginnt ein Beschäftigungsverhältnis mit einer Zeit der Freistellung, gilt Satz 1 Nr. 2 mit der Maßgabe, dass die Höhe des für die Zeit der Freistellung und des für die Zeit der Arbeitsleistung, mit der das Arbeitsentgelt später erzielt werden soll, monatlich fälligen Arbeitsentgelts nicht unangemessen voneinander abweichen darf und diese Arbeitsentgelte ~~325~~ Euro übersteigen müssen. (...)	fällig, das mit einer vor oder nach diesen Zeiten erbrachten Arbeitsleistung erzielt wird (Wertguthaben), besteht während der Freistellung eine Beschäftigung gegen Arbeitsentgelt, wenn 1. die Freistellung auf Grund einer schriftlichen Vereinbarung erfolgt und 2. die Höhe des für die Zeit der Freistellung und des für die vorausgegangenen zwölf Kalendermonate monatlich fälligen Arbeitsentgelts nicht unangemessen voneinander abweichen und diese Arbeitsentgelte 325 Euro übersteigen. Beginnt ein Beschäftigungsverhältnis mit einer Zeit der Freistellung, gilt Satz 1 Nr. 2 mit der Maßgabe, dass die Höhe des für die Zeit der Freistellung und des für die Zeit der Arbeitsleistung, mit der das Arbeitsentgelt später erzielt werden soll, monatlich fälligen Arbeitsentgelts nicht unangemessen voneinander abweichen darf und diese Arbeitsentgelte *400* Euro übersteigen müssen. (...)
~~(4) Bei einer erwerbsmäßig tätigen Person, die ihre Mitwirkungspflichten nach § 206 des Fünften Buches Sozialgesetzbuch oder nach § 196 Abs. 1 des Sechsten Buches Sozialgesetzbuch nicht erfüllt, wird vermutet, dass sie beschäftigt ist, wenn mindestens drei der folgenden fünf Merkmale vorliegen:~~ ~~1. Die Person beschäftigt im Zusammenhang mit ihrer Tätigkeit regelmäßig keinen versicherungspflichtigen Arbeitnehmer, dessen Arbeitsentgelt aus diesem Beschäftigungsverhältnis regelmäßig im Monat 325 Euro übersteigt;~~	(4) *Für Personen, die für eine selbständige Tätigkeit einen Zuschuss nach § 421l des Dritten Buches beantragen, wird widerlegbar vermutet, dass sie in dieser Tätigkeit als Selbständige tätig sind. Für die Dauer des Bezugs dieses Zuschusses gelten diese Personen als selbständig Tätige.*

~~2. sie ist auf Dauer und im Wesentlichen nur für einen Auftraggeber tätig;~~ ~~3. ihr Auftraggeber oder ein vergleichbarer Auftraggeber lässt entsprechende Tätigkeiten regelmäßig durch von ihm beschäftigte Arbeitnehmer verrichten;~~ ~~4. ihre Tätigkeit lässt typische Merkmale unternehmerischen Handelns nicht erkennen;~~ ~~5. ihre Tätigkeit entspricht dem äußeren Erscheinungsbild nach der Tätigkeit, die sie für denselben Auftraggeber zuvor auf Grund eines Beschäftigungsverhältnisses ausgeübt hatte.~~ ~~Satz 1 gilt nicht für Handelsvertreter, die im Wesentlichen frei ihre Tätigkeit gestalten und über ihre Arbeitszeit bestimmen können. Die Vermutung kann widerlegt werden.~~	
§ 7a Anfrageverfahren	§ 7a Anfrageverfahren
(...)	(...)
(3) Die Bundesversicherungsanstalt für Angestellte teilt den Beteiligten schriftlich mit, welche Angaben und Unterlagen sie für ihre Entscheidung benötigt. Sie setzt den Beteiligten eine angemessene Frist, innerhalb der diese die Angaben zu machen und die Unterlagen vorzulegen haben. ~~Bei der Fristsetzung weist sie darauf hin, dass sie die Vermutungsregelung des § 7 Abs. 4 nach Fristablauf anwenden kann.~~	(3) Die Bundesversicherungsanstalt für Angestellte teilt den Beteiligten schriftlich mit, weiche Angaben und Unterlagen sie für ihre Entscheidung benötigt. Sie setzt den Beteiligten eine angemessene Frist, innerhalb der diese die Angaben zu machen und die Unterlagen vorzulegen haben.
(...)	(...)

§ 8 Geringfügige Beschäftigung und geringfügige selbständige Tätigkeit	§ 8 Geringfügige Beschäftigung und geringfügige selbständige Tätigkeit *Inkrafttreten: 1. April 2003*
(1) Eine geringfügige Beschäftigung liegt vor, wenn 1. ~~die Beschäftigung regelmäßig weniger als fünfzehn Stunden in der Woche ausgeübt wird und~~ das Arbeitsentgelt regelmäßig im Monat 325 Euro nicht übersteigt,	(1) Eine geringfügige Beschäftigung liegt vor; wenn 1. das Arbeitsentgelt regelmäßig im Monat *400* Euro nicht übersteigt,
2. die Beschäftigung innerhalb eines ~~Jahres seit ihrem Beginn~~ auf längstens zwei Monate oder 50 Arbeitstage nach ihrer Eigenart begrenzt zu sein pflegt oder im voraus vertraglich begrenzt ist, es sei denn, dass die Beschäftigung berufsmäßig ausgeübt wird und ihr Entgelt ~~325~~ Euro im Monat übersteigt.	2. die Beschäftigung innerhalb eines *Kalenderjahres* auf längstens zwei Monate oder 50 Arbeitstage nach ihrer Eigenart begrenzt zu sein pflegt oder im voraus vertraglich begrenzt ist, es sei denn, dass die Beschäftigung berufsmäßig ausgeübt wird und ihr Entgelt *400* Euro im Monat übersteigt.
(2) Bei der Anwendung des Absatzes 1 sind mehrere geringfügige Beschäftigungen nach Nummer 1 oder Nummer 2 sowie geringfügige Beschäftigungen nach Nummer 1 und nicht geringfügige Beschäftigungen zusammenzurechnen. Eine geringfügige Beschäftigung liegt nicht mehr vor; sobald die Voraussetzungen des Absatzes 1 entfallen.	(2) Bei der Anwendung des Absatzes 1 sind mehrere geringfügige Beschäftigungen nach Nummer 1 oder Nummer 2 sowie geringfügige Beschäftigungen nach Nummer 1 *mit Ausnahme einer geringfügigen Beschäftigung nach Nummer 1* und nicht geringfügige Beschäftigungen zusammenzurechnen. Eine geringfügige Beschäftigung liegt nicht mehr vor, sobald die Voraussetzungen des Absatzes 1 entfallen. *Wird bei der Zusammenrechnung nach Satz 1 festgestellt, dass die Voraussetzungen einer geringfügigen Beschäftigung nach Absatz 1 nicht mehr vorliegen, tritt die Versicherungspflicht erst mit dem Tage der Bekanntgabe der Feststellung durch die Einzugsstelle oder einen Träger der Rentenversicherung ein.*
(3) Die Absätze 1 und 2 gelten entsprechend, soweit anstelle einer Beschäfti-	(3) Die Absätze 1 und 2 gelten entsprechend, soweit anstelle einer Beschäfti-

gung eine selbständige Tätigkeit ausgeübt wird. Dies gilt nicht für das Recht der Arbeitsförderung. (4) (weggefallen)	gung eine selbständige Tätigkeit ausgeübt wird. Dies gilt nicht für das Recht der Arbeitsförderung. (4) (weggefallen)
	§ 8a Geringfügige Beschäftigung in Privathaushalten *Inkrafttreten: 1. April 2003* *Werden geringfügige Beschäftigungen ausschließlich in Privathaushalten ausgeübt, gilt § 8. Eine geringfügige Beschäftigung im Privathaushalt liegt vor, wenn diese durch einen privaten Haushalt begründet ist und die Tätigkeit sonst gewöhnlich durch Mitglieder des privaten Haushalts erledigt wird.*
§ 14 Arbeitsentgelt (...) (4) ~~In den Fällen des § 7 Abs. 4 gilt bei einer Beschäftigung, die nach dem Einkommensteuerrecht als selbständige Tätigkeit bewertet wird, als Arbeitsentgelt ein Einkommen in Höhe der Bezugsgröße, bei Nachweis eines niedrigeren oder höheren Einkommens jedoch dieses Einkommen. § 165 Abs. 1 Satz 2 bis 10 des Sechsten Buches gilt entsprechend.~~	§ 14 Arbeitsentgelt (...) (4) *weggefallen*
§ 20 Aufbringung der Mittel (1) Die Mittel der Sozialversicherung einschließlich der Arbeitsförderung werden nach Maßgabe der besonderen Vorschriften für die einzelnen Versicherungszweige durch Beiträge der Versicherten, der Arbeitgeber und	§ 20 Aufbringung der Mittel, *Gleitzone* *Inkrafttreten: 1. April 2003* (1) Die Mittel der Sozialversicherung einschließlich der Arbeitsförderung werden nach Maßgabe der besonderen Vorschriften für die einzelnen Versicherungszweige durch Beiträge der Versicherten, der Arbeitgeber und

Dritter, durch staatliche Zuschüsse und durch sonstige Einnahmen aufgebracht.	Dritter, durch staatliche Zuschüsse und durch sonstige Einnahmen aufgebracht.
(2) ~~Bei Verwendung eines Haushaltsschecks (§ 28a Abs.7) trägt der Arbeitgeber abweichend von den besonderen Vorschriften für Beschäftigte für die einzelnen Versicherungszweige den Gesamtsozialversicherungsbeitrag allein.~~	(2) *Eine Gleitzone im Sinne dieses Gesetzbuches liegt bei einem Beschäftigungsverhältnis vor, wenn das daraus erzielte Arbeitsentgelt zwischen 400,01 Euro und 800,00 Euro im Monat liegt und die Grenze von 800,00 Euro im Monat regelmäßig nicht überschreitet; bei mehreren Beschäftigungsverhältnissen ist das insgesamt erzielte Arbeitsentgelt maßgebend.*
§ 22 Entstehen der Beitragsansprüche, Zusammentreffen mehrerer Versicherungsverhältnisse (1) Die Beitragsansprüche der Versicherungsträger entstehen, sobald ihre im Gesetz oder auf Grund eines Gesetzes bestimmten Voraussetzungen vorliegen.	§ 22 Entstehen der Beitragsansprüche, Zusammentreffen mehrerer Versicherungsverhältnisse (1) Die Beitragsansprüche der Versicherungsträger entstehen, sobald ihre im Gesetz oder auf Grund eines Gesetzes bestimmten Voraussetzungen vorliegen; *bei einmalig gezahltem Arbeitsentgelt, sobald dieses ausgezahlt worden ist.*
(2) Treffen beitragspflichtige Einnahmen aus mehren Versicherungsverhältnissen zusammen und übersteigen sie die für das jeweilige Versicherungsverhältnis maßgebliche Beitragsbemessungsgrenze, so vermindern sie sich zum Zwecke der Beitragsberechnung nach dem Verhältnis ihrer Höhe so zueinander, dass sie zusammen höchstens die Beitragsbemessungsgrenze erreichen. Für die knappschaftliche Rentenversicherung und die Rentenversicherung der Arbeiter und der Angestellten sind die Berechnungen nach Satz 1 getrennt durchzuführen. (...)	(2) Treffen beitragspflichtige Einnahmen aus mehreren Versicherungsverhältnissen zusammen und übersteigen sie die für das jeweilige Versicherungsverhältnis maßgebliche Beitragsbemessungsgrenze, so vermindern sie sich zum Zwecke der Beitragsberechnung nach dem Verhältnis ihrer Höhe so zueinander, dass sie zusammen höchstens die Beitragsbemessungsgrenze erreichen. Für die knappschaftliche Rentenversicherung und die Rentenversicherung der Arbeiter und der Angestellten sind die Berechnungen nach Satz 1 getrennt durchzuführen. (...)

§ 23 Fälligkeit	§ 23 Fälligkeit *Inkrafttreten: 1. April 2003*
(...)	(...)
	(2a) Bei Verwendung eines Haushaltsschecks (§ 28a Abs. 7) sind die Beiträge für das in den Monaten Januar bis Juni erzielte Arbeitsentgelt am 15. Juli des laufenden Jahres und für das in den Monaten Juli bis Dezember erzielte Arbeitsentgelt am 15. Januar des folgenden Jahres fällig.
	(...)
§ 23a Einmalig gezahltes Arbeitsentgelt als beitragspflichtige Einnahmen (1) Einmalig gezahltes Arbeitsentgelt sind Zuwendungen, die dem Arbeitsentgelt zuzurechnen sind und nicht für die Arbeit in einem einzelnen Entgeltabrechnungszeitraum gezahlt werden. Einmalig gezahltes Arbeitsentgelt versicherungspflichtig Beschäftigter ist dem Entgeltabrechnungszeitraum zuzuordnen, in dem es gezahlt wird, soweit die Absätze 2 und 4 nichts Abweichendes bestimmen.	§ 23a Einmalig gezahltes Arbeitsentgelt als beitragspflichtige Einnahmen (1) Einmalig gezahltes Arbeitsentgelt sind Zuwendungen, die dem Arbeitsentgelt zuzurechnen sind und nicht für die Arbeit in einem einzelnen Entgeltabrechnungszeitraum gezahlt werden. Einmalig gezahltes Arbeitsentgelt versicherungspflichtig Beschäftigter ist dem Entgeltabrechnungszeitraum zuzuordnen, in dem es gezahlt wird, soweit die Absätze 2 und 4 nichts Abweichendes bestimmen. *Als einmalig gezahltes Arbeitsentgelt gelten nicht Zuwendungen nach Satz 1, wenn sie* *1. üblicherweise zur Abgeltung bestimmter Aufwendungen des Beschäftigten, die auch im Zusammenhang mit der Beschäftigung stehen,* *2. als Waren oder Dienstleistungen, die vom Arbeitgeber nicht überwiegend für den Bedarf seiner Beschäftigten hergestellt, vertrieben oder erbracht werden und monatlich in Anspruch genommen werden können,* *3. als sonstige Sachbezüge oder*

	4. *als vermögenswirksame Leistungen vom Arbeitgeber erbracht werden.*
(...)	(...)
§ 28a Meldepflicht	§ 28a Meldepflicht *Inkrafttreten: 1. April 2003*
(1) Der Arbeitgeber hat der Einzugsstelle für jeden in der Kranken-, Pflege-, Rentenversicherung oder nach dem Recht der Arbeitsförderung kraft Gesetzes versicherten Beschäftigten	(1) Der Arbeitgeber hat der Einzugsstelle für jeden in der Kranken-, Pflege-, Rentenversicherung oder nach dem Recht der Arbeitsförderung kraft Gesetzes versicherten Beschäftigten
(...)	(...)
(2) bei Wechsel von einem Wertguthaben, das im Beitrittsgebiet und einem Wertguthaben, das im übrigen Bundesgebiet erzielt wurde, eine Meldung zu erstatten.	(2) bei Wechsel von einem Wertguthaben, das im Beitrittsgebiet und einem Wertguthaben, das im übrigen Bundesgebiet erzielt wurde, eine Meldung *auf maschinell verwertbaren Datenträgern oder durch Datenübertragung* zu erstatten.
(...)	(...)
~~(3a) Der Arbeitgeber hat der Einzugsstelle unverzüglich am Tag des Beschäftigungsbeginns eine Meldung zu erstatten, wenn der Beschäftigte zu diesem Zeitpunkt den Sozialversicherungsausweis nicht vorgelegt hat. Diese Meldung ist gesondert zu kennzeichnen und gilt als Meldung nach Absatz 1 Nr. 1.~~	(3a) *weggefallen*
~~(4) Wird ein Arbeitnehmer einem Dritten (Entleiher) gegen Vergütung zur Arbeitsleistung überlassen, so hat dieser den Arbeitnehmer, dessen Arbeitgeber sowie Beginn und Ende der Überlassung zu melden.~~	(4) *weggefallen*

(5) Der Arbeitgeber hat dem Beschäftigten den Inhalt der Meldung schriftlich mitzuteilen.

(5) Der Arbeitgeber hat dem Beschäftigten den Inhalt der Meldung schriftlich mitzuteilen.

(6) Soweit der Arbeitgeber eines Hausgewerbetreibenden Arbeitgeberpflichten erfüllt, gilt der Hausgewerbetreibende als Beschäftigter.

(6) Soweit der Arbeitgeber eines Hausgewerbetreibenden Arbeitgeberpflichten erfüllt, gilt der Hausgewerbetreibende als Beschäftigter.

(7) Der Arbeitgeber ~~kann~~ der Einzugsstelle für einen im privaten Haushalt Beschäftigten ~~bei jeder Lohn oder Gehaltszahlung~~ anstelle der Meldung nach Absatz 1 eine vereinfachte Meldung (Haushaltsscheck) ~~erstatten, wenn das Arbeitsentgelt (§ 14 Abs. 3) 767 Euro im Kalendermonat nicht übersteigt und der Arbeitgeber der Einzugsstelle eine Ermächtigung zum Einzug des Gesamtsozialversicherungsbeitrags und der Umlagen nach dem Lohnfortzahlungsgesetz erteilt; die Meldung ist unverzüglich abzugeben. Bei gleichbleibendem Arbeitsentgelt (§ 14 Abs. 3) und bei gleicher wöchentlicher Stundenzahl ist die Meldung nach Satz 1 bei Beginn und Ende der Beschäftigung und bei Änderung des Arbeitsentgelt (§ 14 Abs. 3) oder der wöchentlichen Arbeitsstunden unverzüglich zu erstatten.~~ Der Haushaltsscheck ist vom Arbeitgeber und Arbeitnehmer zu unterschreiben. Die Absätze ~~2 bis 4~~ gelten nicht.

(7) Der Arbeitgeber *erstattet* der Einzugsstelle für einen im privaten Haushalt Beschäftigten anstelle der Meldung nach Absatz 1 eine vereinfachte Meldung (Haushaltsscheck) *mit den Angaben nach Absatz 8 Satz 1, wenn das Arbeitsentgelt (§ 14 Abs. 3) aus dieser Beschäftigung regelmäßig 400 Euro im Monat nicht übersteigt. Der Arbeitgeber erteilt der Einzugsstelle eine Ermächtigung zum Einzug des Gesamtsozialversicherungsbetrages.* Der Haushaltsscheck ist vom Arbeitgeber und Arbeitnehmer zu unterschreiben. Die Absätze *2, 3 und 5* gelten nicht.

(8) Der Haushaltsscheck enthält
1. den Familiennamen, Vornamen, die Anschrift und die Betriebsnummer des Arbeitgebers,
2. den Familiennamen, Vornamen, die Anschrift und die Versicherungsnummer des Beschäftigten; kann die Versicherungsnummer nicht angege-

(8) Der Haushaltsscheck enthält
1. den Familiennamen, Vornamen, die Anschrift und die Betriebsnummer des Arbeitgebers,
2. den Familiennamen, Vornamen, die Anschrift und die Versicherungsnummer des Beschäftigten; kann die Versicherungsnummer nicht angege-

ben werden, ist das Geburtsdatum des Beschäftigten einzutragen,
3. die Angabe ob der Beschäftigte im Zeitraum der Beschäftigung bei mehreren Arbeitgebern beschäftigt ist, und
4. a) bei einer Meldung bei jeder Lohn- oder Gehaltszahlung den Zeitraum der Beschäftigung, das Arbeitsentgelt (§ 14 Abs. 3) für diesen Zeitraum ~~und die entsprechende Stundenzahl~~ sowie am Ende der Beschäftigung den Zeitpunkt der Beendigung,
b) bei einer Meldung zu Beginn der Beschäftigung deren Beginn, das monatliche Arbeitsentgelt (§ 14 Abs. 3) ~~und die wöchentlichen Arbeitsstunden,~~
c) bei einer Meldung wegen Änderung des Arbeitsentgelts (§ 14 Abs. 3) ~~oder der wöchentlichen Stundenzahl~~ den neuen Betrag, den Zeitpunkt der Änderung ~~und die wöchentlichen Arbeitsstunden,~~
d) bei einer Meldung am Ende der Beschäftigung den Zeitpunkt der Beendigung.

Bei sich anschließenden Meldungen kann von der Angabe der Anschrift des Arbeitgebers und des Beschäftigten abgesehen werden.

(...)

---

ben werden, ist das Geburtsdatum des Beschäftigten einzutragen,
3. die Angabe, ob der Beschäftigte im Zeitraum der Beschäftigung bei mehreren Arbeitgebern beschäftigt ist, und
4. a) bei einer Meldung bei jeder Lohn- oder Gehaltszahlung den Zeitraum der Beschäftigung, das Arbeitsentgelt (§ 14 Abs. 3) für diesen Zeitraum sowie am Ende der Beschäftigung den Zeitpunkt der Beendigung,
b) bei einer Meldung zu Beginn der Beschäftigung deren Beginn *und* das monatliche Arbeitsentgelt (§ 14 Abs. 3),
c) bei einer Meldung wegen Änderung des Arbeitsentgelts (§ 14 Abs. 3) den neuen Betrag *und* den Zeitpunkt der Änderung,
d) bei einer Meldung am Ende der Beschäftigung den Zeitpunkt der Beendigung,
4e) bei Erklärung des Verzichts auf Versicherungsfreiheit nach § 5 Abs. 2 Satz 2 des Sechsten Buches des Verzichts.

Bei sich anschließenden Meldungen kann von der Angabe der Anschrift des Arbeitgebers und des Beschäftigten abgesehen werden.

(...)

Änderungen in §§ 28b und 28c nicht abgedruckt.

---

§ 28f Aufzeichnungspflicht, Nachweise der Beitragsabrechnung und der Beitagszahlung	§ 28f Aufzeichnungspflicht, Nachweise der Beitragsabrechnung und der Beitragszahlung *Inkrafttreten: 1. April 2003*
(...)	(...)
(3) Der Arbeitgeber hat der Einzugsstelle einen Beitragsnachweis rechtzeitig einzureichen; dies gilt nicht hinsichtlich der Beschäftigten in privaten Haushalten bei Verwendung von Haushaltsschecks. ~~Der Beitragsnachweis kann durch Fernkopie oder Datenübertragung eingereicht werden. Die Datenübertragung ist nur zulässig, wenn über deren Einzelheiten Einvernehmen zwischen dem Absender und dem Empfänger der Daten hergestellt worden ist.~~ Reicht der Arbeitgeber den Beitragsnachweis nicht rechtzeitig ein, so kann die Einzugsstelle das für die Beitragsberechnung maßgebende Arbeitsentgelt schätzen, bis der Nachweis ordnungsgemäß eingereicht wird. Der Beitragsnachweis gilt für die Vollstreckung als Leistungsbescheid der Einzugsstelle.	(3) Der Arbeitgeber hat der Einzugsstelle einen Beitragsnachweis rechtzeitig *durch Datenübertragung* einzureichen; dies gilt nicht hinsichtlich der Beschäftigten in privaten Haushalten bei Verwendung von Haushaltsschecks. Reicht der Arbeitgeber den Beitragsnachweis nicht rechtzeitig ein, so kann die Einzugsstelle das für die Beitragsberechnung maßgebende Arbeitsentgelt schätzen, bis der Nachweis ordnungsgemäß eingereicht wird. Der Beitragsnachweis gilt für die Vollstreckung als Leistungsbescheid der Einzugsstelle. *Im Beitragsnachweis ist auch die Steuernummer des Arbeitgebers anzugeben, wenn der Beitragsnachweis die Pauschsteuer für geringfügig Beschäftigte enthält.*
(...)	(...)
	Änderung in § 28g nicht abgedruckt
§ 28h Einzugsstellen	§ 28h Einzugsstellen *Inkrafttreten: 1. April 2003*
(1) Der Gesamtsozialversicherungsbeitrag ist an die Krankenkassen (Einzugsstellen) zu zahlen. Die Einzugsstelle überwacht die Einreichung des Beitragsnachweises und die Zahlung des Gesamtsozialversicherungsbeitrags. Beitragsansprüche, die nicht	(1) Der Gesamtsozialversicherungsbeitrag ist an die Krankenkassen (Einzugsstellen) zu zahlen. Die Einzugsstelle überwacht die Einreichung des Beitragsnachweises und die Zahlung des Gesamtsozialversicherungsbeitrags. Beitragsansprüche, die nicht

rechtzeitig erfüllt worden sind, hat die Einzugsstelle geltend zu machen.	rechtzeitig erfüllt worden sind, hat die Einzugsstelle geltend zu machen.
(2) Die Einzugsstelle entscheidet über die Versicherungspflicht und Beitragshöhe in der Kranken-, Pflege- und Rentenversicherung sowie nach dem Recht der Arbeitsförderung; sie erlässt auch den Widerspruchsbescheid. Soweit die Einzugsstelle die Höhe des Arbeitsentgelts nicht oder nicht ohne unverhältnismäßig großen Verwaltungsaufwand ermitteln kann, hat sie dieses zu schätzen. Dabei ist für das monatliche Arbeitsentgelt des Beschäftigten das am Beschäftigungsort ortsübliche Arbeitsentgelt mit zu berücksichtigen.	(2) Die Einzugsstelle entscheidet über die Versicherungspflicht und Beitragshöhe in der Kranken-, Pflege- und Rentenversicherung sowie nach dem Recht der Arbeitsförderung *und prüft die Einhaltung der Arbeitsentgeltgrenzen bei geringfügiger Beschäftigung nach den §§ 8 und 8 a;* sie erlässt auch den Widerspruchsbescheid. Soweit die Einzugsstelle die Höhe des Arbeitsentgelts nicht oder nicht ohne unverhältnismäßig großen Verwaltungsaufwand ermitteln kann, hat sie dieses zu schätzen. Dabei ist für das monatliche Arbeitsentgelt des Beschäftigten das am Beschäftigungsort ortsübliche Arbeitsentgelt mit zu berücksichtigen.
(3) Bei Verwendung eines Haushaltsschecks berechnet ~~die Einzugsstelle~~ den Gesamtsozialversicherungsbeitrag und die Umlagen nach dem Lohnfortzahlungsgesetz. ~~Sie zieht den sich aus dem Gesamtsozialversicherungsbeitrag und den Umlagen nach dem Lohnfortzahlungsgesetz ergebenden Gesamtbetrag vom Arbeitgeber im Wege des Lastschriftverfahrens ein.~~ Die Einzugsstelle meldet beim Beginn und Ende der Beschäftigung und zum Jahresende der Datenstelle der Rentenversicherungsträger die für die Rentenversicherung und die Bundesanstalt für Arbeit erforderlichen Daten eines jeden Beschäftigten. Die Einzugsstelle teilt dem Beschäftigten den Inhalt der zum Jahresende abgegebenen Meldung schriftlich mit.	(3) Bei Verwendung eines Haushaltsschecks *vergibt die Einzugsstelle im Auftrag der Bundesanstalt für Arbeit die Betriebsnummer des Arbeitgebers,* berechnet den Gesamtsozialversicherungsbeitrag und die Umlagen nach dem Lohnfortzahlungsgesetz *und zieht diese vom Arbeitgeber im Wege des Lastschriftverfahrens ein.* Die Einzugsstelle meldet bei Beginn und Ende der Beschäftigung und zum Jahresende der Datenstelle der Rentenversicherungsträger die für die Rentenversicherung und die Bundesanstalt für Arbeit erforderlichen Daten eines jeden Beschäftigten. Die Einzugsstelle teilt dem Beschäftigten den Inhalt der zum Jahresende abgegebenen Meldung schriftlich mit.

(4) Bei Verwendung eines Haushaltsschecks ~~leitet~~ die Einzugsstelle ~~die Umlagen nach dem Lohnfortzahlungsgesetz an die zuständige Krankenkasse weiter. Sie~~ bescheinigt dem Arbeitgeber zum Jahresende	(4) Bei Verwendung eines Haushaltsschecks *bescheinigt* die Einzugsstelle dem Arbeitgeber zum Jahresende
1. den Zeitraum, für den ~~Pflichtbeiträge~~ zur Rentenversicherung gezahlt wurden, und	1. den Zeitraum, für den *Beiträge* zur Rentenversicherung gezahlt wurden, und
2. die Höhe des Arbeitsentgelts (§ 14 Abs. 3), des von ihm getragenen Gesamtsozialversicherungsbeitrags und der Umlagen.	2. die Höhe des Arbeitsentgelts (§ 14 Abs. 3), des von ihm getragenen Gesamtsozialversicherungsbeitrags und der Umlagen.
(5) ~~Bei Verwendung eines Haushaltsschecks meldet die Einzugsstelle dem für die Region der Einzugsstelle zuständigen Unfallversicherungsträger im kommunalen Bereich beim Beginn der Beschäftigung den privaten Haushalt mit seinem Namen und seiner Anschrift.~~	
~~(6) Stellen die Einzugstellen oder die Träger der Rentenversicherung fest, dass eine Beschäftigung infolge einer Zusammenrechnung nach § 8 Abs. 2 versicherungspflichtig ist, sie jedoch nicht oder als versicherungsfrei gemeldet worden ist, teilen sie diese Beschäftigung mit Namen, Geburtsdatum und Anschrift des Beschäftigten und Namen und Anschrift des Arbeitgebers dem für den Beschäftigten örtlich zuständigen Finanzamt mit. Werden Mitteilungen auf maschinell verwertbaren Datenträgern oder durch Datenübertragung übermittelt, kann die jeweilige oberste Landesfinanzbehörde des für den Beschäftigten örtlich zuständigen Finanzamts eine andere LandesFinanzbehörde als Empfänger der Mitteilungen bestimmen.~~	

~~(7) Bei Meldungen nach § 28a Abs. 3a muss die Einzugsstelle den zuständigen Leistungsträger über die Nichtvorlage des Sozialversicherungsausweises informieren und die ihr bekannten, zur Beurteilung der Berechtigung eines weiteren Leistungsbezugs erforderlichen Daten übermitteln.~~

---

§ 28i Zuständige Einzugsstelle
Zuständige Einzugsstelle für den Gesamtsozialversicherungsbeitrag ist die Krankenkasse, von der die Krankenversicherung durchgeführt wird. Für Beschäftigte, die bei keiner Krankenkasse versichert sind, werden Beiträge zur Rentenversicherung und zur Arbeitsförderung an die Einzugsstelle gezahlt, die der Arbeitgeber in entsprechender Anwendung des § 175 Abs. 3 Satz 2 des Fünften Buches gewählt hat. Zuständige Einzugsstelle ist in den Fällen des § 28f Abs. 2 die nach § 175 Abs. 3 Satz 3 des Fünften Buches bestimmte Krankenkasse. Zuständige Einzugsstelle ist in den Fällen des § 2 Abs. 3 die See-Krankenkasse.

§ 28i Zuständige Einzugsstelle
Zuständige Einzugsstelle für den Gesamtsozialversicherungsbeitrag ist die Krankenkasse, von der die Krankenversicherung durchgeführt wird. Für Beschäftigte, die bei keiner Krankenkasse versichert sind, werden Beiträge zur Rentenversicherung und zur Arbeitsförderung an die Einzugsstelle gezahlt, die der Arbeitgeber in entsprechender Anwendung des § 175 Abs. 3 Satz 2 des Fünften Buches gewählt hat. Zuständige Einzugsstelle ist in den Fällen des § 28f Abs. 2 die nach § 175 Abs. 3 Satz 3 des Fünften Buches bestimmte Krankenkasse. Zuständige Einzugsstelle ist in den Fällen des § 2 Abs. 3 die See-Krankenkasse. *Bei geringfügigen Beschäftigungen ist zuständige Einzugsstelle die Bundesknappschaft als Träger der Rentenversicherung.*

---

§ 28k Weiterleitung ~~und Abstimmung~~ von Beiträgen

~~(1)~~ Die Einzugsstelle leitet dem zuständigen Träger der Pflegeversicherung, der Rentenversicherung und der Bundesanstalt für Arbeit die für diese gezahlten Beiträge einschließlich Zinsen auf Beiträge und Säumniszuschläge arbeitstäglich weiter; ist der zuständige Träger der Rentenversicherung eine

§ 28k Weiterleitung von Beiträgen
Inkrafttreten 1 April 2003

Die Einzugsstelle leitet dem zuständigen Träger der Pflegeversicherung, der Rentenversicherung und der Bundesanstalt für Arbeit die für diese gezahlten Beiträge einschließlich Zinsen auf Beiträge und Säumniszuschläge arbeitstäglich weiter; ist der zuständige Träger der Rentenversicherung eine

Landesversicherungsanstalt, sind die Beiträge an die Landesversicherungsanstalt weiterzuleiten, in deren Bereich die Einzugsstelle ihren Sitz hat. Die Träger der Rentenversicherung der Arbeiter und die ~~Krankenkassen~~ können vereinbaren, dass abweichend von Satz 1 die Beiträge an den Träger der Rentenversicherung der Arbeiter weiterzuleiten sind, in dessen Bezirk sich die Arbeitsstätte befindet. Die nach § 28f Abs. 2 und bei Verwendung von Haushaltsschecks gezahlten Beiträge in der Rentenversicherung sind an die Landesversicherungsanstalt weiterzuleiten, in deren Bezirk die Einzugsstelle ihren Sitz hat.

Landesversicherungsanstalt, sind die Beiträge an die Landesversicherungsanstalt weiterzuleiten, in deren Bereich die Einzugsstelle ihren Sitz hat. Die Träger der Rentenversicherung der Arbeiter und die *Einzugsstellen* können vereinbaren, dass abweichend von Satz 1 die Beiträge an den Träger der Rentenversicherung der Arbeiter weiterzuleiten sind, in dessen Bezirk sich die Arbeitsstätte befindet. Die nach § 28f Abs. 2 und bei Verwendung von Haushaltsschecks gezahlten Beiträge in der Rentenversicherung sind an die Landesversicherungsanstalt weiterzuleiten, in deren Bezirk die Einzugsstelle ihren Sitz hat. *Bei geringfügigen Beschäftigungen werden die Beiträge zur Krankenversicherung zugunsten des Risikostrukturausgleichs an die Bundesversicherungsanstalt für Angestellte, bei Versicherten in der landwirtschaftlichen Krankenversicherung an den Bundesverband der landwirtschaftlichen Krankenkassen weitergeleitet.*

(2) ~~Die Einzugsstelle hat die Beiträge zur Rentenversicherung mit den gemeldeten Arbeitsentgelten mindestens einmal jährlich abzustimmen. Das Ergebnis ist dem Arbeitgeber schriftlich mitzuteilen. Die Mitteilung ist vom Arbeitgeber bis zur nächsten Prüfung nach § 28p aufzubewahren. Satz 1 gilt nicht für~~

~~a) die landwirtschaftlichen Krankenkassen,~~
~~b) die Beiträge, die nach § 28e Abs. 1 Satz 2 als gezahlt gelten,~~
~~c) die vereinfachte Meldung (Haushaltsscheck).~~

~~(3) Die Abstimmung nach Absatz 2 kann für ein Kalenderjahr unterbleiben, in dem sich der Beitragssatz zur Rentenversicherung zu einem anderen Zeitpunkt als zum 1. Januar geändert hat~~	
	Änderungen in § 28l - § 28q und § 95 nicht abgedruckt
	§ 99 Pflichten des Beschäftigten *Absatz 3 ist weggefallen.*
	§ 100 ist weggefallen.
	§ 107 Prüfungen *Absatz 2 und Absatz 3 sind weggefallen.*
	§ 108 ist weggefallen.
§ 109 Ausnahmen (...)	§ 109 Ausnahmen *Absatz 1 ist weggefallen.*
(2) Ein Beschäftigter nach Absatz 1 Nr. 4 ist verpflichtet, sich einen Ersatzausweis bei einer Krankenkasse nach § 4 Abs. 2 des Fünftes Buches, die für diesen Zweck gewählt werden kann, ausstellen zu lassen. Die Ausstellung des Ersatzausweises erfolgt, wenn die Zulässigkeit der Aufnahme der Beschäftigung im Geltungsbereich dieses Gesetzes nachgewiesen wird; die Erteilung des Ersatzausweises wird auf dem Nachweisdokument vermerkt. Der Ersatzausweis enthält den Familien- und Vornamen das Geburtsdatum, den Arbeitgeber, die voraussichtliche Dauer der Entsendung und die ausstellende Krankenkasse. Der Ersatzausweis wird für die Dauer der Entsendung ausgestellt; er ist nach Beendi-	(2) Ein Beschäftigter, *der im Rahmen eines außerhalb des Geltungsbereiches dieses Buches bestehenden Beschäftigungsverhältnisses in den Geltungsbereich dieses Buches entsandt worden ist,* ist verpflichtet, sich *anstelle eines Sozialversicherungsausweises* einen Ersatzausweis bei einer Krankenkasse nach § 4 Abs. 2 des Fünftes Buches, die für diesen Zweck gewählt werden kann, ausstellen zu lassen. Die Ausstellung des Ersatzausweises erfolgt, wenn die Zulässigkeit der Aufnahme der Beschäftigung im Geltungsbereich dieses Gesetzes nachgewiesen wird; die Erteilung des Ersatzausweises wird auf dem Nachweisdokument vermerkt. Der Ersatzausweis enthält den Familien- und Vornamen, das Geburtsdatum,

gung der Beschäftigung der ausstellenden Krankenkasse zurückzugeben. § 96 Abs. 2 und 3 Satz 3, § 99 Abs. 2 gelten entsprechend. Bis zur Ausstellung des Ersatzausweises kann die Vorlagepflicht auch durch die Vorlage der Bescheinigung über die anzuwendenden Rechtsvorschriften für ihre Arbeit oder ~~der Arbeitserlaubnis~~ erfüllt werden. § 111 gilt. ~~Satz 1 gilt~~ nicht für entsandte Werkvertragsarbeitnehmer, die auf der Grundlage einer zwischenstaatlichen Vereinbarung über die Beschäftigung von Arbeitnehmern auf der Grundlage von Werkverträgen tätig werden sowie für entsandte Beschäftigte, die keiner Genehmigung zur Ausübung einer Beschäftigung bedürfen, mit Ausnahme von Beschäftigten, die firmeneigene Messestände aufbauen, abbauen und betreuen oder die im Zusammenhang mit Montage- und Instandhaltungsarbeiten sowie Reparaturen an gelieferten Anlagen und Maschinen beschäftigt werden. Entsandte Werkvertragsarbeitnehmer nach Satz 8 haben bei Ausübung der Beschäftigung ~~die Arbeitserlaubnis~~ mitzuführen und auf Verlangen den in § 107 ~~Abs. 1 und 2~~ genannten Behörden vorzulegen. § 107 ~~Abs. 1 bis 4~~ gilt entsprechend.

den Arbeitgeber, die voraussichtliche Dauer der Entsendung und die ausstellende Krankenkasse. Der Ersatzausweis wird für die Dauer der Entsendung ausgestellt; er ist nach Beendigung der Beschäftigung der ausstellenden Krankenkasse zurückzugeben. § 96 Abs. 2 und 3 Satz 3, § 99 Abs. 2 gelten entsprechend. Bis zur Ausstellung des Ersatzausweises kann die Vorlagepflicht auch durch die Vorlage der Bescheinigung über die anzuwendenden Rechtsvorschriften für ihre Arbeit oder *des Aufenthaltstitels* erfüllt werden. § 111 gilt. Die *Regelungen dieses Abschnitts gelten* nicht für entsandte Werkvertragsarbeitnehmer, die auf der Grundlage einer zwischenstaatlichen Vereinbarung über die Beschäftigung von Arbeitnehmern auf der Grundlage von Werkverträgen tätig werden sowie für entsandte Beschäftigte, die keine Genehmigung zur Ausübung einer Beschäftigung bedürfen, mit Ausnahme von Beschäftigten, die firmeneigene Messestände aufbauen, abbauen und betreuen oder die im Zusammenhang mit Montage- und Instandhaltungsarbeiten sowie Reparaturen an gelieferten Anlagen und Maschinen beschäftigt werden. Entsandte Werkvertragsarbeitnehmer nach Satz 8 haben bei Ausübung der Beschäftigung *den Aufenthaltstitel* mitzuführen und auf Verlangen den in § 107 genannten Behörden vorzulegen. § 107 gilt entsprechend.

Absatz 3 ist weggefallen.

§110 ist weggefallen.

Die Änderungen in § 111 sind nicht abgedruckt.

4. Fünftes Buch Sozialgesetzbuch Altfassung

§ 7 Versicherungsfreiheit bei geringfügiger Beschäftigung

Wer eine geringfügige Beschäftigung nach ~~§ 8~~ des Vierten Buches ausübt, ist in dieser Beschäftigung versicherungsfrei; dies gilt nicht für eine Beschäftigung
1. im Rahmen betrieblicher Berufsbildung,
2. nach dem Gesetz zur Förderung eines freiwilligen sozialen Jahres,
3. nach dem Gesetz zur Förderung eines freiwilligen ökologischen Jahres.

§ 8 Abs. 2 des Vierten Buches ist mit der Maßgabe anzuwenden, dass eine Zusammenrechnung mit einer nicht geringfügigen Beschäftigung nur erfolgt, wenn diese Versicherungspflicht begründet.

4. Fünftes Buch Sozialgesetzbuch Neufassung

§ 7 Versicherungsfreiheit bei geringfügiger Beschäftigung
Inkrafttreten: 1. April 2003

(1) Wer eine geringfügige Beschäftigung nach *§§ 8, 8a* des Vierten Buches ausübt, ist in dieser Beschäftigung versicherungsfrei; dies gilt nicht für eine Beschäftigung
1. im Rahmen betrieblicher Berufsbildung,
2. nach dem Gesetz zur Förderung eines freiwilligen sozialen Jahres,
3. nach dem Gesetz zur Förderung eines freiwilligen ökologischen Jahres.

§ 8 Abs. 2 des Vierten Buches ist mit der Maßgabe anzuwenden, dass eine Zusammenrechnung mit einer nicht geringfügigen Beschäftigung nur erfolgt, wenn diese Versicherungspflicht begründet.

(2) Personen, die am 31. März 2003 nur in einer Beschäftigung versicherungspflichtig waren, die die Merkmale einer geringfügigen Beschäftigung nach §§ 8, 8a des Vierten Buches erfüllt und die nach dem 31. März 2003 nicht die Voraussetzungen für eine Versicherung nach § 10 erfüllen, bleiben in dieser Beschäftigung versicherungspflichtig. Sie werden auf ihren Antrag von der Versicherungspflicht befreit. § 8 Abs. 2 gilt entsprechend mit der Maßgabe, dass an die Stelle des Zeitpunkts des Beginns der Versicherungspflicht der 1. April 2003 tritt. Die Befreiung ist auf die jeweilige Beschäftigung beschränkt.

§ 10 Familienversicherung

(1) Versichert sind der Ehegatte, der Lebenspartner und die Kinder von Mitgliedern, wenn diese Familienangehörigen
1. ihren Wohnsitz oder gewöhnlichen Aufenthalt im Inland haben,
2. nicht nach § 5 Abs. 1 Nr. 1 bis 8, 11 oder 12 oder nicht freiwillig versichert sind,
3. nicht versicherungsfrei oder nicht von der Versicherungspflicht befreit sind; dabei bleibt die Versicherungsfreiheit nach § 7 außer Betracht,
4. nicht hauptberuflich selbständig erwerbstätig sind und
5. kein Gesamteinkommen haben, das regelmäßig im Monat ein Siebtel der monatlichen Bezugsgröße nach § 18 des Vierten Buches überschreitet; bei Renten wird der Zahlbetrag ohne den auf Entgeltpunkte für Kindererziehungszeiten entfallenden Teil berücksichtigt.

Eine hauptberufliche selbständige Tätigkeit im Sinne des Satzes 1 Nr. 4 ist nicht deshalb anzunehmen, weil eine Versicherung nach § 1 Abs. 3 des Gesetzes über die Alterssicherung der Landwirte vom 29. Juli 1994 (BGBl. I S. 1890, 1891) besteht. Ehegatten und Lebenspartner sind für die Dauer der Schutzfristen nach § 3 Abs. 2 und § 6 Abs. 1 des Mutterschutzgesetzes sowie der Elternzeit nicht versichert, wenn sie zuletzt vor diesen Zeiträumen nicht gesetzlich krankenversichert waren.

§ 10 Familienversicherung
Inkrafttreten: 1. April 2003

(1) Versichert sind der Ehegatte, der Lebenspartner und die Kinder von Mitgliedern, wenn diese Familienangehörigen
1. ihren Wohnsitz oder gewöhnlichen Aufenthalt im Inland haben,
2. nicht nach § 5 Abs. 1 Nr. 1 bis 8, 11 oder 12 oder nicht freiwillig versichert sind,
3. nicht versicherungsfrei oder nicht von der Versicherungspflicht befreit sind; dabei bleibt die Versicherungsfreiheit nach § 7 außer Betracht,
4. nicht hauptberuflich selbständig erwerbstätig sind und
5. kein Gesamteinkommen haben, das regelmäßig im Monat ein Siebtel der monatlichen Bezugsgröße nach § 18 des Vierten Buches überschreitet; bei Renten wird der Zahlbetrag ohne den auf Entgeltpunkte für Kindererziehungszeiten entfallenden Teil berücksichtigt; *für geringfügig Beschäftigte nach § 8 Abs. 1 Nr. 1, § 8a des Vierten Buches beträgt das zulässige Gesamteinkommen 400 Euro.*

Eine hauptberufliche selbständige Tätigkeit im Sinne des Satzes 1 Nr. 4 ist nicht deshalb anzunehmen, weil eine Versicherung nach § 1 Abs. 3 des Gesetzes über die Alterssicherung der Landwirte vom 29. Juli 1994 (BGBl. I S. 1890, 1891) besteht. Ehegatten und Lebenspartner sind für die Dauer der Schutzfristen nach § 3 Abs. 2 und § 6 Abs. 1 des Mutterschutzgesetzes sowie der Elternzeit nicht versichert, wenn sie zuletzt vor diesen Zeiträumen nicht gesetzlich krankenversichert waren.

(...)

§ 47 Höhe und Berechnung des Krankengeldes

(1) Das Krankengeld beträgt 70 vom Hundert des erzielten regelmäßigen Arbeitsentgelts und Arbeitseinkommens, soweit es der Beitragsberechnung unterliegt (Regelentgelt). Das aus dem Arbeitsentgelt berechnete Krankengeld darf 90 vom Hundert des bei entsprechender Anwendung des Absatzes 2 berechneten Nettoarbeitsentgelts nicht übersteigen. Für die Berechnung des Nettoarbeitsentgelts nach Satz 2 ist der sich aus dem kalendertäglichen Hinzurechnungsbetrag nach Absatz 2 Satz 6 ergebende Anteil am Nettoarbeitsentgelt mit dem Vomhundertsatz anzusetzen, der sich aus dem Verhältnis des kalendertäglichen Regelentgeltbetrages nach Absatz 2 Satz 1 bis 5 zu dem sich aus diesem Regelentgeltbetrag ergebenden Nettoarbeitsentgelt ergibt. Das nach Satz 1 bis 3 berechnete kalendertägliche Krankengeld darf das sich aus dem Arbeitsentgelt nach Absatz 2 Satz 1 bis 5 ergebende kalendertägliche Nettoarbeitsentgelt nicht übersteigen. Das Regelentgelt wird nach den Absätzen 2, 4 und 6 berechnet. Das Krankengeld wird für Kalendertage gezahlt. Ist es für einen ganzen Kalendermonat zu zahlen, ist dieser mit dreißig Tagen anzusetzen.

(...)

§ 47 Höhe und Berechnung des Krankengeldes
Inkrafttreten: 1. April 2003

(1) Das Krankengeld beträgt 70 vom Hundert des erzielten regelmäßigen Arbeitsentgelts und Arbeitseinkommens, soweit es der Beitragsberechnung unterliegt (Regelentgelt). Das aus dem Arbeitsentgelt berechnete Krankengeld darf 90 vom Hundert des bei entsprechender Anwendung des Absatzes 2 berechneten Nettoarbeitsentgelts nicht übersteigen. Für die Berechnung des Nettoarbeitsentgelts nach Satz 2 ist der sich aus dem kalendertäglichen Hinzurechnungsbetrag nach Absatz 2 Satz 6 ergebende Anteil am Nettoarbeitsentgelt mit dem Vomhundertsatz anzusetzen der sich aus dem Verhältnis des kalendertäglichen Regelentgeltbetrages nach Absatz 2 Satz 1 bis 5 zu dem sich aus diesem Regelentgeltbetrag ergebenden Nettoarbeitsentgelt ergibt. Das nach Satz 1 bis 3 berechnete kalendertägliche Krankengeld darf das sich aus dem Arbeitsentgelt nach Absatz 2 Satz 1 bis 5 ergebende kalendertägliche Nettoarbeitsentgelt nicht übersteigen. Das Regelentgelt wird nach den Absätzen 2, 4 und 6 berechnet. Das Krankengeld wird für Kalendertage gezahlt. Ist es für einen ganzen Kalendermonat zu zahlen, ist dieser mit dreißig Tagen anzusetzen. *Bei der Berechnung des Regelentgelts nach Satz 1 und des Nettoarbeitsentgelts nach den Sätzen 2 und 4 sind die für die jeweilige Beitragsbemessung und Beitragstragung geltenden Besonderheiten der Gleitzone nach § 20 Abs. 2*

	des Vierten Buches nicht zu berücksichtigen.
(...)	(...)
§ 47b Höhe und Berechnung des Krankengeldes bei Beziehern von Arbeitslosengeld, Arbeitslosenhilfe Unterhaltsgeld, Kurzarbeitergeld oder Winterausfallgeld (1) Das Krankengeld für Versicherte nach § 5 Abs. 1 Nr. 2 wird in Höhe des Betrages des Arbeitslosengeldes, der Arbeitslosenhilfe oder des Unterhaltsgeldes gewährt, den der Versicherte zuletzt bezogen hat. Das Krankengeld wird vom ersten Tage der Arbeitsunfähigkeit an gewährt. ~~Für die Erhöhung des Krankengeldes gilt § 138 des Dritten Buches entsprechend.~~	§ 47b Höhe und Berechnung des Krankengeldes bei Beziehern von Arbeitslosengeld Arbeitslosenhilfe, Unterhaltsgeld, Kurzarbeitergeld oder Winterausfallgeld (1) Das Krankengeld für Versicherte nach § 5 Abs. 1 Nr. 2 wird in Höhe des Betrages des Arbeitslosengeldes, der Arbeitslosenhilfe oder des Unterhaltsgeldes gewährt, den der Versicherte zuletzt bezogen hat. Das Krankengeld wird vom ersten Tage der Arbeitsunfähigkeit an gewährt.
(...)	(...)
§ 226 Beitragspflichtige Einnahmen versicherungspflichtig Beschäftigter	§ 226 Beitragspflichtige Einnahmen versicherungspflichtig Beschäftigter *Inkrafttreten: 1.April 2003*
(1) Bei versicherungspflichtig Beschäftigten werden der Beitragsbemessung zugrunde gelegt 1. das Arbeitsentgelt aus einer versicherungspflichtigen Beschäftigung, 2. der Zahlbetrag der Rente der gesetzlichen Rentenversicherung, 3. der Zahlbetrag der der Rente vergleichbaren Einnahmen (Versorgungsbezüge), 4. das Arbeitseinkommen, soweit es neben einer Rente der gesetzlichen Rentenversicherung oder Versorgungsbezügen erzielt wird. Dem Arbeitsentgelt steht das Vorruhestandsgeld gleich. Bei Auszubildenden,	(1) Bei versicherungspflichtig Beschäftigten werden der Beitragsbemessung zugrunde gelegt 1. das Arbeitsentgelt aus einer versicherungspflichtigen Beschäftigung, 2. der Zahlbetrag der Rente der gesetzlichen Rentenversicherung, 3. der Zahlbetrag der der Rente vergleichbaren Einnahmen (Versorgungsbezüge), 4. das Arbeitseinkommen, soweit es neben einer Rente der gesetzlichen Rentenversicherung oder Versorgungsbezügen erzielt wird. Dem Arbeitsentgelt steht das Vorruhestandsgeld gleich. Bei Auszubildenden,

die in einer außerbetrieblichen Einrichtung im Rahmen eines Berufsausbildungsvertrages nach dem Berufsbildungsgesetz ausgebildet werden, steht die Ausbildungsvergütung dem Arbeitsentgeltgleich.

(...)

die in einer außerbetrieblichen Einrichtung im Rahmen eines Berufsausbildungsvertrages nach dem Berufsbildungsgesetz ausgebildet werden, steht die Ausbildungsvergütung dem Arbeitsentgelt gleich.

(...)

(4) *Abweichend von Absatz 1 Nr. 1 wird bei versicherungspflichtig Beschäftigten mit einem monatlichen Arbeitsentgelt (AE) innerhalb der Gleitzone nach § 20 Abs. 2 des Vierten Buches ein Betrag der Beitragsbemessung zugrunde gelegt, der sich nach folgender Formel ermittelt:*
F x 400 + (2 - F) x(AE - 400).
F ist der Faktor, der sich ergibt, wenn der Wert 25 vom Hundert durch den durchschnittlichen Gesamtsozialversicherungsbeitragssatz des Kalenderjahres, in dem der Anspruch auf das Arbeitsentgelt entstanden ist, geteilt wird. Der Faktor ist auf vier Dezimalstellen zu runden. Der durchschnittliche Gesamtsozialversicherungsbeitragssatz eines Kalenderjahres ergibt sich aus der Summe der zum 1. Januar desselben Kalenderjahres geltenden Beitragssätze in der Rentenversicherung der Arbeiter und Angestellten, in der gesetzlichen Pflegeversicherung sowie zur Arbeitsförderung und des durchschnittlichen allgemeinen Beitragssatzes der Krankenkassen vom 1. Januar des Vorjahres (§ 245). Für das Jahr 2003 betragen der durchschnittliche Gesamtsozialversicherungsbeitragssatz 41,7 vom Hundert und der Faktor F 0,5995. Der durchschnittliche Gesamtsozialversicherungsbeitragssatz und der Faktor F sind vom Bundesministerium für

Gesundheit und Soziale Sicherung bis zum 31. Dezember eines Jahres für das folgende Kalenderjahr im Bundesanzeiger bekannt zu geben. Satz 1 gilt nicht für Personen, die zu ihrer Berufsausbildung beschäftigt sind.

§ 240 Beitragspflichtige Einnahmen freiwilliger Mitglieder
(...)

(4) Als beitragspflichtige Einnahmen gilt für den Kalendertag mindestens der neunzigste Teil der monatlichen Bezugsgröße. Für freiwillige Mitglieder, die hauptberuflich selbständig erwerbstätig sind, gilt als beitragspflichtige Einnahmen für den Kalendertag der dreißigste Teil der monatlichen Beitragsbemessungsgrenze (§ 223), bei Nachweis niedrigerer Einnahmen jedoch mindestens der vierzigste Teil der monatlichen Bezugsgröße. Veränderungen der Beitragsbemessung auf Grund eines vom Versicherten geführten Nachweises nach Satz 2 können nur zum ersten Tag des auf die Vorlage dieses Nachweises folgenden Monats wirksam werden. Für freiwillig versicherte Mitglieder, die Schüler einer Fachschule oder Berufsfachschule sind, gilt § 236 in Verbindung mit § 245 Abs. 1 entsprechend. Satz 1 gilt nicht für freiwillige Mitglieder; die die Voraussetzungen für den Anspruch auf eine Rente aus der gesetzlichen Rentenversicherung erfüllen und diese Rente beantragt haben, wenn sie seit der erstmaligen Aufnahme einer Erwerbstätigkeit bis zur Stellung des Rentenantrags mindestens neun Zehntel der zweiten Hälfte dieses Zeitraums Mitglied oder nach § 10

§ 240 Beitragspflichtige Einnahmen freiwilliger Mitglieder
(...)

(4) Als beitragspflichtige Einnahmen gilt für den Kalendertag mindestens der neunzigste Teil der monatlichen Bezugsgröße. Für freiwillige Mitglieder, die hauptberuflich selbständig erwerbstätig sind, gilt als beitragspflichtige Einnahmen für den Kalendertag der dreißigste Teil der monatlichen Beitragsbemessungsgrenze (§ 223), bei Nachweis niedrigerer Einnahmen jedoch mindestens der vierzigste, *für freiwillige Mitglieder, die Anspruch auf einen monatlichen Existenzgründungszuschuss nach § 421l des Dritten Buches haben, der sechzigste* Teil der monatlichen Bezugsgröße. Veränderungen der Beitragsbemessung auf Grund eines vom Versicherten geführten Nachweises nach Satz 2 können nur zum ersten Tag des auf die Vorlage dieses Nachweises folgenden Monats wirksam werden. Für freiwillig versicherte Mitglieder, die Schüler einer Fachschule oder Berufsfachschule sind, gilt § 236 in Verbindung mit § 245 Abs. 1 entsprechend. Satz 1 gilt nicht für freiwillige Mitglieder, die die Voraussetzungen für den Anspruch auf eine Rente aus der gesetzlichen Rentenversicherung erfüllen und diese Rente beantragt haben, wenn sie seit der erstmaligen Aufnahme einer Erwerbstätig-

versichert waren; § 5 Abs. 2 Satz 1 gilt entsprechend.

(...)

§ 249 Tragung der Beiträge bei versicherungspflichtiger Beschäftigung

(1) Die nach § 5 Abs. 1 Nr. 1 versicherungspflichtig Beschäftigten und ihre Arbeitgeber tragen die nach dem Arbeitsentgelt zu bemessenden Beiträge jeweils zur Hälfte.

(2) Der Arbeitgeber trägt den Beitrag allein
1. für im Rahmen betrieblicher Berufsbildung Beschäftigte, deren monatliches Arbeitsentgelt ~~325~~ Euro nicht übersteigt,
2. für Personen, die ein freiwilliges soziales Jahr im Sinne des Gesetzes zur Förderung eines freiwilligen sozialen Jahres oder ein freiwilliges ökologisches Jahr im Sinne des Gesetzes zur Förderung eines freiwilligen ökologischen Jahres leisten.
3. für Beschäftigte, soweit Beiträge für Kurzarbeitergeld oder Winterausfallgeld zu zahlen sind.
(3) Wird infolge einmalig gezahlten Arbeitsentgelts (§ 23a des Vierten Buches) die in Absatz 2 Nr. 1 genannte Grenze überschritten, tragen der Versicherungspflichtige und der Arbeitgeber den Beitrag von dem diese Grenze übersteigenden Teil des Arbeitsentgelts jeweils zur Hälfte; im Übrigen trägt der Arbeitgeber den Beitrag allein.

keit bis zur Stellung des Rentenantrags mindestens neun Zehntel der zweiten Hälfte dieses Zeitraums Mitglied oder nach § 10 versichert waren; § 5 Abs. 2 Satz 1 gilt entsprechend.

(...)

§ 249 Tragung der Beiträge bei versicherungspflichtiger Beschäftigung
Inkrafttreten: 1. April 2003

(1) Die nach § 5 Abs. 1 Nr. 1 versicherungspflichtig Beschäftigten und ihre Arbeitgeber tragen die nach dem Arbeitsentgelt zu bemessenden Beiträge jeweils zur Hälfte.

(2) Der Arbeitgeber trägt den Beitrag allein
1. für im Rahmen betrieblicher Berufsbildung Beschäftigte, deren monatliches Arbeitsentgelt *400* Euro nicht übersteigt,
2. für Personen, die ein freiwilliges soziales Jahr im Sinne des Gesetzes zur Förderung eines freiwilligen sozialen Jahres oder ein freiwilliges ökologisches Jahr im Sinne des Gesetzes zur Förderung eines freiwilligen ökologischen Jahres leisten.
3. für Beschäftigte, soweit Beiträge für Kurzarbeitergeld oder Winterausfallgeld zu zahlen sind.
(3) Wird infolge einmalig gezahlten Arbeitsentgelts (§ 23a des Vierten Buches) die in Absatz 2 Nr. 1 genannte Grenze überschritten, tragen der Versicherungspflichtige und der Arbeitgeber den Beitrag von dem diese Grenze übersteigenden Teil des Arbeitsentgelts jeweils zur Hälfte; im Übrigen trägt der Arbeitgeber den Beitrag allein.

	(4) *Abweichend von Absatz 1 werden die Beiträge bei versicherungspflichtig Beschäftigten mit einem monatlichen Arbeitsentgelt innerhalb der Gleitzone nach § 20 Abs. 2 des Vierten Buches vom Arbeitgeber in Höhe der Hälfte des Betrages, der sich ergibt, wenn der Beitragssatz der Krankenkasse auf das der Beschäftigung zugrunde liegende Arbeitsentgelt angewendet wird, im Übrigen vom Versicherten getragen.*
§ 249b Beitrag des Arbeitgebers bei geringfügiger Beschäftigung	§ 249b Beitrag des Arbeitgebers bei geringfügiger Beschäftigung *Inkrafttreten: 1. April 2003*
Der Arbeitgeber einer Beschäftigung nach § 8 Abs. 1 Nr. 1 des Vierten Buches hat für Versicherte, die in dieser Beschäftigung versicherungsfrei oder nicht versicherungspflichtig sind, einen Beitrag in Höhe von ~~10~~ vom Hundert des Arbeitsentgelts dieser Beschäftigung zu tragen. Für den Beitrag des Arbeitgebers gelten der Dritte Abschnitt des Vierten Buches sowie § 111 Abs. 1 Nr. 2 bis 4, 8 und Abs. 4 des Vierten Buches entsprechend.	Der Arbeitgeber einer Beschäftigung nach § 8 Abs. 1 Nr. 1 des Vierten Buches hat für Versicherte, die in dieser Beschäftigung versicherungsfrei oder nicht versicherungspflichtig sind, einen Beitrag in Höhe von *11* vom Hundert des Arbeitsentgelts dieser Beschäftigung zu tragen. *Für Beschäftigte in Privathaushalten nach § 8a Satz 1 des Vierten Buches, die in dieser Beschäftigung versicherungsfrei oder nicht versicherungspflichtig sind, hat der Arbeitgeber einen Beitrag in Höhe von 5 vom Hundert des Arbeitsentgelts dieser Beschäftigung zu tragen.* Für den Beitrag des Arbeitgebers gelten der Dritte Abschnitt des Vierten Buches sowie § 111 Abs. 1 Nr. 2 bis 4, 8 und Abs. *2 und* 4 des Vierten Buches entsprechend.

5. Sechstes Buch Sozialgesetzbuch Altfassung

§ 2 Selbständig Tätige
Versicherungspflichtig sind selbständig tätige
1. Lehrer und Erzieher, die im Zusammenhang mit ihrer selbständigen Tätigkeit keinen versicherungspflichtigen Arbeitnehmer beschäftigen,

(...)

9. Personen, die
a) im Zusammenhang mit ihrer selbständigen Tätigkeit regelmäßig keinen versicherungspflichtigen Arbeitnehmer beschäftigen, dessen Arbeitsentgelt aus diesem Beschäftigungsverhältnis regelmäßig ~~325~~ Euro im Monat übersteigt, und
b) auf Dauer und im Wesentlichen nur für einen Auftraggeber tätig sind.

Als Arbeitnehmer im Sinne des Satzes 1 Nr. 1, 2, 7 und 9 gelten
1. auch Personen, die berufliche Kenntnisse, Fertigkeiten oder Erfahrungen im Rahmen beruflicher Bildung erwerben,
2. nicht Personen, die als geringfügig Beschäftigte nach § 5 Abs. 2 Satz 2 auf die Versicherungsfreiheit verzichtet haben.

5. Sechstes Buch Sozialgesetzbuch Neufassung

§ 2 Selbständig Tätige
Versicherungspflichtig sind selbständig tätige
1. Lehrer und Erzieher, die im Zusammenhang mit ihrer selbständigen Tätigkeit keinen versicherungspflichtigen Arbeitnehmer beschäftigen,

(...)

9. Personen die
a) im Zusammenhang mit ihrer selbständigen Tätigkeit regelmäßig keinen versicherungspflichtigen Arbeitnehmer beschäftigen, dessen Arbeitsentgelt aus diesem Beschäftigungsverhältnis regelmäßig *400* Euro im Monat übersteigt, und
b) auf Dauer und im Wesentlichen nur für einen Auftraggeber tätig sind,
10. *Personen für die Dauer des Bezugs eines Zuschusses nach § 421l des Dritten Buches. Nach Satz 1 Nr. 1 bis 9 ist nicht versicherungspflichtig, wer in dieser Tätigkeit nach Satz 1 Nr. 10 versicherungspflichtig ist.*
Als Arbeitnehmer im Sinne des Satzes 1 Nr. 1, 2, 7 und 9 gelten
1. auch Personen die berufliche Kenntnisse Fertigkeiten oder Erfahrungen im Rahmen beruflicher Bildung erwerben,
2. nicht Personen, die als geringfügig Beschäftigte nach § 5 Abs. 2 Satz 2 auf die Versicherungsfreiheit verzichtet haben.

§ 5 Versicherungsfreiheit	§ 5 Versicherungsfreiheit *Inkrafttreten: 1. April 2003*
(...)	(...)
(2) Versicherungsfrei sind Personen, die 1. eine geringfügige Beschäftigung (§ 8 Abs. 1 Viertes Buch), 2. eine geringfügige selbständige Tätigkeit (§ 8 Abs. 3 Viertes Buch) oder 3. eine geringfügige nicht erwerbsmäßige Pflegetätigkeit ausüben, in dieser Beschäftigung, selbständigen Tätigkeit oder Pflegetätigkeit; § 8 Abs. 2 des Vierten Buches ist mit der Maßgabe anzuwenden, dass eine Zusammenrechnung mit einer nicht geringfügigen Beschäftigung oder nicht geringfügigen selbständigen Tätigkeit nur erfolgt, wenn diese versicherungspflichtig ist. Satz 1 Nr. 1 gilt nicht für geringfügig Beschäftigte nach § 8 Abs. 1 Nr. 1 des Vierten Buches, die durch schriftliche Erklärung gegenüber dem Arbeitgeber auf die Versicherungsfreiheit verzichten; der Verzicht kann nur mit Wirkung für die Zukunft und bei mehreren geringfügigen Beschäftigungen nur einheitlich erklärt werden und ist für die Dauer der Beschäftigungen bindend. Satz 1 Nr. 1 und 2 gilt nicht für Personen, die im Rahmen betrieblicher Berufsbildung, nach dem Gesetz zur Förderung eines freiwilligen sozialen Jahres, nach dem Gesetz zur Förderung eines freiwilligen ökologischen Jahres oder nach § 1 Satz 1 Nr. 2 bis 4 beschäftigt sind oder von der Möglichkeit einer stufenweisen Wiederaufnahme einer nicht geringfügigen Tätigkeit (§ 74 Fünftes Buch) Gebrauch machen.	(2) Versicherungsfrei sind Personen, die 1. eine geringfügige Beschäftigung (§ 8 Abs. 1, *§ 8a* Viertes Buch), 2. eine geringfügige selbständige Tätigkeit (§ 8 Abs. 3, *§ 8a* Viertes Buch) oder 3. eine geringfügige nicht erwerbsmäßige Pflegetätigkeit ausüben, in dieser Beschäftigung, selbständigen Tätigkeit oder Pflegetätigkeit; § 8 Abs. 2 des Vierten Buches ist mit der Maßgabe anzuwenden, dass eine Zusammenrechnung mit einer nicht geringfügigen Beschäftigung oder nicht geringfügigen selbständigen Tätigkeit nur erfolgt, wenn diese versicherungspflichtig ist. Satz 1 Nr. 1 gilt nicht für geringfügig Beschäftigte nach § 8 Abs. 1 Nr. 1 *und § 8a* des Vierten Buches, die durch schriftliche Erklärung gegenüber dem Arbeitgeber auf die Versicherungsfreiheit verzichten; der Verzicht kann nur mit Wirkung für die Zukunft und bei mehreren geringfügigen Beschäftigungen nur einheitlich erklärt werden und ist für die Dauer der Beschäftigungen bindend. Satz 1 Nr. 1 und 2 gilt nicht für Personen, die im Rahmen betrieblicher Berufsbildung, nach dem Gesetz zur Förderung eines freiwilligen sozialen Jahres, nach dem Gesetz zur Förderung eines freiwilligen ökologischen Jahres oder nach § 1 Satz 1 Nr. 2 bis 4 beschäftigt sind oder von der Möglichkeit einer stufenweisen Wiederaufnahme einer nicht geringfügigen Tätigkeit (§ 74 Fünftes Buch) Gebrauch machen.

Eine nicht erwerbsmäßige Pflegetätigkeit ist geringfügig, wenn die Beitragsbemessungsgrundlage für die Pflegetätigkeit (§166 Abs. 2) auf den Monat bezogen ~~325~~ Euro nicht übersteigt; mehrere nicht erwerbsmäßige Pflegetätigkeiten sind zusammenzurechnen.

(3) Versicherungsfrei sind Personen, die während der Dauer eines Studiums als ordentliche Studierende einer Fachschule oder Hochschule
1. ein Praktikum ableisten, das in ihrer Studienordnung oder Prüfungsordnung vorgeschrieben ist, oder
2. ein Praktikum ohne Entgelt oder gegen ein Entgelt, das regelmäßig im Monat ~~325~~ Euro nicht übersteigt, ableisten.

(...)

---

§ 6 Befreiung von der Versicherungspflicht

(...)

(1a) Personen, die nach § 2 Satz 1 Nr. 9 versicherungspflichtig sind, werden von der Versicherungspflicht befreit
1. für einen Zeitraum von drei Jahren nach erstmaliger Aufnahme einer selbständigen Tätigkeit die die Merkmale des § 2 Satz 1 Nr. 9 erfüllt,
2. nach Vollendung des 58. Lebensjahres, wenn sie nach einer zuvor ausgeübten selbständigen Tätigkeit erstmals nach § 2 Satz 1 Nr. 9 versicherungspflichtig werden.
Satz 1 Nr. 1 gilt entsprechend für die Aufnahme einer zweiten selbständigen Tätigkeit, die die Merkmale des § 2

Eine nicht erwerbsmäßige Pflegetätigkeit ist geringfügig, wenn die Beitragsbemessungsgrundlage für die Pflegetätigkeit (§ 166 Abs. 2) auf den Monat bezogen *400* Euro nicht übersteigt; mehrere nicht erwerbsmäßige Pflegetätigkeiten sind zusammenzurechnen.

(3) Versicherungsfrei sind Personen, die während der Dauer eines Studiums als ordentliche Studierende einer Fachschule oder Hochschule
1. ein Praktikum ableisten, das in ihrer Studienordnung oder Prüfungsordnung vorgeschrieben ist, oder
2. ein Praktikum ohne Entgelt oder gegen ein Entgelt, das regelmäßig im Monat *400* Euro nicht übersteigt, ableisten.

(...)

---

§ 6 Befreiung von der Versicherungspflicht

(...)

(1a) Personen, die nach § 2 Satz 1 Nr. 9 versicherungspflichtig sind, werden von der Versicherungspflicht befreit
1. für einen Zeitraum von drei Jahren nach erstmaliger Aufnahme einer selbständigen Tätigkeit, die die Merkmale des § 2 Satz 1 Nr. 9 erfüllt,
2. nach Vollendung des 58. Lebensjahres wenn sie nach einer zuvor ausgeübten selbständigen Tätigkeit erstmals nach § 2 Satz 1 Nr. 9 versicherungspflichtig werden.
Tritt nach Ende einer Versicherungspflicht nach § 2 Satz 1 Nr. 10 Versicherungspflicht nach § 2 Satz 1 Nr. 9

Satz 1 Nr. 9 erfüllt. Eine Aufnahme einer selbständigen Tätigkeit liegt nicht vor, wenn eine bestehende selbständige Existenz lediglich umbenannt oder deren Geschäftszweck gegenüber der vorangegangenen nicht wesentlich verändert worden ist.	*ein, wird die Zeit, in der die dort genannten Merkmale bereits vor dem Eintritt der Versicherungspflicht nach dieser Vorschrift vorgelegen haben, auf den in Satz 1 Nr. 1 genannten Zeitraum nicht angerechnet.* Satz 1 Nr. 1 gilt entsprechend für die Aufnahme einer zweiten selbständigen Tätigkeit, die die Merkmale des § 2 Satz 1 Nr. 9 erfüllt. Eine Aufnahme einer selbständigen Tätigkeit liegt nicht vor, wenn eine bestehende selbständige Existenz lediglich umbenannt oder deren Geschäftszweck gegenüber der vorangegangenen nicht wesentlich verändert worden ist.
(...)	(...)
§ 34 Voraussetzungen für einen Rentenanspruch und Hinzuverdienstgrenze	§ 34 Voraussetzungen für einen Rentenanspruch und Hinzuverdienstgrenze *Inkrafttreten: 1. April 2003*
(...)	(...)
(3) Die Hinzuverdienstgrenze beträgt 1. bei einer Rente wegen Alters als Vollrente ~~325 Euro,~~	(3) Die Hinzuverdienstgrenze beträgt 1. bei einer Rente wegen Alters als Vollrente *ein Siebtel der monatlichen Bezugsgröße,*
2. bei einer Rente wegen Alters als Teilrente von a) einem Drittel der Vollrente das 23,3fache, b) der Hälfte der Vollrente das 17,5fache, c) zwei Dritteln der Vollrente das 11,7fache des aktuellen Rentenwerts (§ 68), vervielfältigt mit der Summe der Entgeltpunkte (§ 66 Abs. 1 Nr. 1 bis 3) der letzten drei Kalenderjahre vor Beginn	2. bei einer Rente wegen Alters als Teilrente von a) einem Drittel der Vollrente das 23,3fache, b) der Hälfte der Vollrente das 17,5fache, c) zwei Dritteln der Vollrente das 11,7fache des aktuellen Rentenwerts (§ 68), vervielfältigt mit der Summe der Entgeltpunkte (§ 66 Abs. 1 Nr. 1 bis 3) der letzten drei Kalenderjahre vor Beginn

der ersten Rente wegen Alters, mindestens jedoch mit 1,5 Entgeltpunkten.	der ersten Rente wegen Alters, mindestens jedoch mit 1,5 Entgeltpunkten.
(...)	(...)
§ 52 Wartezeiterfüllung durch Versorgungsausgleich, Rentensplitting unter Ehegatten und Zuschläge an Entgeltpunkten für Arbeitsentgelt aus geringfügiger versicherungsfreier Beschäftigung	§ 52 Wartezeiterfüllung durch Versorgungsausgleich, Rentensplitting unter Ehegatten und Zuschläge an Entgeltpunkten für Arbeitsentgelt aus geringfügiger versicherungsfreier Beschäftigung *Inkrafttreten: 1. April 2003*
(...)	(...)
(2) Sind Zuschläge an Entgeltpunkten für Arbeitsentgelt aus geringfügiger versicherungsfreier Beschäftigung ermittelt, wird auf die Wartezeit die volle Anzahl an Monaten angerechnet, die sich ergibt, wenn die Zuschläge an Entgeltpunkten durch die Zahl 0,0313 geteilt wird. ~~Die Anrechnung erfolgt nur insoweit, als die Kalendermonate einer geringfügigen versicherungsfreien Beschäftigung nicht bereits auf die Wartezeit anzurechnen sind.~~	(2) Sind Zuschläge an Entgeltpunkten für Arbeitsentgelt aus geringfügiger versicherungsfreier Beschäftigung ermittelt, wird auf die Wartezeit die volle Anzahl an Monaten angerechnet, die sich ergibt, wenn die Zuschläge an Entgeltpunkten durch die Zahl 0,0313 geteilt wird. *Zuschläge an Entgeltpunkten aus einer geringfügigen versicherungsfreien Beschäftigung, die in Kalendermonaten ausgeübt wurde, die bereits auf die Wartezeit anzurechnen sind, bleiben unberücksichtigt. Wartezeitmonate für in die Ehezeit oder Splittingzeit fallende Kalendermonate einer geringfügigen versicherungsfreien Beschäftigung sind vor Anwendung von Absatz 1 oder 1a gesondert zu ermitteln.*
§ 58 Anrechnungszeiten	§ 58 Anrechnungszeiten *Inkrafttreten: 1. Mai 2003*
(1) Anrechnungszeiten sind Zeiten, in denen Versicherte	(1) Anrechnungszeiten sind Zeiten, in denen Versicherte
(...)	(...)

	3a. bei einem deutschen Arbeitsamt als Ausbildungssuchende gemeldet waren,
Berufsvorbereitende Bildungsmaßnahmen sind alle beruflichen Bildungsmaßnahmen, die auf die Aufnahme einer Berufsausbildung vorbereiten oder der beruflichen Eingliederung dienen, sowie Vorbereitungslehrgänge zum nachträglichen Erwerb des Hauptschulabschlusses und allgemeinbildende Kurse zum Abbau von schwerwiegenden beruflichen Bildungsdefiziten. Zeiten, in denen Versicherte nach Vollendung des 25. Lebensjahres wegen des Bezugs von Sozialleistungen versicherungspflichtig waren, sind nicht Anrechnungszeiten.	Berufsvorbereitende Bildungsmaßnahmen sind alle beruflichen Bildungsmaßnahmen, die auf die Aufnahme einer Berufsausbildung vorbereiten oder der beruflichen Eingliederung dienen, sowie Vorbereitungslehrgänge zum nachträglichen Erwerb des Hauptschulabschlusses und allgemeinbildende Kurse zum Abbau von schwerwiegenden beruflichen Bildungsdefiziten. Zeiten, in denen Versicherte nach Vollendung des 25. Lebensjahres wegen des Bezugs von Sozialleistungen versicherungspflichtig waren, sind nicht Anrechnungszeiten.
(2) Anrechnungszeiten nach Absatz 1 Satz 1 Nr. 1 bis 3 liegen nur vor, wenn dadurch eine versicherte Beschäftigung oder selbständige Tätigkeit oder ein versicherter Wehrdienst oder Zivildienst unterbrochen ist; dies gilt nicht für Zeiten ~~nach Absatz 1 Satz 1 Nr. 1 bis 3~~ nach Vollendung des 17. und vor Vollendung des 25. Lebensjahres. Eine selbständige Tätigkeit ist nur dann unterbrochen, wenn sie ohne die Mitarbeit des Versicherten nicht weiter ausgeübt werden kann.	(2) Anrechnungszeiten nach Absatz 1 Satz 1 Nr. 1 bis *3a* liegen nur vor, wenn dadurch eine versicherte Beschäftigung oder selbständige Tätigkeit oder ein versicherter Wehrdienst oder Zivildienst unterbrochen ist; dies gilt nicht für Zeiten nach Vollendung des 17. und vor Vollendung des 25. Lebensjahres. Eine selbständige Tätigkeit ist nur dann unterbrochen, wenn sie ohne die Mitarbeit des Versicherten nicht weiter ausgeübt werden kann.
(...)	(...)
§ 74 Begrenzte Gesamtleistungsbewertung Der sich aus der Gesamtleistungsbewertung ergebende Wert wird für jeden Kalendermonat mit Zeiten beruflicher oder schulischer Ausbildung auf 75 vom Hundert begrenzt (begrenzte Gesamtleistungsbewertung). Die be-	§ 74 Begrenzte Gesamtleistungsbewertung Der sich aus der Gesamtleistungsbewertung ergebende Wert wird für jeden Kalendermonat mit Zeiten beruflicher oder schulischer Ausbildung auf 75 vom Hundert begrenzt (begrenzte Gesamtleistungsbewertung). Die be-

grenzte Gesamtleistungsbewertung für Zeiten beruflicher oder schulischer Ausbildung darf für einen Kalendermonat 0,0625 Entgeltpunkte nicht übersteigen. Für Zeiten einer Beschäftigung nach dem Gesetz zur Förderung eines freiwilligen sozialen Jahres oder nach dem Gesetz zur Förderung eines freiwilligen ökologischen Jahres, soweit sie eine Nichtheranziehung von anerkannten Kriegsdienstverweigerern zum Zivildienst bewirken, tritt an die Stelle des Wertes 0,0625 der Wert 0,0492. Zeiten schulischer Ausbildung werden für höchstens drei Jahre bewertet. Kalendermonate, die nur deshalb Anrechnungszeiten sind, weil 1. Arbeitslosigkeit nach dem 30. Juni 1978 vorgelegen hat, für die nicht Arbeitslosengeld oder Arbeitslosenhilfe gezahlt worden ist, 2. Krankheit nach dem 31. Dezember 1983 vorgelegen hat und nicht Beiträge gezahlt worden sind, werden nicht bewertet.	grenzte Gesamtleistungsbewertung für Zeiten beruflicher oder schulischer Ausbildung darf für einen Kalendermonat 0,0625 Entgeltpunkte nicht übersteigen. Für Zeiten einer Beschäftigung nach dem Gesetz zur Förderung eines freiwilligen sozialen Jahres oder nach dem Gesetz zur Förderung eines freiwilligen ökologischen Jahres, soweit sie eine Nichtheranziehung von anerkannten Kriegsdienstverweigerern zum Zivildienst bewirken, tritt an die Stelle des Wertes 0,0625 der Wert 0,0492 Zeiten schulischer Ausbildung werden für höchstens drei Jahre bewertet. Kalendermonate, die nur deshalb Anrechnungszeiten sind, weil 1. Arbeitslosigkeit nach dem 30. Juni 1978 vorgelegen hat, für die nicht Arbeitslosengeld oder Arbeitslosenhilfe gezahlt worden ist, 2. Krankheit nach dem 31. Dezember 1983 vorgelegen hat und nicht Beiträge gezahlt worden sind, werden nicht bewertet, 3. *Ausbildungssuche vorgelegen hat.*
§ 76b Zuschläge an Entgeltpunkten für Arbeitsentgelt aus geringfügiger versicherungsfreier Beschäftigung (1) Für Arbeitsentgelt aus geringfügiger versicherungsfreier Beschäftigung, für das der Arbeitgeber einen Beitragsanteil ~~(§ 172 Abs. 3)~~ getragen hat, werden Zuschläge an Entgeltpunkten ermittelt.	§ 76b Zuschläge an Entgeltpunkten für Arbeitsentgelt aus geringfügiger versicherungsfreier Beschäftigung (1) Für Arbeitsentgelt aus geringfügiger versicherungsfreier Beschäftigung, für das der Arbeitgeber einen Beitragsanteil getragen hat, werden Zuschläge an Entgeltpunkten ermittelt.
(2) Die Zuschläge an Entgeltpunkten werden ermittelt, indem das Arbeitsentgelt, das beitragspflichtig wäre, wenn die Beschäftigung versicherungspflichtig wäre, durch das Durchschnittsentgelt (Anlage 1) für dasselbe Kalenderjahr geteilt und mit dem Ver-	(2) Die Zuschläge an Entgeltpunkten werden ermittelt, indem das Arbeitsentgelt, das beitragspflichtig wäre, wenn die Beschäftigung versicherungspflichtig wäre, durch das Durchschnittsentgelt (Anlage 1) für dasselbe Kalenderjahr geteilt und mit dem Ver-

hältnis vervielfältigt wird, das dem ~~Beitragsanteil in Höhe von 12 vom Hundert des Arbeitsentgelts~~ und dem Beitrag entspricht, der zu zahlen wäre, wenn das Arbeitsentgelt beitragspflichtig wäre. Für das Kalenderjahr des Rentenbeginns und für das davor liegende Kalenderjahr wird als Durchschnittsentgelt der Betrag zugrunde gelegt, der für diese Kalenderjahre vorläufig bestimmt ist. (..)	hältnis vervielfältigt wird das dem v*om Arbeitgeber gezahlten Beitragsanteil* und dem Beitrag entspricht, der zu zahlen wäre, wenn das Arbeitsentgelt beitragspflichtig wäre. Für das Kalenderjahr des Rentenbeginns und für das davor liegende Kalenderjahr wird als Durchschnittsentgelt der Betrag zugrunde gelegt, der für diese Kalenderjahre vorläufig bestimmt ist. (...)
§ 96a Rente wegen verminderter Erwerbsfähigkeit und Hinzuverdienst (...) (2) Die Hinzuverdienstgrenze beträgt 1. bei einer Rente wegen teilweiser Erwerbsminderung a) in voller Höhe das 20,7fache, b) in Höhe der Hälfte das 25,8fache des aktuellen Rentenwerts (§ 68), vervielfältigt mit der Summe der Entgeltpunkte (§ 66 Abs. 1 Nr. 1 bis 3) der letzten drei Kalenderjahre vor Eintritt der teilweisen Erwerbsminderung, mindestens jedoch mit 1,5 Entgeltpunkten, 2. bei einer Rente wegen voller Erwerbsminderung in voller Höhe ~~325~~ Euro.	§ 96a Rente wegen verminderter Erwerbsfähigkeit und Hinzuverdienst *Inkrafttreten: 1. April 2003* (...) (2) Die Hinzuverdienstgrenze beträgt 1. bei einer Rente wegen teilweiser Erwerbsminderung a) in voller Höhe das 20,7fache b) in Höhe der Hälfte das 25,8fache des aktuellen Rentenwerts (§ 68), vervielfältigt mit der Summe der Entgeltpunkte (§ 66 Abs. 1 Nr. 1 bis 3) der letzten drei Kalenderjahre vor Eintritt der teilweisen Erwerbsminderung, mindestens jedoch mit 1,5 Entgeltpunkten, 2. bei einer Rente wegen voller Erwerbsminderung in voller Höhe *ein Siebtel der monatlichen Bezugsgröße.*
§ 126 Zuständigkeit für Versicherte und Hinterbliebene (1) Für Personen, die aufgrund einer Beschäftigung oder selbständigen Tätigkeit versichert sind, ist der Träger der Rentenversicherung zuständig, der jeweils für die Versicherung dieser	§ 126 Zuständigkeit für Versicherte und Hinterbliebene (1) Für Personen, die aufgrund einer Beschäftigung oder selbständigen Tätigkeit versichert sind, ist der Träger der Rentenversicherung zuständig, der jeweils für die Versicherung dieser

Beschäftigung oder selbständigen Tätigkeit zuständig ist. Die Zuständigkeit eines Trägers bleibt erhalten, solange nicht ein anderer Träger aufgrund einer Beschäftigung oder selbständigen Tätigkeit ausschließlich zuständig wird. Ist ein Träger zu Beginn eines Leistungsverfahrens zuständig, bleibt seine Zuständigkeit für dieses Verfahren auch erhalten, wenn ein anderer Träger ausschließlich zuständig wird.	Beschäftigung oder selbständigen Tätigkeit zuständig ist. Die Zuständigkeit eines Trägers bleibt erhalten, solange nicht ein anderer Träger aufgrund einer Beschäftigung oder selbständigen Tätigkeit ausschließlich zuständig wird. *Für Personen im Sinne des § 2 Satz 1 Nr. 10 ist der Träger zuständig, an den zuletzt vor Beginn der Versicherungspflicht nach § 2 Satz 1 Nr. 10 Beiträge abgeführt wurden.* Ist ein Träger zu Beginn eines Leistungsverfahrens zuständig, bleibt seine Zuständigkeit für dieses Verfahren auch erhalten, wenn ein anderer Träger ausschließlich zuständig wird.
(...)	(...)
§ 148 Datenerhebung, Datenverarbeitung und Datennutzung beim Rentenversicherungsträger	§ 148 Datenerhebung, Datenverarbeitung und Datennutzung beim Rentenversicherungsträger *Inkrafttreten: 1. April 2003 (Abs.10)*
(...)	(...)
(3) Die Einrichtung eines automatisierten Verfahrens, das die Übermittlung von Sozialdaten aus Dateien der Träger der Rentenversicherung durch Abruf ermöglicht, ist nur zwischen den Trägern der Rentenversicherung sowie mit der gesetzlichen Krankenversicherung, der Bundesanstalt für Arbeit der Deutschen Post AG, soweit sie mit der Berechnung oder Auszahlung von Sozialleistungen betraut ist, und den Versicherungsämtern und Gemeindebehörden, soweit sie mit der Aufnahme von Anträgen auf Leistungen aus der gesetzlichen Rentenversicherung betraut sind, zulässig; dabei dürfen auch Vermittlungsstellen eingeschaltet wer-	(3) Die Einrichtung eines automatisierten Verfahrens, das die Übermittlung von Sozialdaten aus Dateien der Träger der Rentenversicherung durch Abruf ermöglicht, ist nur zwischen den Trägern der Rentenversicherung sowie mit der gesetzlichen Krankenversicherung, der Bundesanstalt für Arbeit, *der Bundesknappschaft Verwaltungsstelle Cottbus, soweit sie bei geringfügig Beschäftigten Aufgaben nach dem Einkommensteuergesetz durchführt,* der Deutschen Post AG, soweit sie mit der Berechnung oder Auszahlung von Sozialleistungen betraut ist und den Versicherungsämtern und Gemeindebehörden, soweit sie mit der Aufnahme von

den. Sie ist mit Leistungsträgern außerhalb des Geltungsbereichs dieses Gesetzbuchs zulässig, soweit diese Daten zur Feststellung von Leistungen nach über- und zwischenstaatlichem Recht erforderlich sind und nicht Grund zur Annahme besteht, dass dadurch schutzwürdige Belange der davon betroffenen Personen beeinträchtigt werden.	Anträgen auf Leistungen aus der gesetzlichen Rentenversicherung betraut sind, zulässig; dabei dürfen auch Vermittlungsstellen eingeschaltet werden. Sie ist mit Leistungsträgern außerhalb des Geltungsbereichs dieses Gesetzbuchs zulässig, soweit diese Daten zur Feststellung von Leistungen nach über- und zwischenstaatlichem Recht erforderlich sind und nicht Grund zur Annahme besteht, dass dadurch schutzwürdige Belange der davon betroffenen Personen beeinträchtigt werden.
(...)	(...)
§ 149 Versicherungskonto	§ 149 Versicherungskonto *Inkrafttreten: 1. April 2003*
(...)	(...)
(2) Der Träger der Rentenversicherung hat darauf hinzuwirken, dass die im Versicherungskonto gespeicherten Daten vollständig und geklärt sind. Die Daten sollen so gespeichert werden, dass sie jederzeit abgerufen und auf maschinell verwertbaren Datenträgern oder durch Datenübertragung übermittelt werden können. Stellt der Träger der Rentenversicherung fest, dass für einen Beschäftigten mehrere Beschäftigungen nach § 8 Abs. 1 Nr. 1 des Vierten Buches gemeldet oder die Zeitgrenzen des § 8 Abs. 1 Nr. 2 des Vierten Buches überschritten sind, überprüft er unverzüglich diese Beschäftigungsverhältnisse.	(2) Der Träger der Rentenversicherung hat darauf hinzuwirken, dass die im Versicherungskonto gespeicherten Daten vollständig und geklärt sind. Die Daten sollen so gespeichert werden, dass sie jederzeit abgerufen und auf maschinell verwertbaren Datenträgern oder durch Datenübertragung übermittelt werden können. Stellt der Träger der Rentenversicherung fest, dass für einen Beschäftigen mehrere Beschäftigungen nach § 8 Abs. 1 Nr. 1 *oder § 8a* des Vierten Buches gemeldet oder die Zeitgrenzen des § 8 Abs. 1 Nr. 2 des Vierten Buches überschritten sind, überprüft er unverzüglich diese Beschäftigungsverhältnisse. *Stellen die Träger der Rentenversicherung fest, dass eine Beschäftigung infolge einer Zusammenrechnung versicherungspflichtig ist, sie jedoch nicht oder als*

versicherungsfrei gemeldet worden ist, teilen sie diese Beschäftigung mit den notwendigen Daten der Einzugsstelle mit. Satz 4 gilt entsprechend, wenn die Träger der Rentenversicherung feststellen, dass beim Zusammentreffen mehrerer Beschäftigungsverhältnisse die Voraussetzung für die Anwendung der Vorschriften über die Gleitzone nicht oder nicht mehr vorliegen.

(...)

(...)

§ 162 Beitragspflichtige Einnahmen Beschäftigter

Beitragspflichtige Einnahmen sind
1. bei Personen, die gegen Arbeitsentgelt beschäftigt werden, das Arbeitsentgelt aus der versicherungspflichtigen Beschäftigung, jedoch bei Personen, die zu ihrer Berufsausbildung beschäftigt werden, mindestens 1 vom Hundert der Bezugsgröße,
(...)
5. bei Personen, deren Beschäftigung nach dem Einkommensteuerrecht als selbständige Tätigkeit bewertet wird, ~~ein Arbeitsentgelt nach § 14 Abs. 4 des Vierten Buches, mindestens monatlich 325 Euro~~.

§ 162 Beitragspflichtige Einnahmen Beschäftigter
Inkrafttreten: 1. April 2003

Beitragspflichtige Einnahmen sind (...)
1. bei Personen, die gegen Arbeitsentgelt beschäftigt werden, das Arbeitsentgelt aus der versicherungspflichtigen Beschäftigung, jedoch bei Personen, die zu ihrer Berufsausbildung beschäftigt werden, mindestens 1 vom Hundert der Bezugsgröße,
(...)
5. bei Personen, deren Beschäftigung nach dem Einkommensteuerrecht als selbständige Tätigkeit bewertet wird, *ein Einkommen in Höhe der Bezugsgröße, bei Nachweis eines niedrigeren oder höheren Einkommens jedoch dieses Einkommen, mindestens jedoch monatlich 400 Euro. § 165 Abs. 1 Satz 2 bis 10 gilt entsprechend.*

§ 163 Sonderregelung für beitragspflichtige Einnahmen Beschäftigter

(...)

§ 163 Sonderregelung für beitragspflichtige Einnahmen Beschäftigter
Inkrafttreten: 1. April 2003 (Abs. 10)

(...)

(9) *Bei Arbeitnehmern die in einer Beschäftigung Leistungen der Entgeltsicherung nach § 421j des Dritten Buches erhalten, gilt auch der Unterschiedsbetrag zwischen dem Arbeitsentgelt aus der Beschäftigung während des Bezugs der Leistungen zur Entgeltsicherung und 90 vom Hundert des für das Arbeitslosengeld maßgeblichen Bemessungsentgelts im Sinne des § 421j des Dritten Buches, jedoch höchstens bis zur Beitragsbemessungsgrenze, als beitragspflichtige Einnahme. Während des Bezugs von Kurzarbeiter oder Winterausfallgeld gilt weiterhin der nach Satz 1 ermittelte Unterschiedsbetrag als beitragspflichtige Einnahme. Für Personen, die nach § 3 Satz 1 Nr. 3 für die Zeit des Bezugs von Krankengeld, Versorgungskrankengeld, Verletztengeld oder Übergangsgeld versichert sind, und für Personen, die für die Zeit der Arbeitsunfähigkeit oder der Ausführung von Leistungen zur Teilhabe, in der sie Krankentagegeld von einem privaten Krankenversicherungsunternehmen erhalten, nach § 4 Abs. 3 Satz 1 Nr. 2 versichert sind, gilt Satz 1 entsprechend.*

(10) *Bei Arbeitnehmern. die gegen ein monatliches Arbeitsentgelt bis zum oberen Grenzbetrag der Gleitzone (§ 20 Abs. 2 Viertes Buch) mehr als geringfügig beschäftigt sind, ist beitragspflichtige Einnahme der Betrag, der sich aus folgender Formel ergibt:*
$F \times 400 + (2 - F) \times (AE-400)$.
Dabei ist AE das Arbeitsentgelt und F der Faktor, der sich ergibt, wenn der Wert 25 vom Hundert durch den durchschnittlichen Gesamtsozialversicherungsbeitragssatz des Kalenderjah-

(...)

res. in dem der Anspruch auf das Arbeitsentgelt entstanden ist, geteilt wird. Der durchschnittliche Gesamtsozialversicherungsbeitragssatz eines Kalenderjahres ergibt sich aus der Summe der zum 1. Januar desselben Kalenderjahres geltenden Beitragssätze in der Rentenversicherung der Arbeiter und Angestellten, in der gesetzlichen Pflegeversicherung sowie zur Arbeitsförderung und des durchschnittlichen allgemeinen Beitragssatzes in der gesetzlichen Krankenversicherung (§ 245 Abs. 1 des Fünften Buches), der zum 1. Januar des Jahres festgestellt wurde, in dem der durchschnittliche Gesamtsozialversicherungsbeitragssatz für das folgende Kalenderjahr zu ermitteln ist. Für das Jahr 2003 betragen der durchschnittliche Gesamtsozialversicherungsbeitragssatz 41,7 vom Hundert und der Faktor F 0,5995. Der durchschnittliche Gesamtsozialversicherungsbeitragssatz und der Faktor F sind vom Bundesministerium für Gesundheit und soziale Sicherung bis zum 31. Dezember eines Jahres für das folgende Kalenderjahr im Bundesanzeiger bekanntzugeben. Abweichend von Satz 1 ist beitragspflichtige Einnahme das Arbeitsentgelt aus der versicherungspflichtigen Beschäftigung, wenn der Arbeitnehmer dies schriftlich gegenüber dem Arbeitgeber erklärt. Die Erklärung kann nur mit Wirkung für die Zukunft und bei mehreren Beschäftigungen nach Satz 1 nur einheitlich abgegeben werden und ist für die Dauer der Beschäftigungen bindend. Satz 1 gilt nicht für Personen, die zu ihrer Berufsausbildung beschäftigt sind.

§ 165 Beitragspflichtige Einnahmen selbständig Tätiger

(1) Beitragspflichtige Einnahmen sind

1. bei selbständig Tätigen ein Arbeitseinkommen in Höhe der Bezugsgröße, bei Nachweis eines niedrigeren oder höheren Arbeitseinkommens jedoch dieses Arbeitseinkommen, mindestens jedoch monatlich ~~325~~ Euro,

2. bei Seelotsen das Arbeitseinkommen,

3. bei Künstlern und Publizisten das voraussichtliche Jahresarbeitseinkommen (§ 12 Künstlersozialversicherungsgesetz), mindestens jedoch 3 900 Euro, wobei Arbeitseinkommen auch die Vergütung für die Verwertung und Nutzung urheberrechtlich geschützter Werke oder Leistungen sind,

4. bei Hausgewerbetreibenden das Arbeitseinkommen,

5. bei Küstenschiffern und Küstenfischern das in der Unfallversicherung maßgebende beitragspflichtige Arbeitseinkommen,

6. bei Bezirksschornsteinfegermeistern ein Arbeitseinkommen in Höhe der Bezugsgröße, bei Nachweis eines höheren Arbeitseinkommens jedoch dieses Arbeitseinkommen.

Beitragspflichtige Einnahmen sind bei selbständig Tätigen abweichend von Satz 1 Nr. 1 bis zum Ablauf von drei Kalenderjahren nach dem Jahr der Aufnahme der selbständigen Tätigkeit ein Arbeitseinkommen in Höhe von 50 vom Hundert der Bezugsgröße, ~~wenn die Versicherten dies beim Träger der Rentenversicherung beantragen.~~

(...)

§ 165 Beitragspflichtige Einnahmen selbständig Tätiger

(1) Beitragspflichtige Einnahmen sind

1. bei selbständig Tätigen ein Arbeitseinkommen in Höhe der Bezugsgröße, bei Nachweis eines niedrigeren oder höheren Arbeitseinkommens jedoch dieses Arbeitseinkommen, mindestens jedoch monatlich *400* Euro

2. bei Seelotsen das Arbeitseinkommen,

3. bei Künstlern und Publizisten das voraussichtliche Jahresarbeitseinkommen (§12 Künstlersozialversicherungsgesetz), mindestens jedoch 3 900 Euro, wobei Arbeitseinkommen auch die Vergütung für die Verwertung und Nutzung urheberrechtlich geschützter Werke oder Leistungen sind,

4. bei Hausgewerbetreibenden das Arbeitseinkommen,

5. bei Küstenschiffern und Küstenfischern das in der Unfallversicherung maßgebende beitragspflichtige Arbeitseinkommen,

6. bei Bezirksschornsteinfegermeistern ein Arbeitseinkommen in Höhe der Bezugsgröße, bei Nachweis eines höheren Arbeitseinkommens jedoch dieses Arbeitseinkommen.

Beitragspflichtige Einnahmen sind bei selbständig Tätigen abweichend von Satz 1 Nr. 1 bis zum Ablauf von drei Kalenderjahren nach dem Jahr der Aufnahme der selbständigen Tätigkeit ein Arbeitseinkommen in Höhe von 50 vom Hundert der Bezugsgröße *auf Antrag des Versicherten jedoch ein Arbeitseinkommen in Höhe der Bezugsgröße.*

(...)

§ 167 Freiwillig Versicherte

Die Mindestbeitragsbemessungsgrundlage beträgt für freiwillig Versicherte monatlich ~~325~~ Euro.

§ 167 Freiwillig Versicherte
Inkrafttreten: 1. April 2003

Die Mindestbeitragsbemessungsgrundlage beträgt für freiwillig Versicherte monatlich *400* Euro.

---

§ 168 Beitragstragung bei Beschäftigten

(1) Die Beiträge werden getragen
1. bei Personen, die gegen Arbeitsentgelt beschäftigt werden, von den Versicherten und den Arbeitgebern je zur Hälfte, jedoch von den Arbeitgebern je zur Hälfte, jedoch von den Arbeitgebern, wenn Versicherte, die zu ihrer Berufsausbildung beschäftigt sind, ein Arbeitsentgelt erhalten, das auf den Monat bezogen ~~325~~ Euro nicht übersteigt, oder wenn Versicherte ein freiwilliges soziales Jahr im Sinne des Gesetzes zur Förderung eines freiwilligen sozialen Jahres oder ein freiwilliges ökologisches Jahr im Sinne des Gesetzes zur Förderung eines freiwilligen ökologischen Jahres leisten,
1a. bei Arbeitnehmern, die Kurzarbeiter- oder Winterausfallgeld beziehen, vom Arbeitgeber,
1b. bei Personen, die gegen Arbeitsentgelt geringfügig versicherungspflichtig beschäftigt werden, von den Arbeitgebern in Höhe des Betrages, der 12 vom Hundert des der Beschäftigung zugrunde liegenden Arbeitsentgelts entspricht, im Übrigen vom Versicherten,

§ 168 Beitragstragung bei Beschäftigten
Inkrafttreten: 1. April 2003 (Abs. 1 Nr. 1 bis 1d)

(1) Die Beiträge werden getragen
1. bei Personen, die gegen Arbeitsentgelt beschäftigt werden, von den Versicherten und den Arbeitgebern je zur Hälfte, jedoch von den Arbeitgebern je zur Hälfte, jedoch von den Arbeitgebern, wenn Versicherte, die zu ihrer Berufsausbildung beschäftigt sind, ein Arbeitsentgelt erhalten, das auf den Monat bezogen *400* Euro nicht übersteigt, oder wenn Versicherte ein freiwilliges soziales Jahr im Sinne des Gesetzes zur Förderung eines freiwilligen sozialen Jahres oder ein freiwilliges ökologisches Jahr im Sinne des Gesetzes zur Förderung eines freiwilligen ökologischen Jahres leisten,
1a. bei Arbeitnehmern, die Kurzarbeiten oder Winterausfallgeld beziehen, vom Arbeitgeber,
1b. bei Personen, die gegen Arbeitsentgelt geringfügig versicherungspflichtig beschäftigt werden, von den Arbeitgebern in Höhe des Betrages, der 12 vom Hundert des der Beschäftigung zugrunde liegenden Arbeitsentgelts entspricht, im Übrigen vom Versicherten,
1c. bei Personen, die gegen Arbeitsentgelt in Privathaushalten geringfügig versicherungspflichtig beschäftigt werden, von den Arbeitgebern in Höhe des

Betrages, der 5 vom Hundert des der Beschäftigung zugrunde liegenden Arbeitsentgelts entspricht, im Übrigen vom Versicherten,
1d. bei Arbeitnehmern, deren beitragspflichtige Einnahme sich nach § 163 Abs. 10 Satz 1 bestimmt, von den Arbeitgebern in Höhe der Hälfte des Betrages, der sich ergibt, wenn der Beitragssatz auf das der Beschäftigung zugrunde liegende Arbeitsentgelt angewendet wird, im Übrigen vom Versicherten.

(...)

7. bei Arbeitnehmern, die nach dem Altersteilzeitgesetz Aufstockungsbeträge zum Krankengeld, Versorgungskrankengeld, Verletztengeld ~~oder~~ Übergangsgeld erhalten, für den sich nach § 163 Abs. 5 Satz 3 ergebenden Unterschiedsbetrag von der Bundesanstalt für Arbeit, wenn die Voraussetzungen des § 4 Altersteilzeitgesetz vorliegen, ansonsten von den Arbeitgebern.

(...)

7. bei Arbeitnehmern, die nach dem Altersteilzeitgesetz Aufstockungsbeträge zum Krankengeld, Versorgungskrankengeld, Verletztengeld, Übergangsgeld *oder Krankentagegeld* erhalten, für den sich nach § 163 Abs. 5 Satz 3 ergebenden Unterschiedsbetrag von der Bundesanstalt für Arbeit, wenn die Voraussetzungen des § 4 Altersteilzeitgesetz vorliegen, ansonsten von den Arbeitgebern,
8. bei Arbeitnehmern, die in einer Beschäftigung Leistungen der Entgeltsicherung nach 421j des Dritten Buches erhalten, für den sich nach § 163 Abs. 9 Satz 1 ergebenden Unterschiedsbetrag von der Bundesanstalt für Arbeit,
9. bei Arbeitnehmern, die nach § 421j Abs. 6 des Dritten Buches einen Zuschuss zum Kurzarbeitergeld, Winterausfallgeld, Krankengeld, Versorgungskrankengeld, Verletztengeld, Übergangsgeld oder Krankentagegeld erhalten, für den sich nach § 163 Abs. 9 Satz 2 und 3 ergebenden Unter-

(...)

§ 170 Beitragstragung bei sonstigen Versicherten

(1) Die Beiträge werden getragen
1. bei Wehr oder Zivildienstleistenden, Beziehern von Arbeitslosenhilfe und für Kindererziehungszeiten vom Bund,
2. bei Personen, die
a) Krankengeld oder Verletztengeld beziehen, von den Beziehern der Leistung und den Leistungsträgern je zur Hälfte, soweit sie auf die Leistung entfallen und diese Leistungen nicht in Höhe der Leistungen der Bundesanstalt für Arbeit zu zahlen sind, im Übrigen vom Leistungsträger; die Beiträge werden auch dann von den Leistungsträgern getragen, wenn die Bezieher der Leistung zur Berufsausbildung beschäftigt sind und das der Leistung zugrunde liegende Arbeitsentgelt auf den Monat bezogen ~~325~~ Euro nicht übersteigt,

(...)

§ 172 Arbeitgeberanteil bei Versicherungsfreiheit

(...)

schiedsbetrag von der Bundesanstalt für Arbeit.

(...)

§ 170 Beitragstragung bei sonstigen Versicherten
Inkrafttreten: 1. April 2003

(1) Die Beiträge werden getragen
1. bei Wehr oder Zivildienstleistenden, Beziehern von Arbeitslosenhilfe und für Kindererziehungszeiten vom Bund,
2. bei Personen, die
a) Krankengeld oder Verletztengeld beziehen, von den Beziehern der Leistung und den Leistungsträgern je zur Hälfte, soweit sie auf die Leistung entfallen und diese Leistungen nicht in Höhe der Leistungen der Bundesanstalt für Arbeit zu zahlen sind, im Übrigen vom Leistungsträger; die Beiträge werden auch dann von den Leistungsträgern getragen, wenn die Bezieher der Leistung zur Berufsausbildung beschäftigt sind und das der Leistung zugrunde liegende Arbeitsentgelt auf den Monat bezogen *400* Euro nicht übersteigt,

(...)

§ 172 Arbeitgeberanteil bei Versicherungsfreiheit
Inkrafttreten: 1. April 2003

(...)

(3a) Für Beschäftigte in Privathaushalten nach § 8a Satz 1 des Vierten Buches, die in dieser Beschäftigung versicherungsfrei oder von der Versi-

	cherungspflicht befreit sind oder die nach § 5 Abs. 4 versicherungsfrei sind, tragen die Arbeitgeber einen Beitragsanteil in Höhe von 5 vom Hundert des Arbeitsentgeltes, das beitragspflichtig wäre, wenn die Beschäftigten versicherungspflichtig wären.
(4) Für den Beitragsanteil des Arbeitgebers gelten die Vorschriften des Dritten Abschnitts des Vierten Buches sowie die Bußgeldvorschriften des § 111 Abs. 1 Nr. 2 bis 4, 8 und Abs. 4 des Vierten Buches entsprechend.	(4) Für den Beitragsanteil des Arbeitgebers gelten die Vorschriften des Dritten Abschnitts des Vierten Buches sowie die Bußgeldvorschriften des § 111 Abs. 1 Nr. 2 bis 4, 8 und Abs. 2 *und* 4 des Vierten Buches entsprechend.
§ 196 Auskunfts- und Mitteilungspflichten	§ 196 Auskunfts- und Mitteilungspflichten
(...)	(...)
	(4) *Die Bundesanstalt für Arbeit hat den zuständigen Rentenversicherungsträgern die Empfänger von Existenzgründungszuschüssen nach § 421l des Dritten Buches zu melden.*
§ 229 Versicherungspflicht (...)	§ 229 Versicherungspflicht (...)
	Inkrafttreten: 1. April 2003
	(6) *Personen, die am 31. März 2003 in einer Beschäftigung oder selbständigen Tätigkeit ohne einen Verzicht auf die Versicherungsfreiheit (§ 5 Abs. 2 Satz 2) versicherungspflichtig waren, die die Merkmale einer geringfügigen Beschäftigung oder selbständigen Tätigkeit in der ab 1. April 2003 geltenden Fassung von § 8 des Vierten Buches oder die Merkmale einer geringfügigen Beschäftigung oder selbständigen Tätigkeit im*

Privathaushalt (§ 8a Viertes Buch) erfüllt, bleiben in dieser Beschäftigung oder selbständigen Tätigkeit versicherungspflichtig. Sie werden auf ihren Antrag von der Versicherungspflicht befreit. Die Befreiung wirkt vom 1. April 2003 an, wenn sie bis zum 30. Juni 2003 beantragt wird, sonst vom Eingang des Antrags an. Sie ist auf die jeweilige Beschäftigung oder selbständige Tätigkeit beschränkt.

Die Änderung in § 237 ist nicht abgedruckt.

---

§ 252 Anrechnungszeiten
Inkrafttreten: 1. Mai 2003:

(8) *Anrechnungszeiten sind auch Zeiten nach dem 30. April 2003, in denen Versicherte,*
1. nach Vollendung des 58. Lebensjahres wegen Arbeitslosigkeit bei einem deutschen Arbeitsamt gemeldet waren,
2. der Arbeitsvermittlung nur deshalb nicht zur Verfügung standen, weil sie nicht bereit waren, jede zumutbare Beschäftigung anzunehmen oder an zumutbaren beruflichen Bildungsmaßnahmen teilzunehmen und
3. eine öffentlich-rechtliche Leistung nur wegen des zu berücksichtigenden Einkommens oder Vermögens nicht bezogen haben.
Für Zeiten nach Satz 1 gelten die Vorschriften über Anrechnungszeiten wegen Arbeitslosigkeit. Zeiten nach Satz 1 werden nach dem 31. Dezember 2005 nur dann als Anrechnungszeiten berücksichtigt, wenn die Arbeitslosigkeit vor dem 1. Januar 2006 begonnen

	hat und der Versicherte vor dem 2. Januar 1948 geboren ist.
§ 302a Renten wegen verminderter Erwerbsfähigkeit und Bergmannsvollrenten	§ 302a Renten wegen verminderter Erwerbsfähigkeit und Bergmannsvollrenten *Inkrafttreten: 1. April 2003*
(...)	(...)
(2) Die Hinzuverdienstgrenze wird nicht überschritten, wenn das Arbeitsentgelt oder Arbeitseinkommen aus einer Beschäftigung oder selbständigen Tätigkeit monatlich ~~325 Euro~~ nicht übersteigt, wobei ein zweimaliges Überschreiten von jeweils einem Betrag bis zur Höhe dieses Betrages im Laufe eines jeden Kalenderjahres außer Betracht bleibt. Dem Arbeitsentgelt aus einer Beschäftigung steht der Bezug von Vorruhestandsgeld gleich. Arbeitsentgelt und Arbeitseinkommen aus mehreren Beschäftigungen und selbständigen Tätigkeiten werden zusammengerechnet.	(2) Die Hinzuverdienstgrenze wird nicht überschritten, wenn das Arbeitsentgelt oder Arbeitseinkommen aus einer Beschäftigung oder selbständigen Tätigkeit monatlich *ein Siebtel der monatlichen Bezugsgröße* nicht übersteigt, wobei ein zweimaliges Überschreiten von jeweils einem Betrag bis zur Höhe dieses Betrages im Laufe eines jeden Kalenderjahres außer Betracht bleibt. Dem Arbeitsentgelt aus einer Beschäftigung steht der Bezug von Vorruhestandsgeld gleich. Arbeitsentgelt und Arbeitseinkommen aus mehreren Beschäftigungen und selbständigen Tätigkeiten werden zusammengerechnet.
(...)	(...)
§ 313 Hinzuverdienst bei Renten wegen verminderter Erwerbsfähigkeit	§ 313 Hinzuverdienst bei Renten wegen verminderter Erwerbsfähigkeit *Inkrafttreten: 1. April 2003*
(...)	(...)
(3) Die Hinzuverdienstgrenze beträgt 1. bei einer Rente wegen Erwerbsunfähigkeit ~~325 Euro,~~	(3) Die Hinzuverdienstgrenze beträgt 1. bei einer Rente wegen Erwerbsunfähigkeit *ein Siebtel der monatlichen Bezugsgröße,*
2. bei einer Rente wegen Berufsunfähigkeit a) in voller Höhe das 52,5fache,	2. bei einer Rente wegen Berufsunfähigkeit a) in voller Höhe das 52,5fache,

b) in Höhe von zwei Dritteln das 70fache,
c) in Höhe von einem Drittel das 87,5fache
des aktuellen Rentenwerts (§ 68), vervielfältigt mit den Entgeltpunkten (§ 66 Abs. 1 Nr. 1 bis 3) des letzten Kalenderjahres vor Eintritt der Berufsunfähigkeit, mindestens jedoch mit 0,5 Entgeltpunkten,
3. bei einer Rente für Bergleute
a) in voller Höhe das 70fache,
b) in Höhe von zwei Dritteln das 93,3fache,
c) in Höhe von einem Drittel das 116,7fache
des aktuellen Rentenwerts (§ 68), vervielfältigt mit den Entgeltpunkten (§ 66 Abs. 1 Nr. 1 bis 3) des letzten Kalenderjahres vor Eintritt der im Bergbau verminderten Berufsfähigkeit oder der Erfüllung der Voraussetzungen entsprechend § 45 Abs. 3, mindestens jedoch mit 0,5 Entgeltpunkten.

(...)

b) in Höhe von zwei Dritteln das 70fache,
c) in Höhe von einem Drittel das 87,5fache
des aktuellen Rentenwerts (§ 68), vervielfältigt mit den Entgeltpunkten (§ 66 Abs. 1 Nr. 1 bis 3) des letzten Kalenderjahres vor Eintritt der Berufsunfähigkeit, mindestens jedoch mit 0,5 Entgeltpunkten,
3. bei einer Rente für Bergleute
a) in voller Höhe das 70fache
b) in Höhe von zwei Dritteln das 93,3fache,
c) in Höhe von einem Drittel das 116,7fache
des aktuellen Rentenwerts (§ 68), vervielfältigt mit den Entgeltpunkten (§ 66 Abs. 1 Nr. 1 bis 3) des letzten Kalenderjahres vor Eintritt der im Bergbau verminderten Berufsfähigkeit oder der Erfüllung der Voraussetzungen entsprechend § 45 Abs. 3, mindestens jedoch mit 0,5 Entgeltpunkten.

(...)

6. Neuntes Buch Sozialgesetzbuch (auszugsweise) Altfassung

§ 46 Höhe und Berechnung des Übergangsgelds

(1) Der Berechnung des Übergangsgelds werden 80 vom Hundert des erzielten regelmäßigen Arbeitsentgelts und Arbeitseinkommens, soweit es der Beitragsberechnung unterliegt (Regel-

6. Neuntes Buch Sozialgesetzbuch (auszugsweise) Neufassung

§ 46 Höhe und Berechnung des Übergangsgelds
Inkrafttreten der Änderung des § 46: 1. April 2003

(1) Der Berechnung des Übergangsgelds werden 80 vom Hundert des erzielten regelmäßigen Arbeitsentgelts und Arbeitseinkommens, soweit es der Beitragsberechnung unterliegt (Regel-

entgelt) zugrunde gelegt, höchstens jedoch das in entsprechender Anwendung des § 47 berechnete Nettoarbeitsentgelt; hierbei gilt die für den Rehabilitationsträger jeweils geltende Beitragsbemessungsgrenze.

(...)

entgelt) zugrunde gelegt, höchstens jedoch das in entsprechender Anwendung des § 47 berechnete Nettoarbeitsentgelt; hierbei gilt die für den Rehabilitationsträger jeweils geltende Beitragsbemessungsgrenze. *Bei der Berechnung des Regelentgelts und des Nettoarbeitsentgelts werden die für die jeweilige Beitragsbemessung und Beitragstragung geltenden Besonderheiten der Gleitzone nach § 20 Abs. 2 des Vierten Buches nicht berücksichtigt.*

(...)

Die Änderungen in §§ 111 und 120 sind nicht abgedruckt.

7. Einkommensteuergesetz Altfassung

§ 3

Steuerfrei sind

1. (...)
2. das Arbeitslosengeld, das Teilarbeitslosengeld, das Kurzarbeitergeld, das Winterausfallgeld, die Arbeitslosenhilfe, das Übergangsgeld, das Unterhaltsgeld, die Eingliederungshilfe, das Überbrückungsgeld nach dem Dritten Buch Sozialgesetzbuch oder dem Arbeitsförderungsgesetz sowie das aus dem Europäischen Sozialfonds finanzierte Unterhaltsgeld und die aus Landesmitteln ergänzten Leistungen aus dem Europäischen Sozialfonds zur Aufstockung des Überbrückungsgeldes nach dem Dritten Buch Sozialgesetzbuch oder dem Arbeitsförderungsgesetz und die übrigen Leistungen nach dem Dritten Buch Sozialgesetzbuch oder dem Arbeitsförderungsgesetz und

7. Einkommensteuergesetz Neufassung

§ 3

Steuerfrei sind

1. (...)
2. das Arbeitslosengeld, das Teilarbeitslosengeld, das Kurzarbeitergeld, das Winterausfallgeld, die Arbeitslosenhilfe, *der Zuschuss zum Arbeitsentgelt,* das Übergangsgeld, das Unterhaltsgeld, die Eingliederungshilfe, das Überbrückungsgeld, d*er Existenzgründungszuschuss* nach dem Dritten Buch Sozialgesetzbuch oder dem Arbeitsförderungsgesetz sowie das aus dem Europäischen Sozialfonds finanzierte Unterhaltsgeld und die aus Landesmitteln ergänzten Leistungen aus dem Europäischen Sozialfonds zur Aufstockung des Überbrückungsgeldes nach dem Dritten Buch Sozialgesetzbuch oder dem Arbeitsförderungsgesetz und die übrigen Leistungen nach

den entsprechenden Programmen des Bundes und der Länder, soweit sie Arbeitnehmern oder Arbeitsuchenden oder zur Förderung der Ausbildung oder Fortbildung der Empfänger gewährt werden, sowie Leistungen auf Grund der in § 141m Abs. 1 und § 141n Abs. 2 des Arbeitsförderungsgesetzes oder § 187 und § 208 Abs. 2 des Dritten Buches Sozialgesetzbuch genannten Ansprüche, Leistungen auf Grund der in § 115 Abs. 1 des Zehnten Buches Sozialgesetzbuch in Verbindung mit § 117 Abs. 4 Satz 1 oder § 134 Abs. 4, § 160 Abs. 1 Satz 1 und § 166a des Arbeitsförderungsgesetzes oder in Verbindung mit § 143 Abs. 3 oder § 198 Satz 2 Nr. 6, § 335 Abs. 3 des Dritten Buches Sozialgesetzbuch genannten Ansprüche, wenn über das Vermögen des ehemaligen Arbeitgebers des Arbeitslosen das Konkursverfahren, Gesamtvollstreckungsverfahren oder Insolvenzverfahren eröffnet worden ist oder einer der Fälle des § 141b Abs. 3 des Arbeitsförderungsgesetzes oder des § 183 Abs. 1 Nr. 2 oder 3 des Dritten Buches Sozialgesetzbuch vorliegt, und der Altersübergangsgeld-Ausgleichsbetrag nach § 249e Abs. 4a des Arbeitsförderungsgesetzes in der bis zum 31. Dezember 1997 geltenden Fassung;

(...)

dem Dritten Buch Sozialgesetzbuch oder dem Arbeitsförderungsgesetz und den entsprechenden Programmen des Bundes und der Länder, soweit sie Arbeitnehmern oder Arbeitsuchenden oder zur Förderung der Ausbildung oder Fortbildung der Empfänger gewährt werden, sowie Leistungen auf Grund der in § 141m Abs. 1 und § 141n Abs. 2 des Arbeitsförderungsgesetzes oder § 187 und § 208 Abs. 2 des Dritten Buches Sozialgesetzbuch genannten Ansprüche, Leistungen auf Grund der in § 115 Abs. 1 des Zehnten Buches Sozialgesetzbuch in Verbindung mit § 117 Abs. 4 Satz 1 oder § 134 Abs. 4, § 160 Abs. 1 Satz 1 und § 166a des Arbeitsförderungsgesetzes oder in Verbindung mit § 143 Abs. 3 oder § 198 Satz 2 Nr. 6, § 335 Abs. 3 des Dritten Buches Sozialgesetzbuch genannten Ansprüche, wenn über das Vermögen des ehemaligen Arbeitgebers des Arbeitslosen das Konkursverfahren, Gesamtvollstreckungsverfahren oder Insolvenzverfahren eröffnet worden ist oder einer der Fälle des § 141b Abs. 3 des Arbeitsförderungsgesetzes oder des § 183 Abs. 1 Nr. 2 oder 3 des Dritten Buches Sozialgesetzbuch vorliegt, und der Altersübergangsgeld-Ausgleichsbetrag nach § 249e Abs. 4a des Arbeitsförderungsgesetzes in der bis zum 31. Dezember 1997 geltenden Fassung;

(...)

Nr. 39 ist weggefallen.

(...)

§ 26a Getrennte Veranlagung von Ehegatten
(...)

(2) Außergewöhnliche Belastungen (§§ 33 bis 33c) werden in Höhe des bei einer Zusammenveranlagung in Betracht kommenden Betrags bei beiden Veranlagungen jeweils zur Hälfte abgezogen, wenn die Ehegatten nicht gemeinsam eine andere Aufteilung beantragen. Die nach § 33b Abs. 5 übertragbaren Pauschbeträge stehen den Ehegatten insgesamt nur einmal zu; sie werden jedem Ehegatten zur Hälfte gewährt. Die nach § 34f zu gewährende Steuerermäßigung steht den Ehegatten in dem Verhältnis zu, in dem sie erhöhte Absetzungen nach § 7b oder Abzugsbeträge nach § 10e Abs. 1 bis 5 oder nach § 15b des Berlinförderungsgesetzes in Anspruch nehmen.

(...)

§ 26a Getrennte Veranlagung von Ehegatten
(...)

(2) Außergewöhnliche Belastungen (§§ 33 bis 33c) werden in Höhe des bei einer Zusammenveranlagung in Betracht kommenden Betrags bei beiden Veranlagungen jeweils zur Hälfte abgezogen, wenn die Ehegatten nicht gemeinsam eine andere Aufteilung beantragen. Die nach § 33b Abs. 5 übertragbaren Pauschbeträge stehen den Ehegatten insgesamt nur einmal zu sie werden jedem Ehegatten zur Hälfte gewährt. Die nach § 34f zu gewährende Steuerermäßigung steht den Ehegatten in dem Verhältnis zu; in dem sie erhöhte Absetzungen nach § 7b oder Abzugsbeträge nach § 10e Abs. 1 bis 5 oder nach § 15b des Berlinförderungsgesetzes in Anspruch nehmen. *Die nach § 35a zu gewährende Steuerermäßigung steht den Ehegatten jeweils zur Hälfte zu, wenn die Ehegatten nicht gemeinsam eine andere Aufteilung beantragen.*

(...)

---

§ 32 Kinder, Freibeträge für Kinder, Haushaltsfreibetrag
(...)

(4) Ein Kind, das das 18. Lebensjahr vollendet hat, wird berücksichtigt, wenn es
1. noch nicht das 21. Lebensjahr vollendet hat ~~und arbeitslos im Sinne des Dritten Buches Sozialgesetzbuch ist oder~~

(...)

§ 32 Kinder, Freibeträge für Kinder, Haushaltsfreibetrag
(...)

(4) Ein Kind, das das 18. Lebensjahr vollendet hat, wird berücksichtigt, wenn es
1. noch nicht das 21. Lebensjahr vollendet hat, *nicht in einem Beschäftigungsverhältnis steht und bei einem Arbeitsamt im Inland als Arbeitsuchender gemeldet ist oder*
(...)

§ 32b Progressionsvorbehalt
(1) Hat ein zeitweise oder während des gesamten Veranlagungszeitraums unbeschränkt Steuerpflichtiger oder ein beschränkt Steuerpflichtiger, auf den § 50 Abs. 5 Satz 4 Nr. 2 Anwendung findet,
1. a) Arbeitslosengeld, Teilarbeitslosengeld, Kurzarbeitergeld, Winterausfallgeld, Insolvenzgeld, Arbeitslosenhilfe, Übergangsgeld, Altersübergangsgeld, Altersübergangsgeld-Ausgleichsbetrag, Unterhaltsgeld als Zuschuss, Eingliederungshilfe und Überbrückungsgeld nach dem Dritten Buch Sozialgesetzbuch oder dem Arbeitsförderungsgesetz, das aus dem Europäischen Sozialfonds finanzierte Unterhaltsgeld und die aus Landesmitteln ergänzten Leistungen aus dem Europäischen Sozialfonds zur Aufstockung des Überbrückungsgeldes nach dem Dritten Buch Sozialgesetzbuch oder dem Arbeitsförderungsgesetz sowie Leistungen nach § 10 des Dritten Buches Sozialgesetzbuch, die dem Lebensunterhalt dienen,

(...)

§ 32b Progressionsvorbehalt
(1) Hat ein zeitweise oder während des gesamten Veranlagungszeitraums unbeschränkt Steuerpflichtiger oder ein beschränkt Steuerpflichtiger, auf den § 50 Abs. 5 Satz 4 Nr.2 Anwendung findet,
1. a) Arbeitslosengeld, Teilarbeitslosengeld, *Zuschüsse zum Arbeitsentgelt,* Kurzarbeitergeld, Winterausfallgeld, Insolvenzgeld, Arbeitslosenhilfe, Übergangsgeld, Altersübergangsgeld, Altersübergangsgeld-Ausgleichsbetrag, Unterhaltsgeld als Zuschuss, Eingliederungshilfe und Überbrückungsgeld nach dem Dritten Buch Sozialgesetzbuch oder dem Arbeitsförderungsgesetz, das aus dem Europäischen Sozialfonds finanzierte Unterhaltsgeld und die aus Landesmitteln ergänzten Leistungen aus dem Europäischen Sozialfonds zur Aufstockung des Überbrückungsgeldes nach dem Dritten Buch Sozialgesetzbuch oder dem Arbeitsförderungsgesetz sowie Leistungen nach § 10 des Dritten Buches Sozialgesetzbuch, die dem Lebensunterhalt dienen,

(...)

§ 35a Steuerermäßigung bei Aufwendungen für haushaltsnahe Beschäftigungsverhältnisse und für die Inanspruchnahme haushaltsnaher Dienstleistungen
(1) Für haushaltsnahe Beschäftigungsverhältnisse, die in einem inländischen Haushalt des Steuerpflichtigen ausgeübt werden, ermäßigt sich die tarifliche Einkommensteuer. vermindert um die sonstigen Steuerermäßigungen, auf Antrag um

10 vom Hundert, höchstens 510 Euro, bei geringfügiger Beschäftigung im Sinne des § 8a des Vierten Buches Sozialgesetzbuch,

12 vom Hundert, höchstens 2400 Euro, bei anderen haushaltsnahen Beschäftigungsverhältnissen, für die auf Grund der Beschäftigungsverhältnisse Pflichtbeiträge zur gesetzlichen Sozialversicherung entrichtet werden und die keine geringfügige Beschäftigung im Sinne der § 8 Abs. 1 Nr. 1 des Vierten Buches Sozialgesetzbuch darstellen,

der Aufwendungen des Steuerpflichtigen, die nicht Betriebsausgaben oder Werbungskosten darstellen und soweit sie nicht als außergewöhnliche Belastung berücksichtigt worden sind. Für jeden Kalendermonat, in dem die Voraussetzungen nach Satz 1 nicht vorgelegen haben, ermäßigen sich die dort genannten Höchstbeträge um ein Zwölftel.

(2) *Für die Inanspruchnahme von haushaltsnahen Dienstleistungen, die in einem inländischen Haushalt des Steuerpflichtigen erbracht werden, ermäßigt sich die tarifliche Einkommensteuer, vermindert um die sonstigen Steuerermäßigungen, auf Antrag um 20 vom Hundert, höchstens 600 Euro, Aufwendungen des Steuerpflichtigen, die nicht Betriebsausgaben, Werbungskosten oder Aufwendungen für eine geringfügige Beschäftigung im Sinne des § 8 des Vierten Buches Sozialgesetzbuch darstellen und soweit sie nicht als außergewöhnliche Belastung berücksichtigt worden sind. In den Fällen des Absatzes 1 ist die Inan-*

spruchnahme der Steuerermäßigung nach Satz 1 ausgeschlossen. Voraussetzung für die Steuerermäßigung nach Satz 1 ist, dass der Steuerpflichtige die Aufwendung durch Vorlage einer Rechnung und die Zahlung auf das Konto des Erbringers der haushaltsnahen Dienstleistung durch Beleg des Kreditinstituts nachweist.

(3) *Leben zwei Alleinstehende in einem Haushalt zusammen. können sie die Höchstbeträge Absatz 1 und 2 insgesamt jeweils nur einmal in Anspruch nehmen.*

---

§ 39a Freibetrag, Hinzurechnungsbetrag ~~und Freistellung beim Lohnsteuerabzug~~

(1) Auf der Lohnsteuerkarte wird als vom Arbeitslohn abzuziehender Freibetrag die Summe der folgenden Beträge eingetragen:

(...)

5. die folgenden Beträge, wie sie nach § 37 Abs. 3 bei der Festsetzung von Einkommensteuer-Vorauszahlungen zu berücksichtigen sind:
a) die Beträge, die nach § 10d Abs. 2, §§ 10e, 10f, 10g, 10h, 10i, nach § 15b des Berlinförderungsgesetzes oder nach § 7 des Fördergebietsgesetzes abgezogen werden können,
b) die negative Summe der Einkünfte im Sinne des § 2 Abs. 1 Satz 1 Nr. 1 bis 3, 6 und 7 und der negativen Einkünfte im Sinne des § 2 Abs. 1 Satz 1 Nr. 5,
c) das Vierfache der Steuerermäßigung nach § 34f

§ 39a Freibetrag *und* Hinzurechnungsbetrag

(1) Auf der Lohnsteuerkarte wird als vom Arbeitslohn abzuziehender Freibetrag die Summe der folgenden Beträge eingetragen:

(...)

5. die folgenden Beträge, wie sie nach § 37 Abs. 3 bei der Festsetzung von Einkommensteuer-Vorauszahlungen zu berücksichtigen sind:
a) die Beträge, die nach § 10d Abs. 2, §§ 10e, 10f, 10g, 10h, 10i, nach § 15b des Berlinförderungsgesetzes oder nach § 7 des Fördergebietsgesetzes abgezogen werden können,
b) die negative Summe der Einkünfte im Sinne des § 2 Abs. 1 Satz 1 Nr. 1 bis 3, 6 und 7 und der negativen Einkünfte im Sinne des § 2 Abs. 1 Satz 1 Nr. 5,
c) das Vierfache der Steuerermäßigung nach § 34f *und § 35a.*

(...)	(...) *Absatz 6 ist weggefallen.*
§ 39b Durchführung des Lohnsteuerabzugs für unbeschränkt einkommensteuerpflichtige Arbeitnehmer (...)	§ 39b Durchführung des Lohnsteuerabzugs für unbeschränkt einkommensteuerpflichtige Arbeitnehmer *Absatz 7 ist weggefallen.*
§ 39c Durchführung des Lohnsteuerabzugs ohne Lohnsteuerkarte (...)	§ 39c Durchführung des Lohnsteuerabzugs ohne Lohnsteuerkarte *Absatz 5 ist weggefallen.*
§ 39d Durchführung des Lohnsteuerabzugs für beschränkt einkommensteuerpflichtige Arbeitnehmer (...)	§ 39d Durchführung des Lohnsteuerabzugs für beschränkt einkommensteuerpflichtige Arbeitnehmer *Absatz 1 Satz 4 ist weggefallen.*
§ 40a Pauschalierung der Lohnsteuer für Teilzeitbeschäftigte (1) Der Arbeitgeber kann unter Verzicht auf die Vorlage einer Lohnsteuerkarte bei Arbeitnehmern, die nur kurzfristig beschäftigt werden, die Lohnsteuer mit einem Pauschsteuersatz von 25 vom Hundert des Arbeitslohns erheben. Eine kurzfristige Beschäftigung liegt vor, wenn der Arbeitnehmer bei dem Arbeitgeber gelegentlich, nicht regelmäßig wiederkehrend beschäftigt wird, die Dauer der Beschäftigung 18 zusammenhängende Arbeitstage nicht übersteigt und 1. der Arbeitslohn während der Beschäftigungsdauer 62 Euro durchschnittlich je Arbeitstag nicht übersteigt oder	§ 40a Pauschalierung der Lohnsteuer für Teilzeitbeschäftigte *und geringfügig Beschäftigte* (1) Der Arbeitgeber kann unter Verzicht auf die Vorlage einer Lohnsteuerkarte bei Arbeitnehmern, die nur kurzfristig beschäftigt werden, die Lohnsteuer mit einem Pauschsteuersatz von 25 vom Hundert des Arbeitslohns erheben. Eine kurzfristige Beschäftigung liegt vor, wenn der Arbeitnehmer bei dem Arbeitgeber gelegentlich, nicht regelmäßig wiederkehrend beschäftigt wird, die Dauer der Beschäftigung 18 zusammenhängende Arbeitstage nicht übersteigt und 1. der Arbeitslohn während der Beschäftigungsdauer 62 Euro durchschnittlich je Arbeitstag nicht übersteigt oder

2. die Beschäftigung zu einem unvorhersehbaren Zeitpunkt sofort erforderlich wird.	2. die Beschäftigung zu einem unvorhersehbaren Zeitpunkt sofort erforderlich wird.
(2) Der Arbeitgeber kann unter Verzicht auf die Vorlage einer Lohnsteuerkarte ~~bei Arbeitnehmern, die nur in geringem Umfang und gegen geringen Arbeitslohn beschäftigt werden, die Lohnsteuer mit einem Pauschsteuersatz von 20 vom Hundert des Arbeitslohns erheben. Eine Beschäftigung in geringem Umfang und gegen geringen Arbeitslohn liegt vor, wenn der Arbeitslohn bei dem Arbeitgeber 325 Euro im Monat nicht übersteigt.~~	(2) Der Arbeitgeber kann unter Verzicht auf die Vorlage einer Lohnsteuerkarte die Lohnsteuer *einschließlich Solidaritätszuschlag und Kirchensteuern (einheitliche Pauschsteuer) für das Arbeitsentgelt aus geringfügigen Beschäftigungen im Sinne des § 8 Abs. 1 Nr. 1 oder des § 8a des Vierten Buches Sozialgesetzbuch, für das er Beiträge nach § 168 Abs. 1 Nr. 1b oder 1c (geringfügig versicherungspflichtig Beschäftigte) oder nach § 172 Abs. 3 oder 3a (versicherungsfrei geringfügig Beschäftigte) des Sechsten Buches zu entrichten hat, mit einem einheitlichen Pauschsteuersatz in Höhe von insgesamt 2 vom Hundert des Arbeitsentgelts erheben.*
	(2a) Hat der Arbeitgeber in den Fällen des Absatzes 2 keine Beiträge nach § 168 Abs. 1 Nr. 1b oder 1c oder nach § 172 Abs. 3 oder 3a des Sechsten Buches Sozialgesetzbuch zu entrichten, kann er unter Verzicht auf die Vorlage einer Lohnsteuerkarte die Lohnsteuer mit einem Pauschsteuersatz in Höhe von 20 vom Hundert des Arbeitsentgelts erheben.
(...)	(...)
(4) Die Pauschalierungen nach den Absätzen 1 ~~bis~~ 3 sind unzulässig 1. bei Arbeitnehmern, deren Arbeitslohn während der Beschäftigungsdauer durchschnittlich je Arbeitsstunde 12 Euro übersteigt,	(4) Die Pauschalierungen nach den Absätzen 1 *und* 3 sind unzulässig 1. bei Arbeitnehmern, deren Arbeitslohn während der Beschäftigungsdauer durchschnittlich je Arbeitsstunde 12 Euro übersteigt,

2. bei Arbeitnehmern, die für eine andere Beschäftigung von demselben Arbeitgeber Arbeitslohn beziehen, der nach den §§ 39b bis 39d dem Lohnsteuerabzug unterworfen wird.	2. bei Arbeitnehmern, die für eine andere Beschäftigung von demselben Arbeitgeber Arbeitslohn beziehen, der nach den §§ 39b bis 39d dem Lohnsteuerabzug unterworfen wird.
(5) Auf die Pauschalierungen nach den Absätzen 1 bis 3 ist §40 Abs. 3 anzuwenden.	(5) Auf die Pauschalierungen nach den Absätzen 1 bis 3 ist § 40 Abs. 3 anzuwenden.
	(6) *Für die Erhebung der einheitlichen Pauschsteuer nach Absatz 2 ist die Bundesknappschaft Verwaltungsstelle Cottbus zuständig. Die Regelungen zum Steuerabzug vom Arbeitslohn sind entsprechend anzuwenden. Für die Anmeldung und Abführung der einheitlichen Pauschsteuer gelten dabei die Regelungen für die Beiträge nach § 168 Abs. 1 Nr. 1b oder 1c oder nach § 172 Abs. 3 oder 3a des Sechsten Buches Sozialgesetzbuch. Die Bundesknappschaft Verwaltungsstelle Cottbus hat die einheitliche Pauschsteuer auf die erhebungsberechtigten Körperschaften aufzuteilen; dabei entfallen aus Vereinfachungsgründen 90 vom Hundert der einheitlichen Pauschsteuer auf die Lohnsteuer, 5 vom Hundert auf den Solidaritätszuschlag und 5 vom Hundert auf die Kirchensteuern. Die erhebungsberechtigten Kirchen haben sich auf eine Aufteilung des Kirchensteueranteils zu verständigen und diesen der Bundesknappschaft Verwaltungsstelle Cottbus mitzuteilen. Die Bundesknappschaft Verwaltungsstelle Cottbus ist berechtigt, die einheitliche Pauschsteuer nach Absatz 2 zusammen mit den Sozialversicherungsbeiträgen beim Arbeitgeber einzuziehen.*

§ 51a Festsetzung und Erhebung von Zuschlagsteuern	§ 51a Festsetzung und Erhebung von Zuschlagsteuern
(...)	(...)
(2a) Beim Steuerabzug vom Arbeitslohn ist Bemessungsgrundlage die Lohnsteuer; beim Steuerabzug vom laufenden Arbeitslohn und beim Jahresausgleich ist die Lohnsteuer maßgebend, die sich ergibt, wenn der nach § 39b Abs. 2 Satz 6 zu versteuernde Jahresbetrag für die Steuerklassen I, II und III um den Kinderfreibetrag von 3.648 Euro sowie den Freibetrag für den Betreuungs- und Erziehungs- oder Ausbildungsbedarf von 2.160 Euro und für die Steuerklasse IV um den Kinderfreibetrag von 1.824 Euro sowie den Freibetrag für den Betreuungs- und Erziehungs- oder Ausbildungsbedarf von 1.080 Euro für jedes Kind vermindert wird, für das eine Kürzung der Freibeträge für Kinder nach § 32 Abs. 6 Satz 4 nicht in Betracht kommt. Bei der Anwendung des § 39b für die Ermittlung der Zuschlagsteuern ist die auf der Lohnsteuerkarte eingetragene Zahl der Kinderfreibeträge maßgebend.	(2a) *Vorbehaltlich des § 40a Absatz 2 in der Fassung des Gesetzes vom 23.12.2002 (BGBl. I S. 4621) ist* beim Steuerabzug vom Arbeitslohn ist Bemessungsgrundlage die Lohnsteuer; beim Steuerabzug vom laufenden Arbeitslohn und beim Jahresausgleich ist die Lohnsteuer maßgebend, die sich ergibt, wenn der nach § 39b Abs. 2 Satz 6 zu versteuernde Jahresbetrag für die Steuerklassen I, II und III um den Kinderfreibetrag von 3.648 Euro sowie den Freibetrag für den Betreuungs- und Erziehungs- oder Ausbildungsbedarf von 2.160 Euro und für die Steuerklasse IV um den Kinderfreibetrag von 1.824 Euro sowie den Freibetrag für den Betreuungs- und Erziehungs- oder Ausbildungsbedarf von 1.080 Euro für jedes Kind vermindert wird, für das eine Kürzung der Freibeträge für Kinder nach § 32 Abs. 6 Satz 4 nicht in Betracht kommt. Bei der Anwendung des § 39b für die Ermittlung der Zuschlagsteuern ist die auf der Lohnsteuerkarte eingetragene Zahl der Kinderfreibeträge maßgebend.
	(...)
	§ 52 Anwendungsvorschriften (hier nur Auszug wegen Länge:) Neu: Nach Absatz 4 (ersetzt nicht bisherigen 4a): *(4a) § 3 Nr. 39 in der Fassung des Gesetzes vom 19. Oktober 2002 (BGBl, I S. 4210) ist letztmals anzuwenden auf*

das Arbeitsentgelt, das für einen vor dem 1. April 2003 endenden Lohnzahlungszeitraum gezahlt wird. Bei Anwendung des § 3 Nr. 39 im Veranlagungszeitraum 2003 bleiben die nach § 40a in der Fassung des Gesetzes vom 23.12.2002 (BGBl. I. S. 4621) pauschal versteuerten Arbeitslöhne außer Ansatz.

Nach Absatz 50a (ersetzt nicht bisherigen 50b):
(50b) § 35a in der Fassung des Gesetzes vom 23.12.2002 (BGBl. I S. 4621) ist erstmals für im Veranlagungszeitraum 2003 geleistete Aufwendungen anzuwenden, soweit die den Aufwendungen zu Grunde liegenden Leistungen nach dem 31. Dezember 2002 erbracht worden sind.

Nach Absatz 52a:
(52b) § 40a in der Fassung des Gesetzes vom 23.12.2002 (BGBl. I S. 4621} ist erstmals anzuwenden für laufenden Arbeitslohn, der für einen nach dem 31. März 2003 endenden Lohnzahlungszeitraum gezahlt wird, und für sonstige Bezüge. die nach dem 31. März 2003 zufließen.

8. Arbeitnehmerüberlassungsgesetz Altfassung

§ 1 Erlaubnispflicht
(1) Arbeitgeber, die als Verleiher Dritten (Entleihern) Arbeitnehmer (Leiharbeitnehmer) gewerbsmäßig zur Arbeitsleistung überlassen wollen, bedürfen der Erlaubnis. Die Abordnung von Arbeitnehmern zu einer zur Herstellung eines Werkes gebildeten Arbeits-

8. Arbeitnehmerüberlassungsgesetz Neufassung

§ 1 Erlaubnispflicht
(1) Arbeitgeber, die als Verleiher Dritten (Entleihern) Arbeitnehmer (Leiharbeitnehmer) gewerbsmäßig zur Arbeitsleistung überlassen wollen, bedürfen der Erlaubnis. Die Abordnung von Arbeitnehmern zu einer zur Herstellung eines Werkes gebildeten Arbeits-

gemeinschaft ist keine Arbeitnehmerüberlassung, wenn der Arbeitgeber Mitglied der Arbeitsgemeinschaft ist, für alle Mitglieder der Arbeitsgemeinschaft Tarifverträge desselben Wirtschaftszweiges gelten und alle Mitglieder auf Grund des Arbeitsgemeinschaftsvertrages zur selbständigen Erbringung von Vertragsleistungen verpflichtet sind.

gemeinschaft ist keine Arbeitnehmerüberlassung, wenn der Arbeitgeber Mitglied der Arbeitsgemeinschaft ist, für alle Mitglieder der Arbeitsgemeinschaft Tarifverträge desselben Wirtschaftszweiges gelten und alle Mitglieder auf Grund des Arbeitsgemeinschaftsvertrages zur selbständigen Erbringung von Vertragsleistungen verpflichtet sind. *Für einen Arbeitgeber mit Geschäftssitz in einem anderen Mitgliedstaat des Europäischen Wirtschaftsraums ist die Abordnung von Arbeitnehmern zu einer zur Herstellung eines Werkes gebildeten Arbeitsgemeinschaft auch dann keine Arbeitnehmerüberlassung, wenn für ihn deutsche Tarifverträge desselben Wirtschaftszweiges wie für die anderen Mitglieder der Arbeitsgemeinschaft nicht gelten, er aber die übrigen Voraussetzungen des Satzes 2 erfüllt.*

(2) Werden Arbeitnehmer Dritten zur Arbeitsleistung überlassen und übernimmt der Überlassende nicht die üblichen Arbeitgeberpflichten oder das Arbeitgeberrisiko (§ 3 Abs. 1 Nr. 1 ~~bis 5) oder übersteigt die Dauer der Überlassung im Einzelfall zwölf Monate (§ 3 Abs. 1 Nr. 6),~~ so wird vermutet, dass der Überlassende Arbeitsvermittlung betreibt.

(2) Werden Arbeitnehmer Dritten zur Arbeitsleistung überlassen und übernimmt der Überlassende nicht die üblichen Arbeitgeberpflichten oder das Arbeitgeberrisiko (§ 3 Abs. 1 Nr. 1 *bis 3*), so wird vermutet, dass der Überlassende Arbeitsvermittlung betreibt.

(...)

---

§ 1b Einschränkungen im Baugewerbe
Gewerbsmäßige Arbeitnehmerüberlassung in Betriebe des Baugewerbes für Arbeiten, die üblicherweise von Arbeitern verrichtet werden, ist unzulässig. ~~Sie ist zwischen Betrieben des Baugewerbes gestattet, wenn diese Betriebe~~

§ 1b Einschränkungen im Baugewerbe
Gewerbsmäßige Arbeitnehmerüberlassung in Betriebe des Baugewerbes für Arbeiten, die üblicherweise von Arbeitern verrichtet werden, ist unzulässig. *Sie ist gestattet*

~~von denselben Rahmen- und Sozialkassentarifverträgen oder von deren Allgemeinverbindlichkeit erfasst werden.~~

a) zwischen Betrieben des Baugewerbes und anderen Betrieben, wenn diese Betriebe erfassende für allgemeinverbindlich erklärte Tarifverträge dies bestimmen,
b) zwischen Betrieben des Baugewerbes, wenn der verleihende Betrieb nachweislich seit mindestens drei Jahren von denselben Rahmen- und Sozialkassentarifverträgen oder von deren Allgemeinverbindlichkeit erfasst wird.

Abweichend von Satz 2 ist für Betriebe des Baugewerbes mit Geschäftssitz in einem anderen Mitgliedstaat des Europäischen Wirtschaftsraumes gewerbsmäßige Arbeitnehmerüberlassung auch gestattet, wenn die ausländischen Betriebe nicht von deutschen Rahmen- und Sozialkassentarifverträgen oder für allgemeinverbindlich erklärten Tarifverträgen erfasst werden, sie aber nachweislich seit mindestens drei Jahren überwiegend Tätigkeiten ausüben, die unter den Geltungsbereich derselben Rahmen- und Sozialkassentarifverträge fallen, von denen der Betrieb des Entleihers erfasst wird.

---

§ 3 Versagung
(1) Die Erlaubnis oder ihre Verlängerung ist zu versagen, wenn Tatsachen die Annahme rechtfertigen, dass der Antragsteller
1. die für die Ausübung der Tätigkeit nach § 1 erforderliche Zuverlässigkeit nicht besitzt, insbesondere weil er die Vorschriften des Sozialversicherungsrechts, über die Einbehaltung und Abführung der Lohnsteuer, über die Arbeitsvermittlung, über die Anwerbung im Ausland oder über die Ausländerbeschäftigung, die Vorschriften des

§ 3 Versagung
(1) Die Erlaubnis oder ihre Verlängerung ist zu versagen, wenn Tatsachen die Annahme rechtfertigen, dass der Antragsteller
1. die für die Ausübung der Tätigkeit nach § 1 erforderliche Zuverlässigkeit nicht besitzt, insbesondere weil er die Vorschriften des Sozialversicherungsrechts, über die Einbehaltung und Abführung der Lohnsteuer, über die Arbeitsvermittlung, über die Anwerbung im Ausland oder über die Ausländerbeschäftigung, die Vorschriften des

Arbeitsschutzrechts oder die arbeitsrechtlichen Pflichten nicht einhält;
2. nach der Gestaltung seiner Betriebsorganisation nicht in der Lage ist, die üblichen Arbeitgeberpflichten ordnungsgemäß zu erfüllen;
~~3. mit dem Leiharbeitnehmer wiederholt einen befristeten Arbeitsvertrag abschließt, es sei denn, dass sich für die Befristung aus der Person des Leiharbeitnehmers ein sachlicher Grund ergibt oder die Befristung ist für einen Arbeitsvertrag vorgesehen, der unmittelbar an einen mit demselben Verleiher geschlossenen Arbeitsvertrag anschließt;~~
~~4. mit dem Leiharbeitnehmer jeweils unbefristete Arbeitsverträge abschließt, diese Verträge jedoch durch Kündigung beendet und den Leiharbeitnehmer wiederholt innerhalb von drei Monaten nach Beendigung des Arbeitsverhältnisses erneut einstellt;~~
~~5. die Dauer des Arbeitsverhältnisses mit dem Leiharbeitnehmer wiederholt auf die Zeit der erstmaligen Überlassung an einen Entleiher beschränkt, es sei denn, der Leiharbeitnehmer tritt unmittelbar nach der Überlassung in ein Arbeitsverhältnis zu dem Entleiher ein und war dem Verleiher von der Bundesanstalt für Arbeit als schwervermittelbar vermittelt worden, oder~~
~~6. einem Entleiher denselben Leiharbeitnehmer länger als 24 aufeinander folgende Monate überlässt; der Zeitraum einer unmittelbar vorangehenden Überlassung durch einen anderen Verleiher an denselben Entleiher ist anzurechnen.~~

(...)

Arbeitsschutzrechts oder die arbeitsrechtlichen Pflichten nicht einhält;
2. nach der Gestaltung seiner Betriebsorganisation nicht in der Lage ist, die üblichen Arbeitgeberpflichten ordnungsgemäß zu erfüllen;
3. *dem Leiharbeitnehmer für die Zeit der Überlassung an einen Entleiher die im Betrieb dieses Entleihers für einen vergleichbaren Arbeitnehmer des Entleihers geltenden wesentlichen Arbeitsbedingungen einschließlich des Arbeitsentgelts nicht gewährt, es sei denn der Verleiher gewährt dem zuvor arbeitslosen Leiharbeitnehmer für die Überlassung an einen Entleiher für die Dauer von insgesamt höchstens sechs Wochen mindestens ein Nettoarbeitsentgelt in Höhe des Betrages, den der Leiharbeitnehmer zuletzt als Arbeitslosengeld erhalten hat; Letzteres gilt nicht, wenn mit demselben Verleiher bereits ein Leiharbeitsverhältnis bestanden hat. Ein Tarifvertrag kann abweichende Regelungen zulassen. Im Geltungsbereich eines solchen Tarifvertrages können nicht tarifgebundene Arbeitgeber und Arbeitnehmer die Anwendung der tariflichen Regelungen vereinbaren.*

(...)

§ 9 Unwirksamkeit

Unwirksam sind:

1. Verträge zwischen Verleihern und Entleihern sowie zwischen Verleihern und Leiharbeitnehmern, wenn der Verleiher nicht die nach § 1 erforderliche Erlaubnis hat,

2. ~~wiederholte Befristungen des Arbeitsverhältnisses zwischen Verleiher und Leiharbeitnehmer, es sei denn, dass sich für die Befristung aus der Person des Leiharbeitnehmers ein sachlicher Grund ergibt oder die Befristung ist für einen Arbeitsvertrag vorgesehen, der unmittelbar an einen mit demselben Verleiher geschlossenen Arbeitsvertrag anschließt,~~

~~3. Kündigungen des Arbeitsverhältnisses zwischen Verleiher und Leiharbeitnehmer durch den Verleiher, wenn der Verleiher den Leiharbeitnehmer wiederholt innerhalb von drei Monaten nach Beendigung des Arbeitsverhältnisses erneut einstellt,~~

~~4.~~ Vereinbarungen, die dem Entleiher untersagen, den Leiharbeitnehmer zu einem Zeitpunkt einzustellen, in dem dessen Arbeitsverhältnis zum Verleiher nicht mehr besteht

~~5.~~ Vereinbarungen, die dem Leiharbeitnehmer untersagen, mit dem Entleiher zu einem Zeitpunkt, in dem das Arbeitsverhältnis zwischen Verleiher und

§ 9 Unwirksamkeit

Unwirksam sind:

1. Verträge zwischen Verleihern und Entleihern sowie zwischen Verleihern und Leiharbeitnehmern, wenn der Verleiher nicht die nach § 1 erforderliche Erlaubnis hat,

2. *Vereinbarungen, die für den Leiharbeitnehmer für die Zeit der Überlassung an einen Entleiher schlechtere als die im Betrieb des Entleihers für einen vergleichbaren Arbeitnehmer des Entleihers geltenden wesentlichen Arbeitsbedingungen einschließlich des Arbeitsentgelts vorsehen, es sei denn der Verleiher gewährt dem zuvor arbeitslosen Leiharbeitnehmer für die Überlassung an einen Entleiher für die Dauer von insgesamt höchstens sechs Wochen mindestens ein Nettoarbeitsentgelt in Höhe des Betrages, den der Leiharbeitnehmer zuletzt als Arbeitslosengeld erhalten hat; Letzteres gilt nicht, wenn mit demselben Verleiher bereits ein Leiharbeitsverhältnis bestanden hat; ein Tarifvertrag kann abweichende Regelungen zulassen; im Geltungsbereich eines solchen Tarifvertrages können nicht tarifgebundene Arbeitgeber und Arbeitnehmer die Anwendung der tariflichen Regelungen vereinbaren.*

3. Vereinbarungen, die dem Entleiher untersagen, den Leiharbeitnehmer zu einem Zeitpunkt einzustellen, in dem dessen Arbeitsverhältnis zum Verleiher nicht mehr besteht,

4. Vereinbarungen, die dem Leiharbeitnehmer untersagen, mit dem Entleiher zu einem Zeitpunkt, in dem das Arbeitsverhältnis zwischen Verleiher und

Leiharbeitnehmer nicht mehr besteht ein Arbeitsverhältnis einzugehen.	Leiharbeitnehmer nicht mehr besteht, ein Arbeitsverhältnis einzugehen.
§ 10 Rechtsfolgen bei Unwirksamkeit (1) Ist der Vertrag zwischen einem Verleiher und einem Leiharbeitnehmer nach § 9 Nr. 1 unwirksam, so gilt ein Arbeitsverhältnis zwischen Entleiher und Leiharbeitnehmer zu dem zwischen dem Entleiher und dem Verleiher für den Beginn der Tätigkeit vorgesehenen Zeitpunkt als zustande gekommen; tritt die Unwirksamkeit erst nach Aufnahme der Tätigkeit beim Entleiher ein, so gilt das Arbeitsverhältnis zwischen Entleiher und Leiharbeitnehmer mit dem Eintritt der Unwirksamkeit als zustande gekommen. Das Arbeitsverhältnis nach Satz 1 gilt als befristet, wenn die Tätigkeit des Leiharbeitnehmers bei dem Entleiher nur befristet vorgesehen war und ein die Befristung des Arbeitsverhältnisses sachlich rechtfertigender Grund vorliegt. Für das Arbeitsverhältnis nach Satz 1 gilt die zwischen dem Verleiher und dem Entleiher vorgesehene Arbeitszeit als vereinbart. Im Übrigen bestimmen sich Inhalt und Dauer dieses Arbeitsverhältnisses nach den für den Betrieb des Entleihers geltenden Vorschriften und sonstigen Regelungen; sind solche nicht vorhanden, gelten diejenigen vergleichbarer Betriebe. Der Leiharbeitnehmer hat gegen den Entleiher mindestens Anspruch auf das mit dem Verleiher vereinbarte Arbeitsentgelt.	§ 10 Rechtsfolgen bei Unwirksamkeit (1) Ist der Vertrag zwischen einem Verleiher und einem Leiharbeitnehmer nach § 9 Nr. 1 unwirksam, so gilt ein Arbeitsverhältnis zwischen Entleiher und Leiharbeitnehmer zu dem zwischen dem Entleiher und dem Verleiher für den Beginn der Tätigkeit vorgesehenen Zeitpunkt als zustande gekommen; tritt die Unwirksamkeit erst nach Aufnahme der Tätigkeit beim Entleiher ein, so gilt das Arbeitsverhältnis zwischen Entleiher und Leiharbeitnehmer mit dem Eintritt der Unwirksamkeit als zustande gekommen. Das Arbeitsverhältnis nach Satz 1 gilt als befristet, wenn die Tätigkeit des Leiharbeitnehmers bei dem Entleiher nur befristet vorgesehen war und ein die Befristung des Arbeitsverhältnisses sachlich rechtfertigender Grund vorliegt. Für das Arbeitsverhältnis nach Satz 1 gilt die zwischen dem Verleiher und dem Entleiher vorgesehene Arbeitszeit als vereinbart. Im Übrigen bestimmen sich Inhalt und Dauer dieses Arbeitsverhältnisses nach den für den Betrieb des Entleihers geltenden Vorschriften und sonstigen Regelungen; sind solche nicht vorhanden, gelten diejenigen vergleichbarer Betriebe. Der Leiharbeitnehmer hat gegen den Entleiher mindestens Anspruch auf das mit dem Verleiher vereinbarte Arbeitsentgelt.
(2) Der Leiharbeitnehmer kann im Fall der Unwirksamkeit seines Vertrags mit dem Verleiher von diesem Ersatz des Schadens verlangen, den er dadurch erleidet, dass er auf die Gültigkeit des	(2) Der Leiharbeitnehmer kann im Fall der Unwirksamkeit seines Vertrags mit dem Verleiher *nach § 9 Nr. 1* von diesem Ersatz des Schadens verlangen, den er dadurch erleidet, dass er auf die

Vertrags vertraut. Die Ersatzpflicht tritt nicht ein, wenn der Leiharbeitnehmer den Grund der Unwirksamkeit kannte.

Gültigkeit des Vertrags vertraut. Die Ersatzpflicht tritt nicht ein, wenn der Leiharbeitnehmer den Grund der Unwirksamkeit kannte.

(...)

(...)

(4) ~~In den Fällen des § 9 Nr. 3 ist der Anspruch des Leiharbeitnehmers auf Arbeitsentgelt nicht von seinem Angebot zur Arbeitsleistung abhängig; § 11 des Kündigungsschutzgesetzes gilt entsprechend. Entsprechendes gilt für die Zeit nach Ablauf der Frist, wenn eine Befristung nach § 9 Nr. 2 unwirksam ist.~~

(4) *Der Leiharbeitnehmer kann im Falle der Unwirksamkeit der Vereinbarung mit dem Verleiher nach § 9 Nr. 2 von diesem die Gewährung der im Betrieb des Entleihers für einen vergleichbaren Arbeitnehmer des Entleihers geltenden wesentlichen Arbeitsbedingungen einschließlich des Arbeitsentgelts verlangen.*

(5) ~~Bei einer nach § 3 Abs. 1 Nr. 6 länger als zwölf aufeinander folgende Monate dauernden Überlassung desselben Leiharbeitnehmers an einen Entleiher hat der Verleiher nach Ablauf des zwölften Monats dem Leiharbeitnehmer die im Betrieb des Entleihers für vergleichbare Arbeitnehmer des Entleihers geltenden Arbeitsbedingungen einschließlich des Arbeitsentgelts zu gewähren; Absatz 1 Satz 5 gilt entsprechend.~~

---

§ 11 Sonstige Vorschriften über das Leiharbeitsverhältnis

(1) ~~Der Verleiher ist verpflichtet den wesentlichen Inhalt des Arbeitsverhältnisses in eine von ihm zu unterzeichnende Urkunde aufzunehmen; die elektronische Form ist ausgeschlossen. In der Urkunde sind anzugeben:~~

~~1. Firma und Anschrift des Verleihers, die Erlaubnisbehörde sowie Ort und Datum der Erteilung der Erlaubnis nach § 1,~~

§ 11 Sonstige Vorschriften über das Leiharbeitsverhältnis

(1) *Der Nachweis der wesentlichen Vertragsbedingungen des Leiharbeitsverhältnisses richtet sich nach den Bestimmungen des Nachweisgesetzes. Zusätzlich zu den in § 2 Abs. 1 des Nachweisgesetzes genannten Angaben sind in die Niederschrift aufzunehmen:*

1. Firma und Anschrift des Verleihers, die Erlaubnisbehörde sowie Ort und Datum der Erteilung der Erlaubnis nach § 1,

~~2. Vor- und Familiennamen, Wohnort und Wohnung, Tag und Ort der Geburt des Leiharbeitnehmers,~~
~~3. eine kurze Charakterisierung oder Beschreibung der von dem Leiharbeitnehmer zu leistenden Tätigkeit, dafür erforderliche Qualifikationen, ein Hinweis darauf, dass der Arbeitnehmer an verschiedenen Orten beschäftigt wird, etwaige Pflicht zur auswärtigen Leistung,~~
~~4. Beginn und Dauer des Arbeitsverhältnisses, Gründe für eine Befristung,~~
~~5. Fristen für die Kündigung des Arbeitsverhältnisses,~~
~~6. die Zusammensetzung und Höhe des Arbeitsentgelts einschließlich der Zuschläge, Zulagen, Prämien und Sonderzahlungen sowie anderer Bestandteile des Arbeitsentgelts und deren Fälligkeit,~~
~~7. Leistungen bei Krankheit, Urlaub und vorübergehender Nichtbeschäftigung,~~
~~8. Zeitpunkt und Ort der Begründung des Arbeitsverhältnisses,~~
~~9. die Dauer des jährlichen Erholungsurlaubs,~~
~~10. die vereinbarte Arbeitszeit~~
~~11. der in allgemeiner Form gehaltene Hinweis auf die Tarifverträge und Betriebsvereinbarungen, die auf das Leiharbeitsverhältnis anzuwenden sind,~~
~~12. die Angaben nach § 2 Abs. 2 des Nachweisgesetzes, wenn der Leiharbeitnehmer länger als einen Monat seine Arbeitsleistung außerhalb der Bundesrepublik Deutschland zu erbringen hat.~~
~~Weitere Abreden können in die Urkunde aufgenommen werden. Die Verpflichtung zur Ausstellung der Urkunde nach Satz 1 entfällt, wenn das~~

2. Art und Höhe den Leistungen für Zeiten, in denen der Leiharbeitnehmer nicht verliehen ist.

~~Arbeitsverhältnis durch eine schriftliche Vereinbarung begründet wird, welche die in Satz 2 geforderten Angaben enthält. Der Verleiher hat dem Leiharbeitnehmer die Urkunde nach Satz 1 oder nach Satz 4 vor Beginn der Beschäftigung, bei einer Auslandstätigkeit des Leiharbeitnehmers spätestens vor der Abreise auszuhändigen und eine Durchschrift drei Jahre lang aufzubewahren. Der Verleiher hat jede Änderung der Angaben nach Satz 2 in eine von ihm zu unterzeichnende Urkunde oder eine schriftliche Vereinbarung aufzunehmen, sie unverzüglich dem Leiharbeitnehmer mitzuteilen und eine Durchschrift ebenfalls drei Jahre lang aufzubewahren.~~	
(2) Der Verleiher ist ferner verpflichtet, dem Leiharbeitnehmer bei Vertragsschluss ein Merkblatt der Erlaubnisbehörde über den wesentlichen Inhalt dieses Gesetzes auszuhändigen. Nicht-deutsche Leiharbeitnehmer erhalten das Merkblatt und ~~die Urkunde~~ nach Absatz 1 in ihrer Muttersprache. Die Kosten des Merkblatts trägt der Verleiher.	(2) Der Verleiher ist ferner verpflichtet, dem Leiharbeitnehmer bei Vertragsschluss ein Merkblatt der Erlaubnisbehörde über den wesentlichen Inhalt dieses Gesetzes auszuhändigen. Nichtdeutsche Leiharbeitnehmer erhalten das Merkblatt und *den Nachweis* nach Absatz 1 *auf Verlangen* in ihrer Muttersprache. Die Kosten des Merkblatts trägt der Verleiher.
(...)	(...)
§ 12 Rechtsbeziehungen zwischen Verleiher und Entleiher (1) Der Vertrag zwischen dem Verleiher und dem Entleiher bedarf der Schriftform. In der Urkunde hat der Verleiher zu erklären, ob er die Erlaubnis nach § 1 besitzt. Der Entleiher hat in der Urkunde ~~zu erklären,~~ welche besonderen Merkmale die für den Leiharbeitnehmer vorgesehene Tätig-	§ 12 Rechtsbeziehungen zwischen Verleiher und Entleiher (1) Der Vertrag zwischen dem Verleiher und dem Entleiher bedarf der Schriftform. In der Urkunde hat der Verleiher zu erklären, ob er die Erlaubnis nach § 1 besitzt. Der Entleiher hat in der Urkunde *anzugeben,* welche besonderen Merkmale die für den Leiharbeitnehmer vorgesehene Tätigkeit hat und welche berufliche Qualifikation

keit hat und welche berufliche Qualifikation dafür erforderlich ist.	dafür erforderlich ist, *sowie welche im Betrieb des Entleihers für einen vergleichbaren Arbeitnehmer des Entleihers wesentlichen Arbeitsbedingungen einschließlich des Arbeitsentgelts gelten.*
(2) Der Verleiher hat den Entleiher unverzüglich über den Zeitpunkt des Wegfalls der Erlaubnis zu unterrichten. In den Fällen der Nichtverlängerung (§ 2 Abs. 4 Satz 3), der Rücknahme (§ 4) oder des Widerrufs (§ 5) hat er ihn ferner auf das voraussichtliche Ende der Abwicklung (§ 2 Abs. 4 Satz 4) und die gesetzliche Abwicklungsfrist (§ 2 Abs. 4 Satz 4 letzter Halbsatz) hinzuweisen.	(2) Der Verleiher hat den Entleiher unverzüglich über den Zeitpunkt des Wegfalls der Erlaubnis zu unterrichten. In den Fallen der Nichtverlängerung (§ 2 Abs. 4 Satz 3), der Rücknahme (§ 4) oder des Widerrufs (§ 5) hat er ihn ferner auf das voraussichtliche Ende der Abwicklung (§ 2 Abs. 4 Satz 4) und die gesetzliche Abwicklungsfrist (§ 2 Abs. 4 Satz 4 letzter Halbsatz) hinzuweisen.
(3) ~~Der Verleiher hat dem Entleiher die für die Meldung nach § 28a Viertes Buch Sozialgesetzbuch erforderlichen Angaben zu machen.~~	
~~§ 13 (weggefallen)~~	*§ 13 Auskunftsanspruch des Leiharbeitnehmers* *Der Leiharbeitnehmer kann im Fall der Überlassung von seinem Entleiher Auskunft über die im Betrieb des Entleihers für einen vergleichbaren Arbeitnehmer des Entleihers geltenden wesentlichen Arbeitsbedingungen einschließlich des Arbeitsentgelts verlangen.*
§ 16 Ordnungswidrigkeiten (1) Ordnungswidrig handelt, wer vorsätzlich oder fahrlässig 1. entgegen § 1 einen Leiharbeitnehmer einem Dritten ohne Erlaubnis überlässt,	§ 16 Ordnungswidrigkeiten (1) Ordnungswidrig handelt, wer vorsätzlich oder fahrlässig 1. entgegen § 1 einen Leiharbeitnehmer einem Dritten ohne Erlaubnis überlässt,

1a. einen ihm von einem Verleiher ohne Erlaubnis überlassenen Leiharbeitnehmer tätig werden lässt,
1b. entgegen § 1b Satz 1 gewerbsmäßig Arbeitnehmer überlässt oder tätig werden lässt,
2. einen ihm überlassenen ausländischen Leiharbeitnehmer; der eine erforderliche Genehmigung nach § 284 Abs. 1 Satz 1 des Dritten Buches Sozialgesetzbuch nicht besitzt, tätig werden lässt,
2a. eine Anzeige nach § 1a nicht richtig, nicht vollständig oder nicht rechtzeitig erstattet,
3. einer Auflage nach § 2 Abs. 2 nicht, nicht vollständig oder nicht rechtzeitig nachkommt,
4. eine Anzeige nach § 7 Abs. 1 nicht, nicht richtig, nicht vollständig oder nicht rechtzeitig erstattet,
5. eine Auskunft nach § 7 Abs. 2 Satz 1 nicht, nicht richtig, nicht vollständig oder nicht rechtzeitig erteilt,
6. seiner Aufbewahrungspflicht nach § 7 Abs. 2 Satz 4 oder nach § 11 Abs. 1 Satz 5 nicht nachkommt,
7. eine statistische Meldung nach § 8 Abs. 1 nicht, nicht richtig, nicht vollständig oder nicht rechtzeitig erteilt,
~~7a. entgegen § 10 Abs. 5 eine Arbeitsbedingung nicht gewährt,~~
~~8.~~ einer Pflicht nach § 11 Abs. 1 ~~Satz 1,2, 5 oder 6~~ oder-Abs. 2 nicht nachkommt,
~~9. einen Leiharbeitnehmer länger als 24 aufeinander folgende Monate bei einem Dritten tätig werden lässt~~

(2) Die Ordnungswidrigkeit nach Absatz 1 Nr. 1 bis 1 b kann mit einer Geldbuße bis zu fünfundzwanzigtausend Euro, die Ordnungswidrigkeit

1a. einen ihm von einem Verleiher ohne Erlaubnis überlassenen Leiharbeitnehmer tätig werden lässt,
1b. entgegen § 1b Satz 1 gewerbsmäßig Arbeitnehmer überlässt oder tätig werden lässt,
2. einen ihm überlassenen ausländischen Leiharbeitnehmer, der eine erforderliche Genehmigung nach § 284 Abs. 1 Satz 1 des Dritten Buches Sozialgesetzbuch nicht besitzt, tätig werden lässt,
2a. eine Anzeige nach § 1a nicht richtig, nicht vollständig oder nicht rechtzeitig erstattet,
3. einer Auflage nach § 2 Abs. 2 nicht, nicht vollständig oder nicht rechtzeitig nachkommt,
4. eine Anzeige nach § 7 Abs. 1 nicht, nicht richtig, nicht vollständig oder nicht rechtzeitig erstattet,
5. eine Auskunft nach § 7 Abs. 2 Satz 1 nicht, nicht richtig, nicht vollständig oder nicht rechtzeitig erteilt,
6. seiner Aufbewahrungspflicht nach § 7 Abs. 2 Satz 4 oder nach § 11 Abs. 1 Satz 5 nicht nachkommt,
7. eine statistische Meldung nach § 8 Abs. 1 nicht, nicht richtig, nicht vollständig oder nicht rechtzeitig erteilt,
8. einer Pflicht nach § 11 Abs. 1 oder Abs. 2 nicht nachkommt,

(2) Die Ordnungswidrigkeit nach Absatz 1 Nr. 1 bis 1b kann mit einer Geldbuße bis zu fünfundzwanzigtausend Euro, die Ordnungswidrigkeit

nach Absatz 1 Nr. 2 mit einer Geldbuße bis zu fünfhunderttausend Euro, die Ordnungswidrigkeit nach Absatz 1 Nr. 2a, 3, ~~7a und 9~~ mit einer Geldbuße bis zu zweitausend-fünfhundert Euro, die Ordnungswidrigkeit nach Absatz 1 Nr. 4 bis 8 mit einer Geldbuße bis zu fünfhundert Euro geahndet werden.

(...)

nach Absatz 1 Nr. 2 mit einer Geldbuße bis zu fünfhunderttausend Euro, die Ordnungswidrigkeit nach Absatz 1 Nr. 2a und 3 mit einer Geldbuße bis zu zweitausendfünfhundert Euro, die Ordnungswidrigkeit nach Absatz 1 Nr. 4 bis 8 mit einer Geldbuße bis zu fünfhundert Euro geahndet werden.

(...)

§ 19 Übergangsvorschrift
Die §§ 1 Abs. 2. 1b Satz 2, 3, 9, 10, 12, 13 und 16 in der vor dem 1. Januar 2003 geltenden Fassung sind auf Leiharbeitsverhältnisse, die vor dem 1. Januar 2004 begründet worden sind, bis zum 31. Dezember 2003 weiterhin anzuwenden. Dies gilt nicht für Leiharbeitsverhältnisse im Geltungsbereich eines nach dem 15. November 2002 in Kraft tretenden Tarifvertrages, der die wesentlichen Arbeitsbedingungen einschließlich des Arbeitsentgelts im Sinne der §§ 3 Abs. 1 Nr. 3 und 9 Nr. 2 regelt.

9. Arbeitnehmer-Entsendegesetz Altfassung

§ 1 Anwendungsbereich
(...)

(2a) Wird ein Leiharbeitnehmer von seinem Entleiher mit Tätigkeiten beschäftigt, die in den Geltungsbereich eines für allgemeinverbindlich erklärten Tarifvertrages nach Absatz 1 oder 2 oder einer Rechtsverordnung nach Absatz 3a fallen, so hat ihm der Verleiher zumindest das in diesem Tarifver-

9. Arbeitnehmer-Entsendegesetz Neufassung

§ 1 Anwendungsbereich
(...)

(2a) Wird ein Leiharbeitnehmer von einem Entleiher mit Tätigkeiten beschäftigt, die in den Geltungsbereich eines für allgemeinverbindlich erklärten Tarifvertrages nach Absatz 1, *Absatz 2 oder Absatz 3* oder einer Rechtsverordnung nach Absatz 3a fallen, so hat ihm der Verleiher zumindest

trag oder in dieser Rechtsverordnung vorgeschriebene Mindestentgelt zu zahlen.

(...)

(5) Von einer nach Absatz 3 Satz 1 und 2 oder Absatz 3a Satz 1 und 5 bestehenden Verpflichtung zur Zahlung von Beiträgen an eine gemeinsame Einrichtung der Tarifvertragsparteien kann bei der Beschäftigung eines Arbeitnehmers nach Absatz 1 in Ausnahmefällen abgesehen werden, wenn dies in dem betreffenden Fall wegen des geringen Umfangs der zu erbringenden Leistungen angemessen und begründet erscheint.

die in diesem Tarifvertrag oder in dieser Rechtsverordnung *vorgeschriebenen Arbeitsbedingungen zu gewähren sowie die der gemeinsamen Einrichtung nach diesem Tarifvertrag zustehenden Beiträge zu leisten.*

(...)

(5) Von einer nach *Absatz 2a,* Absatz 3 Satz 1 und 2 oder Absatz 3a Satz 1 und 5 bestehenden Verpflichtung zur Zahlung von Beiträgen an eine gemeinsame Einrichtung der Tarifvertragsparteien kann bei der Beschäftigung eines Arbeitnehmers nach Absatz 1 *oder eines Leiharbeitnehmers nach Absatz 2a* in Ausnahmefällen abgesehen werden, wenn dies in dem betreffenden Fall wegen des geringen Umfangs der zu erbringenden Leistungen angemessen und begründet erscheint.

10. Teilzeit- und Befristungsgesetz Altfassung

§ 14 Zulässigkeit der Befristung

(1) Die Befristung eines Arbeitsvertrages ist zulässig, wenn sie durch einen sachlichen Grund gerechtfertigt ist.

(...)

(3) Die Befristung eines Arbeitsvertrages bedarf keines sachlichen Grundes, wenn der Arbeitnehmer bei Beginn des befristeten Arbeitsverhältnisses das 58. Lebensjahr vollendet hat. Die Befristung ist nicht zulässig, wenn zu einem vorhergehenden unbefristeten Arbeitsvertrag mit demselben Arbeitgeber ein

10. Teilzeit- und Befristungsgesetz Neufassung

§ 14 Zulässigkeit der Befristung

(1) Die Befristung eines Arbeitsvertrages ist zulässig, wenn sie durch einen sachlichen Grund gerechtfertigt ist.

(...)

(3) Die Befristung eines Arbeitsvertrages bedarf keines sachlichen Grundes, wenn der Arbeitnehmer bei Beginn des befristeten Arbeitsverhältnisses das 58. Lebensjahr vollendet hat. Die Befristung ist nicht zulässig, wenn zu einem vorhergehenden unbefristeten Arbeitsvertrag mit demselben Arbeitgeber ein

enger sachlicher Zusammenhang besteht. Ein solcher enger sachlicher Zusammenhang ist insbesondere anzunehmen, wenn zwischen den Arbeitsverträgen ein Zeitraum von weniger als sechs Monaten liegt.

(...)

enger sachlicher Zusammenhang besteht. Ein solcher enger sachlicher Zusammenhang ist insbesondere anzunehmen, wenn zwischen den Arbeitsverträgen ein Zeitraum von weniger als sechs Monaten liegt. *Bis zum 31. Dezember 2006 ist Satz 1 mit der Maßgabe anzuwenden, dass an die Stelle des 58. Lebensjahres das 52. Lebensjahr tritt.*

(...)

11. Altersteilzeitgesetz Altfassung

11. Altersteilzeitgesetz Neufassung

Inkrafttreten: 1. April 2003

§ 15f Übergangsregelung nach dem Zweiten Gesetz für moderne Dienstleistungen am Arbeitsmarkt
Wurde mit der Altersteilzeit vor dem 1. April 2003 begonnen, gelten Arbeitnehmer, die bis zu diesem Zeitpunkt in einer versicherungspflichtigen Beschäftigung nach dem Dritten Buch Sozialgesetzbuch gestanden haben, auch nach dem 1. April 2003 als versicherungspflichtig beschäftigt, wenn sie die bis zum 31. März 2 003 geltenden Voraussetzungen für das Vorliegen einer versicherungspflichtigen Beschäftigung weiterhin erfüllen.

Stichwortverzeichnis

Stichwort Rdnr.

Stichwort Rdnr.

Stichwort Rdnr.

Stichwort | Rdnr.

Stichwort Rdnr.

Stichwort Rdnr.

Stichwort Rdnr.

Stichwort Rdnr.

Stichwort Rdnr.

Stichwort Rdnr.

Stichwort Rdnr.

Stichwort Rdnr.

S

Stichwort Rdnr.

Stichwort Rdnr.

Stichwort Rdnr.

Stichwort Rdnr.

Z